# 子どもは歴史の希望
## ―児童館理解の基礎理論―

# はじめに

明治33（1900）年、エレン・ケイ（1849〜1926）は『児童の世紀』を著し、「20世紀は児童の世紀になる」と宣言して、世界の新教育運動に思想的方針を与えた。そして「教育の最大の秘訣は、教育しないところに隠れている」とも述べた。その要諦は、大人が善行のモデルとして子どもの前に存在しなければならない、ということにある。

児童福祉法制定の担当官であった厚生省児童局企画課長の松崎芳伸（1913〜1997）は、ケイの理論を集約して児童福祉法の草案の書き出しに「児童は歴史の希望である」と起草したが、法文にしては文学的すぎるとして廃案になった、というエピソードが語り継がれている。本書はその思いを引き継ぐ気持ちで幻になった草案の文言を題名に冠した。

子どもの貧困や虐待等、地域での子どもの福祉的課題が顕在化し、子ども・子育て支援の必要性が強調される中、「児童館ガイドライン」（平成23年３月31日厚生労働省）は、地域のニーズに応えるための基本的事項と望ましい方向性を示すものとして誕生した。発出直前に東日本大震災が発生したことから、「東北を中心とする多くの児童館が損壊・流出した現実を踏まえ、子どもの居場所の復旧・復興に役立つ新たな羅針盤という役割も担って世に送り出す」こととなった。

その後、児童福祉法の改正や子どもの福祉的な課題へのさらなる対応、子育て支援に対する児童館が持つ機能への期待を踏まえて、より充実した内容に進化した現在の改正児童館ガイドライン（平成30年10月１日）が発出された。その「児童館ガイドライン」は、理念と目的を次のように示している。

【児童館の理念】児童館は、児童の権利に関する条約（平成６年条約第２号）に掲げられた精神及び児童福祉法（昭和22年法律第164号。以下「法」という。）の理念にのっとり、子どもの心身の健やかな成長、発達及びその自立が図られることを地域社会の中で具現化する児童福祉施設である。ゆえに児童館はその運営理念を踏まえて、国及び地方公共団体や保護者をはじめとする地域の人々とともに、年齢や発達の程度に応じて、子どもの意見を尊重し、その最善の利益が優先して考慮されるよう子どもの育成に努めなければならない。

【児童館の目的】児童館は、18歳未満のすべての子どもを対象とし、地域における遊び及び生活の援助と子育て支援を行い、子どもの心身を育成し情操をゆたかにすることを目的とする施設である。

本書は、この「児童館ガイドライン」に基づいて、今後の児童館の活動・運営のあり方を伝えるとともに、子育てに関心を持つすべての方々に児童福祉施設としての児童館の必要性と有用性を伝えることを目的として企画したものである。

なお、第4章では、「児童館ガイドライン」をより広く深く理解するために、「子どもの育成環境と居場所としての児童館、子どもたちの『居場所とbeing』、子どもの権利条約と児童館、児童館ガイドラインとこれからの児童館」について、ご専門の先生方に詳しいご教示をいただいた。

本書は、児童厚生員と児童福祉職を志す学生のためのテキストとして活用されることも意図している。

本書が児童館職員や行政担当者を含む関係者はもとより、保護者、福祉分野等の研究者、学生等、子どもに関心を持つすべての方々の手に取られ、児童館の有用性が広く周知されることになれば幸いである。

一般財団法人児童健全育成推進財団

理事長　鈴木　一光

# もくじ

はじめに ………………………………………………… 2

第１章　児童館ガイドラインと児童館のあり方 ………………… 9

１．児童館の基本原則と子ども理解 …………………………… 11
（１）児童館の基本原則 ………………………………………… 12
（２）子ども理解 ………………………………………………… 22

２．児童館の機能・役割と活動内容 …………………………… 24
（１）児童館の機能・役割 ……………………………………… 24
（２）児童館の活動内容 ………………………………………… 27

３．児童館の職員と運営 ………………………………………… 37
（１）児童館の職員 ……………………………………………… 37
（２）児童館の運営 ……………………………………………… 45

４．子どもの安全対策・衛生管理 ……………………………… 51
（１）安全管理・ケガの予防 …………………………………… 51
（２）アレルギー対策 …………………………………………… 56
（３）感染症対策等 ……………………………………………… 57
（４）防災・防犯対策 …………………………………………… 58
（５）衛生管理 …………………………………………………… 61

５．家庭・学校・地域との連携 ………………………………… 63

（1）家庭との連携 …………………………………………… 63
（2）学校との連携 …………………………………………… 64
（3）地域及び関係機関等との連携 ………………………… 65

6．大型児童館の機能・役割 ………………………………… 67
（1）大型児童館の現状と通知等への記載内容 …………… 67
（2）大型児童館の機能・役割 ……………………………… 70
（3）大型児童館への期待 …………………………………… 73

7．児童館の第三者評価 ……………………………………… 75
（1）第三者評価とは ………………………………………… 75
（2）福祉サービス第三者評価制度 ………………………… 76
（3）福祉サービス第三者評価制度の仕組み ……………… 79
（4）児童館における第三者評価の意義 …………………… 88

第2章　児童館理解の基礎 …………………………………… 91

はじめに ………………………………………………………… 92
1．日本における子育て文化 ………………………………… 93
（1）日本の子どもたち ……………………………………… 93
（2）外国人の見た日本の子どもたち ……………………… 97

2．子どもの発達理解 ……………………………………… 113
（1）発達とは ……………………………………………… 113
（2）近年の一般的な発達段階 …………………………… 117
（3）子どもの発見 ………………………………………… 118
（4）人間の生涯発達（life cycle） ……………………… 122

3．子どもと遊び ……………………………… 130
（1）人類の進化と子どもの遊び ……………… 130
（2）「遊び」の沿革 ……………………………… 131
（3）遊びの指導という矛盾 …………………… 135
（4）遊びの何が子どもの発達に役立つのか ……… 136
（5）なぜ人間は遊ぶのか ……………………… 138
（6）遊びへの大人の関わり方 ………………… 143
（7）文化財と遊び ……………………………… 144

4．子どもと地域 ……………………………… 152
（1）子ども時代 ………………………………… 153
（2）地域社会と子ども ………………………… 154
（3）地域とは何か ……………………………… 156
（4）地域文化の継承 …………………………… 159
（5）地域を拓く児童館 ………………………… 161
おわりに ……………………………………… 168

第3章　児童館の施策と健全育成 ……………… 171

児童館の施策　　　野中　賢治 ……………… 172
1．児童福祉法成立当時 ……………………… 172
（1）『児童福祉』（厚生省児童局監修） ……………… 172
（2）『児童厚生施設運営要綱』（厚生省児童局） ………… 174
2．国庫補助の開始と自治体の児童館施策の発展 ………… 178
（1）国庫補助の開始 …………………………… 178
（2）自治体施策の発展 ………………………… 178
3．国庫補助開始以後の児童館施策 …………… 179

4．児童館ガイドラインの作成に向けて ………………… 181

児童館ガイドラインと健全育成　　植木　信一 …………… 186
1．健全育成という用語 ……………………………… 186
2．子どもの権利と健全育成 …………………………… 187
3．児童館ガイドラインと健全育成 …………………… 189

第4章　児童館の運営と実践の基本 …………………………… 193
1．こどもの居場所としての児童館　　仙田　満 ……… 194
2．子どもの居場所を考える　　田中　哲 ……… 212
3．子どもの権利条約と児童館　　安部　芳絵 …… 227
4．児童館ガイドラインとこれからの児童館　　大竹　智 ……… 246

資　料 …………………………………………………… 259
○「児童福祉法」(抄) ………………………………… 260
○「児童福祉施設の設備及び運営に関する基準」(抄) ……… 261
○「児童館の設置運営について」(事務次官通知) …………… 262
○「児童館の設置運営について」(局長通知) ………………… 267
○「児童館ガイドラインの改正について」(局長通知) ………… 271
「児童館ガイドライン」 ……………………………… 272
一般財団法人児童健全育成推進財団について ……………… 284
編集委員・執筆者名簿 ……………………………………… 287

# 第１章

## 児童館ガイドラインと児童館のあり方

児童館の関係法令は、法律として「児童福祉法」(昭和22年法律第164号、本章では以下「児福法」という)に規定があり、省令として「児童福祉施設の設備及び運営に関する基準」(昭和23年厚生省令第63号、本章では以下「省令」という)がある。それらを踏まえて「児童館の設置運営要綱」(平成２年８月７日厚生省発児第123号厚生事務次官通知別紙、本章では以下「設置運営要綱」という)及び「児童館の設置運営について」(平成２年８月７日児発第967号厚生省児童家庭局長通知、本章では以下「児童館の運営について」(局長通知)という)がある。

これらの関係法令に基づいて児童館の運営や活動をさらに具体的に示したものが「児童館ガイドライン」(平成23年３月発出、平成30年10月改正子発1001第１号厚生労働省子ども家庭局長通知別紙)であり、自治体等に対する技術的な助言に当たる。

児童館ガイドラインは、全国の児童館の運営・活動の実態を踏まえた最大公約数的な記載内容となっており、すべて記載内容通りに取り組まなければならない性格のもの(Must)ではなく、多くの児童館が現在行っていること(Do)や児童館ができること(Can)、そして児童館に求められていること(Need)や児童館への期待(Hope)を示すものと言えよう。

本章では、児童館ガイドラインの理解が深められるよう全９章の項目について原文を枠で囲み逐次説明するとともに、児童館ガイドラインに沿って改正された児童館版福祉サービス第三者評価基準ガイドラインの内容を解説する。

# １．児童館の基本原則と子ども理解

最初の児童館ガイドライン（本章では以下「旧児童館ガイドライン」という）は、平成23年に発出された。その後、平成28年には児福法の理念となる第１章総則第１条が「全て児童は、児童の権利に関する条約の精神にのつとり、適切に養育されること、その生活を保障されること、愛され、保護されること、その心身の健やかな成長及び発達並びにその自立が図られることその他の福祉を等しく保障される権利を有する」と抜本的に改正され、「児童の福祉を保障するための原理」があらためて明確化された。

児童厚生施設を規定する第40条は改正されなかったものの、旧児童館ガイドラインには児福法の総則原文が引用されていたため、平成30年に児福法をはじめ旧児童館ガイドライン発出以降に制定、発令又は改正された関係法令との整合が図られた。また、省令、設置運営要綱及び「児童館の設置運営について」（局長通知）等を踏まえて、子どもの福祉的な課題への対応や子育て支援機能のさらなる充実を期待した内容に改正された。児童館ガイドラインの第１章「総則」には、「理念」「目的」に加えて、「施設特性」「社会的責任」の項目が追記され基本原則が示されている。また、第２章「子ども理解」では、対象となる18歳未満の子どもを「乳幼児期」「児童期」「思春期」の３つに区分し、それぞれの発達期の特徴や発達過程について記載している。

## （1）児童館の基本原則

### ① 児童館の「理念」

**【児童館ガイドライン第1章1】**
児童館は、児童の権利に関する条約（平成6年条約第2号）に掲げられた精神及び児童福祉法（昭和22年法律第164号）の理念にのっとり、子どもの心身の健やかな成長、発達及びその自立が図られることを地域社会の中で具現化する児童福祉施設である。ゆえに児童館はその運営理念を踏まえて、国及び地方公共団体や保護者をはじめとする地域の人々とともに、年齢や発達の程度に応じて、子どもの意見を尊重し、その最善の利益が優先して考慮されるよう子どもの育成に努めなければならない。

児童館の理念には、「児童の権利に関する条約」（本章では以下「権利条約」という）[1] の精神と児福法の理念を踏まえて運営される児童福祉施設であることが強調されている。設置運営要綱においても、児童館は児福法に基づく児童厚生施設であることを明記している。児童福祉施設にあって施設別のガイドラインや指針に理念を謳い上げることは稀有な例といえるかもしれないが、児童館ガイドラインについては、児童館を設置する自治体によって所管部署、設置の背景や運営の形態・方法等について多様な実態があることから、児童館の基本原則を明確化するため理念に記載された経緯があるとされている。

理念にある「子どもの心身の健やかな成長、発達及びその自立が図られることを地域社会の中で具現化する」ことは、子どもの心と身体の健康を増進し、自主性、社会性、創造性を高めるための具体的な活動の実践を意味し、児福法第1条の規定「その心身の健やかな成長及び発達並びにその自立が図られること」が基となっている。また「国及び地方公共団体や保護者をはじめとする地域の人々とともに、年齢や発達の程度に応じて、子どもの意見を尊重し、その最善の利益が優先して考慮されるよう子どもの育成に努めなければならない」との記載は、児福法第2条の第1項の「児童の年齢及び発達の程度に応じて、その意見が尊重され、その最善の利益が優先して考慮され、心身ともに健やかに育成されるよう努めなければならない」、第３項の「国及び地方公共団体は、児童の保護者とともに、児童を心身ともに健やかに育成する責任を負う」とする条文が基となっている。

## ② 子どもの「権利」と児童館ガイドライン

子どもの権利の詳細については第４章の各論に委ねることとするが、児童館ガイドラインへの権利条約に関する記載は改正時に追記されており、児福法第１条の「全て児童は、児童の権利に関する条約の精神にのっとり、（以下省略）」の規定を基にしたものである。権利条約に掲げられた精神とは、条文の全般にわたる考え方となる。なお、子どもの「利益」については、安全・安心や幸福などを意味し、日本国憲法の「基本的人権の尊重」「自由及び権利の保持義務」などが根底にある。「基本的人権」は、だれにでも平等かつ公平に与えられる人間の基本的な権利や自由であって、子どもは保護されるだけの存在ではなく、能動的な権利主体であることを確認する内容となっている。

子どもが自らの意思でまずは児童館にいつ行くか又は行かないか、そして行って何をするか、あるいは何もしないか、だれと話しだれと遊ぶかなど日常的な多くの選択と小さくも重要な自己決定により利用することができる児童福祉施設は児童館のほかに見当たらず、子どもの権利保障として特筆すべき特徴である。児童館の運営や活動のあらゆる場面で以下の図表１の通り子どもの権利を軸に据え具現化されなければならない。

（図表1）子どもの権利の軸

| | |
|---|---|
| 生きる権利（生存権） | 子どもの命が守られること。病気やケガをしても治療が受けられること。愛情を持って心身健やかに育てられることなどの権利をいう。 |
| 育つ権利（発達権） | 教育が受けられること。遊んだり休んだりできること。文化的な生活や芸術に自由に参加できること。思想や信仰の自由が守られ、自分らしく育つことなどの権利をいう。 |
| 守られる権利（被保護権） | 虐待やいじめなどから守られ、差別や不利益を受けないこと。障害のある子は特別に守られること。プライバシーが守られ、誇りや信用が傷つけられないことなどの権利をいう。 |
| 参加する権利（参加権） | 自由に意見や表現ができ、尊重されること。仲間と集まって自由な活動ができること。社会の一員として参画し、意見が生かされる機会があることなどの権利をいう。 |

児童福祉施設では、子どもに対する身体的･精神的な暴力、傷害･虐待、放置・怠慢な取扱い、不当な取扱い、搾取などあらゆる形態の不利益から保護することを基本姿勢とし、さらに児童館においては子どもの発達を最大限に確保することや子どもが自由に意見を表明したり表現したりすることを重視する。なかんずく権利条約第31条の休息及び余暇の権利、遊び及びレクリエーションの活動を行う権利、文化的な生活及び芸術に自由に参加する権利を尊重し促進するための適当かつ平等な機会を提供することは、児童館の目的に合致する内容である。児童館は、子どものための公的な社会資源の中でも子どもの遊ぶ権利を保障するための最有力拠点となることができる施設である。

## ③ 児童館の「目的」

【児童館ガイドライン第１章２】
　児童館は、18歳未満のすべての子どもを対象とし、地域における遊び及び生活の援助と子育て支援を行い、子どもの心身を育成し情操をゆたかにすることを目的とする施設である。

### ○「対象」

　児童館が対象とする「18歳未満のすべての子ども」は、児福法第４条の「児童とは、満18歳に満たない者」を根拠としている。権利条約においても第１条に「児童とは、18歳未満のすべての者」と定義されている。また児童館の設置運営について（局長通知）に記載する対象児童については、上位法令にしたがって18歳未満を前提とした「すべての児童」としている。なお、実際には18歳の誕生日当日から線を引くようにその利用を禁じることが児童館の現場での対応になじまないことから、条例において「おおむね18歳未満の児童」として幅を持たせている自治体や、原則18歳未満の児童としながら「18歳に達する日以後の最初の３月31日までの間にある者を含む」といった例外を規定するなど多くの児童館が弾力的に対応している。

### ○「地域」

　「地域」は、主に子どもの自宅や学校等を中心とした子どもが利用しやすい日常の生活圏を指し、小型児童館・児童センターは小学校区又は中学校区の範囲に１か所設置されることが望ましい施設とする理由となっている。なお、子どもの日常の生活圏としての地域は、その成長・発達とともに伸張する。例えば、小学校低学年の子どもがひとりでも負担感なく徒歩で行き来することができる距離が仮に半径１km圏内であるとして、高学年になれば自転車で行き来することも増え、その行動範囲は半径２km、３kmと広がっていく。また、ベビーカーや車で移動する乳幼児親子や公共交通機関を利用するようになる中・高校生世代ではさらに「地域」の範囲は拡大する。大型児童館においては、県域内又は隣県を含むさらに広域な範囲で地域を捉えていくことが必要となる。

### ○「生活」

子どもは、家庭、学校、地域等において大小いくつかの集団に属し、日々それぞれを横断的に行き来しながら生活している。また、児童館を利用する子どもには、身体を動かしたり何かを作ったりして遊びたい気分のときもあれば、何かしたいわけではなくただおしゃべりしたりくつろいだりしたい気分のときもある。遊びは子どもの生活の中で大きな部分を占め、子どもの遊びと生活は切り分けることが難しいため、児童館は子どもの遊びの場を提供するとともに、生活面での福祉増進の観点も踏まえて子どもを援助することが重要である。

### ○「援助」と「支援」

一般的に「援助」は代わりにやってあげること、「支援」はできるように支えることと説明されることがあるが、これを児童館ガイドライン文中の「遊び及び生活の援助」に照らすと、“子どもの遊びや生活を代わってやってあげる”というなんともつじつまの合わない意味となる。児童館ガイドラインにおける「援助」と「支援」の用語については、放課後児童クラブ運営指針[2] の用語解説が援用されており、実際の場面では、〈見守る〉〈手助けする〉〈教える〉〈一緒に行動する（遊ぶ）〉など多様な側面を一括して示す用語として「援助」を用い、「援助」を含めて児童館の事業全般を表す用語として「支援」が用いられている。ちなみに、児童館ガイドラインには、「援助」が16か所、「支援」が43か所で使用されている。

## ④ 児童館における「子育て支援」

「子育て支援」の用語は、児童館にかかる法律や省令の中には見られず、児童館の設置運営について（局長通知）では「子育て家庭の支援」と表現しており、「子育て支援」の用語としては、児童館ガイドラインに初出する。児福法第40条では子どもの健全育成について説明しているが、児童館の今日的な機能・役割として「子育て支援」の取組が普及している実態があることから、児童館ガイドラインでその役割についての説明を補完している。「2021全国児童館実態調査」結果[3] によると、「保護者の子育て支援」は92.2％、「子育て相談」は88.6％、「乳幼児の支援」は74.7％の児童館において実施されており、子育て支援の取組は今日の児童館の活動として一般化している。

## ⑤ 児童館の施設特性

### ○ 施設の基本特性

児童館ガイドラインにおける施設の基本特性は、すべて「子ども」を主語に子どもの視点から統一されており、能動的な権利主体として子どもができることが表現されている。改正前の児童福祉法では「すべて国民は、児童が心身ともに健やかに生まれ、且つ、育成されるよう努めなければならない」という国民の義務から総則が示されていたが、平成28年の法改正により「児童」が主語となり「全て児童は、児童の権利に関する条約の精神にのっとり、適切に養育されること、その生活を保障されること、愛され、保護されること、その心身の健やかな成長及び発達並びにその自立が図られることその他の福祉を等しく保障される権利を有する」としている。

**【児童館ガイドライン第１章３-(1)-①～⑥】**
○ 子どもが自らの意思でひとりでも利用することができる。
○ 子どもが遊ぶことができる。
○ 子どもが安心してくつろぐことができる。
○ 子ども同士にとって出会いの場になることができる。
○ 年齢等の異なる子どもが一緒に過ごし、活動を共にすることができる。
○ 子どもが困ったときや悩んだときに、相談したり助けてもらえたりする職員がいる。

「自らの意思」は子どもが利用したいときに子ども自身が選択・判断する権利を指す。「ひとり」については、数の単位としての「一人」の意味だけでなく、家庭、学校、地域の中で孤独感を持った状態の「独り」の意味でも捉えられるよう意図的にひらがなで表記されている。そして、児童館が遊びやくつろぎを通して子どもが息抜きできる場であり出会いや交流の場になるとともに、保護者や学校の先生等のほかに頼れる大人（児童厚生員等）がそこにいることを「子ども」を主語に子どもの視点から記載されている。

○ 児童館における「遊び」

**【児童館ガイドライン第１章３-(2)】**
子どもの日常生活には家庭・学校・地域という生活の場がある。子どもはそれぞれの場で人やものと関わりながら、遊びや学習、休息や団らん、文化的・社会的な体験活動などを行う。特に、遊びは、生活の中の大きな部分を占め、遊び自体の中に子どもの発達を増進する重要な要素が含まれている。

児童館は、児福法第40条に「児童に健全な遊びを与えて、その健康を増進し、又は情操をゆたかにすることを目的とする施設とする」と規定されている。また、子どもの遊びについては、「児童にとって生活の大半は遊びであり、遊びの経験は、児童の将来の人間形成にとってきわめて重要な役割を果たすもの」[4] と説明されている。遊びのプログラム等に関する専門委員会[5] において、児童館のあり方を議論する前提として子どもの遊びを再定義する必要性が指摘された[6] ことから、権利条約第31条を踏まえ、遊びの中に子どもの発達を増進する重要な要素が含まれていることが詳しく記載されている。

## ⑥ 児童館の特性

児童館の特性は、子どもの健全育成の役割を踏まえ、「拠点性」「多機能性」「地域性」の３点に整理されており、施設の基本特性と等しく子どもの視点から統一された記載になっている。児童館活動の実績と実態を踏まえて児童館の機能・役割の固有性や独自性があらためて明文化されたものといえる。地域における児童福祉施設としての今後のさらなる期待や可能性を「できる」という表現で示唆している。

### ○ 拠点性

**【児童館ガイドライン第１章３-(3)- ①】**
　児童館は、地域における子どものための拠点（館）である。
子どもが自らの意思で利用でき、自由に遊んだりくつろいだり、年齢の異なる子ども同士が一緒に過ごすことができる。そして、それを支える「児童の遊びを指導する者」（以下「児童厚生員」という。）がいることによって、子どもの居場所となり、地域の拠点となる。

児童館は、子どもがそこに行きたいと思ったときに開かれた館があって、安心できる場と児童厚生員がいることが地域における子どもの居場所となる。子どもが自らの意思でひとりでも利用することができ、遊びやくつろぎ、子ども同士の出会いや年齢の異なる子ども同士の交流の場であるという基本特性にも示された内容を重ねて説明している。

○ 多機能性

**【児童館ガイドライン第1章3-(3)-②】**
児童館は、子どもが自由に時間を過ごし遊ぶ中で、子どものあらゆる課題に直接関わることができる。これらのことについて子どもと一緒に考え、対応するとともに、必要に応じて関係機関に橋渡しすることができる。そして、子どもが直面している福祉的な課題に対応することができる。

子どもは、児童館で過ごす中で自己のあらゆる課題に直接関わることができる。そして児童厚生員は、多様な子どもの多様なニーズを受け止め、多様な福祉的課題にプレイワークやソーシャルワークの多様な方法をもって子どもを育成することができる特性があり、この固有の機能を果たすことが専門性となる。

○ 地域性

**【児童館ガイドライン第1章3-(3)-③】**
児童館では、地域の人々に見守られた安心・安全な環境のもとで自ら成長していくことができ、館内のみならず子どもの発達に応じて地域全体へ活動を広げていくことができる。そして、児童館は、地域の住民と、子どもに関わる関係機関等と連携して、地域における子どもの健全育成の環境づくりを進めることができる。

子どもは、児童館を通じて、地域の人々に見守られた安心・安全な環境のもとで自ら成長していくことができる。そのため、児童館は地域の公的な施設として、地域の人々との信頼関係の中で子どもの健全育成活動を展開している。児童館が連携・協力し合う地域の社会資源には、小学校(90.8％)、民生・児童委員(71.2％)、主任児童委員(59.8％)、中学校(59.6％)、保育所(57.4％)、町内会・自治会(52.6％)等があり[3]、地域の関係機関等との連携によって子どもの健全育成のための環境づくりを行っている。

## ⑦ 児童館の社会的責任

**【児童館ガイドライン第１章４-(1)～(4)】**

○ 児童館は、子どもの人権に十分に配慮し権利擁護に努めるとともに、子ども一人ひとりの人格を尊重し、子どもに影響のある事柄に関して、子どもが意見を述べ参加することを保障する必要がある。
○ 児童館は、地域社会との交流や連携を図り、保護者や地域社会に児童館が行う活動内容を適切に説明するよう努めなければならない。
○ 児童館は、子どもの利益に反しない限りにおいて、子どもや保護者のプライバシーの保護、業務上知り得た事柄の秘密保持に留意しなければならない。
○ 児童館は、子どもや保護者の苦情等に対して迅速かつ適切に対応して、その解決を図るよう努めなければならない。

児童福祉施設の社会的責任として、子どもの人権尊重や権利擁護、説明責任、秘密保持、苦情解決等の適切な対応を行うことが児童館の基本原則の中に位置付けられている。その内容としては、放課後児童クラブ運営指針[2]における放課後児童健全育成事業所の社会的責任の記載と重なる内容が多い。権利擁護や説明責任については、遊びのプログラム等に関する専門委員会における議論[7]を踏まえ追記されている。

## （2）子ども理解

**【児童館ガイドライン第2章1～3】**

○ 乳幼児期

乳幼児は、大人によって生命を守られ、愛され、信頼されることにより、情緒が安定するとともに、人への信頼感が育つ。そして、身近な環境に興味や関心を持ち、自発的に働きかけるなど、次第に自我が芽生える。

乳幼児は、大人との信頼関係を基にして、子ども同士の関係を持つようになる。この相互の関わりを通じて、身体的な発達及び知的な発達とともに、情緒的、社会的及び道徳的な発達が促される。特に、乳幼児は遊びを通して仲間との関係性を育む。この時期に多様な経験により培われた豊かな感性、好奇心、探究心や思考力は、その後の生活や学びの基礎となる。

○ 児童期

6歳から12歳は、子どもの発達の時期区分において幼児期と思春期との間にあり、児童期と呼ばれる。児童期の子どもは、知的能力や言語能力、規範意識等が発達し、身長や体重の増加に伴って体力が向上する。これに伴い、多様で創意工夫が加わった遊びを創造できるようになる。

おおむね6歳～8歳には、読み・書き・計算の基本的技能の習得が始まり、成長を実感する一方で、幼児期の特徴を残している。大人に見守られる中で努力し、自信を深めていくことができる。

おおむね9歳～10歳には、抽象的な言語を用いた思考が始まり、学習面でのつまずきもみられ始める。同年代の仲間や集団を好み、大人に頼らずに行動しようとする。

おおむね11歳～12歳には、知識が広がり、計画性のある生活を営めるようになる。思春期・青年期の発達的特徴の芽生えが見られ、遊びの内容や仲間集団の構成が変化し始める。自立に向けて少人数の仲間ができ、個人的な関係を大切にし始める。

○ 思春期

13歳から18歳は、発達の時期区分では思春期であり、自立へ向かう時期である。この時期の大きな特徴は、自己と他者との違いを意識しながら、アイデンティティの確立に思い悩み、将来に対して大きな不安を感じることである。児童館は、中学生、高校生等の子ども（以下「中・高校生世代」という。）が集い、お互いの気持ちを表現し合うことにより、自分と仲間に対して信頼と安心を抱き、安定した生活の基盤を築くことができる。

文化的・芸術的活動、レクリエーション等に、自らの意思で挑戦することを通して、成長することができる。自己実現の場を提供し、その葛藤や成長に寄り添い、話を聴くことで、心配や不安を軽減し、喜びを共有するような役割が求められる。自己効力感や自己肯定感の醸成も自立に向かうこの時期には重要である。

対象児童の発達課題や特徴については、保育所保育指針及び放課後児童クラブ運営指針に同様の項目があり、児童館職員にはより年齢幅が広い子どもの発達の特徴について理解が求められることとなる。なお、旧児童館ガイドラインでは思春期の子どもを「年長児童」と表記していたが、現在の児童館ガイドラインは「中・高校生世代」として表記統一されている。“世代”には、学校への在籍にかかわらずすべての思春期の子どもが含まれていることを示している。

---

**【脚注】　1．児童館の基本原則と子ども理解**

1　「児童の権利に関する条約」（平成６年条約第２号）とは、子どもの基本的な人権が保障されるべきことを国際的に定めた前文と本文54条からなる条約。平成元年に国連総会において採択され、わが国では平成６年に批准している。

2　「放課後児童クラブ運営指針」の策定について（平成27年３月31日雇児発0331第34号厚生労働省雇用均等・児童家庭局長通知）
https://www.mhlw.go.jp/file/06-Seisakujouhou-11900000-Koyoukintoujidoukateikyoku/0000088862.pdf

3　一般財団法人児童健全育成推進財団／令和３年度子ども・子育て支援推進調査研究事業報告書「児童館の運営及び活動内容等の状況に関する調査研究」（大竹智）（令和４年３月）

4　厚生省児童家庭局育成課編『児童健全育成ハンドブック』（昭和60年）p19

5　「遊びのプログラム等に関する専門委員会」は、国立総合児童センター「こどもの城」の閉館（平成27年３月）を受け、遊びのプログラムの全国的な普及啓発や新たなプログラムの開発、今後の地域の児童館等のあり方などを検討するため、平成27年５月より社会保障審議会児童部会の下に設置されている。

6　遊びのプログラム等に関する専門委員会「遊びのプログラムの普及啓発と今後の児童館のあり方について」報告書　p14
https://www.mhlw.go.jp/content/12601000/000358575.pdf

7　平成30年6月22日開催　第13回遊びのプログラム等に関する専門委員会　議事録https://www.mhlw.go.jp/stf/shingi2/0000198035_00003.html

# 2．児童館の機能・役割と活動内容

## （1）児童館の機能・役割

### ① 遊び及び生活を通した子どもの発達の増進

【児童館ガイドライン第3章1】
子どもは、遊びやくつろぎ、出会い、居場所、大人の助けなどを求めて児童館を利用する。その中で、子どもは遊びや友達、児童厚生員との関わりなどを通じて、自主性、社会性、創造性などを育んでいく。
児童厚生員は、子ども一人ひとりと関わり、子どもが自ら遊びたいことを見つけ、楽しく過ごせるように援助し、子どもの遊びや日常の生活を支援していく。
特に遊びの場面では、児童厚生員が子どもの感情・気分・雰囲気や技量の差などに心を配り、子ども同士が遊びを通じて成長し合えるように援助することが求められる。
そのため、児童厚生員は一人ひとりの子どもの発達特性を理解し、遊び及び生活の場での継続的な関わりを通して適切な支援をし、発達の増進に努めることが求められる。

児童館を利用する子どものニーズとして、友達との遊びや、くつろぎ、出会い、居場所等を例示し、一人ひとりに丁寧に関わり、子どもがやりたいことを見つけて楽しく過ごせるように日常の遊びや生活を支援することの重要性を説明している。遊びの中で子どもの感情や気分などに心を配ることなど、児童厚生員の援助の視点にも触れられている。

### ② 子どもの安定した日常の生活の支援

【児童館ガイドライン第3章2】
児童館は、子どもの遊びの拠点と居場所となることを通して、その活動の様子から、必要に応じて家庭や地域の子育て環境の調整を図ることによって、子どもの安定した日常の生活を支援することが大切である。
児童館が子どもにとって日常の安定した生活の場になるためには、最初に児童館を訪れた子どもが「来てよかった」と思え、利用している子どもがそこに自分の求めている場や活動があって、必要な場合には援助があることを実感できるようになっていることが必要となる。そのため、児童館では、訪れる子どもの心理と状況に気付き、子どもと信頼関係を築く必要がある。

子どもの安定した日常の生活の場であるためには、最初に児童館を訪れた子どもがそこに自分の求めている場や活動があり、必要な場合には援助があることを実感できることが重要である。国が示すガイドラインに「来てよかった」という子どもの心情が、かぎかっこで表現されていることは珍しいと思われるが、これもまた児童館の特性が表されたものと捉えることができる。

## ③ 子どもと子育て家庭が抱える可能性のある課題の発生予防・早期発見と対応

【児童館ガイドライン第３章３】
子どもと子育て家庭が抱える可能性のある課題の発生を予防し、かつ早期発見に努め、専門機関と連携して適切に対応すること。その際、児童館を利用する子どもや保護者の様子を観察することや、子どもや保護者と一緒になって活動していく中で、普段と違ったところを感じ取ることが大切である。

子どもと子育て家庭が抱える課題は日々の関わりの中での気付きが重要である。児童館には、多くの子どもや保護者が集まるため、その様子を見守ることができる。親子での遊びを通じた何気ない関わりや活動が、課題の発生予防・早期発見とその後の適切な支援につながる。

## ④ 子育て家庭への支援

【児童館ガイドライン第３章４】
子育て家庭に対する相談･援助を行い、子育ての交流の場を提供し、地域における子育て家庭を支援すること。
その際、地域や家庭の実態等を十分に考慮し、保護者の気持ちを理解し、その自己決定を尊重しつつ、相互の信頼関係を築くことが大切である。
また、乳幼児を対象とした活動を実施し、参加者同士で交流できる場を設け、子育ての交流を促進する。
さらに、地域における子育て家庭を支援するために、地域の子育て支援ニーズを把握するよう努める。

子育て家庭の支援には、地域や家庭の状況を踏まえ、保護者との信頼関係を築くことが大切である。子育て家庭への支援に当たっては、保護者同士の子育ての交流を促進することの重要性を強調するため３か所で「交流」が使われている。

## ⑤ 子どもの育ちに関する組織や人とのネットワークの推進

**【児童館ガイドライン第３章５】**
地域組織活動の育成を支援し、子どもの育ちに関する組織や人とのネットワークの中心となり、地域の子どもを健全に育成する拠点としての役割を担うこと。
その際、地域の子どもの健全育成に資するボランティア団体や活動と連携し、地域で子育てを支え合う環境づくりに協力することが求められる。

地域の住民や子どもに関わる関係機関等と連携して子どもの健全育成の環境づくりを進めることができるという児童館の特性を生かして、地域の子ども・子育て支援のネットワークの拠点として積極的な役割を果たしていくことが求められる。

## (2) 児童館の活動内容

児童館ガイドラインでは、児童館の活動内容を８つに整理し、子どもへの直接的かつ一般的な支援から育成環境づくりのための間接的な支援へと展開する構成となっている。児童館の活動内容は横断的かつ複合的であり、多様な要素や効果を組み合わせて構成されていることが多いため、明確に分類できるものではないということが前提となっている。実際の活動に当たっては、子どもや地域の実情を把握した上で取り組むことが望ましい。なお、全国の児童館・児童センターにおける児童館ガイドラインに基づく児童館の活動内容の実施率（以下「実施率」という）を活動内容の項目ごとに記載する[1]。

### ① 遊びによる子どもの育成（実施率98.1％）

**【児童館ガイドライン第４章1-(1)～(3)】**

○ 子どもにとっては、遊びが生活の中の大きな部分を占め、遊び自体の中に子どもの発達を増進する重要な要素が含まれている。このことを踏まえ、子どもが遊びによって心身の健康を増進し、知的･社会的能力を高め、情緒をゆたかにするよう援助すること。

○ 児童館は、子どもが自ら選択できる自由な遊びを保障する場である。それを踏まえ、子どもが自ら遊びを作り出したり遊びを選択したりすることを大切にすること。

○ 子ども同士が同年齢や異年齢の集団を形成して、様々な活動に自発的に取り組めるように援助すること。

子どもは遊びの中で、他者と自分の共通点や違いに気付き、お互いの遊びや遊び仲間をつくり広げていくことができる。遊びによる子どもの育成は、法文の中にも子どもの健全育成の効果的な手立てとして位置付けている。

## ② 子どもの居場所の提供（実施率96.5%）

【児童館ガイドライン第４章２-(1)～(3)】
○ 児童館は、子どもが安全に安心して過ごせる居場所になることが求められる。そのため、自己効力感や自己肯定感が醸成できるような環境づくりに努めるとともに、子どもの自発的な活動を尊重し、必要に応じて援助を行うこと。
○ 児童館は、中・高校生世代も利用できる施設である。受入れに際しては、実際に利用可能な環境づくりに努めること。また、中・高校生世代は、話し相手や仲間を求め、自分の居場所として児童館を利用するなどの思春期の発達特性をよく理解し、自主性を尊重し、社会性を育むように援助すること。
○ 児童館を利用した経験のある若者を支援し、若者の居場所づくりに協力することにも配慮すること。

児童館は、子どもにとって居心地がよく、安心できる居場所であり、中・高校生世代になっても継続した関わりや必要な支援が受けられる居場所である。また、幼少期から児童館を利用していた18歳以上の若者についても見守り等の支援を要する場合やひきこもり、ヤングケアラーなど福祉的な課題がある場合については、若者の支援の観点から継続的に関わることにも配慮が望まれる。

## ③ 子どもが意見を述べる場の提供（実施率62.9%）

【児童館ガイドライン第４章３-(1)～(4)】
○ 児童館は、子どもの年齢及び発達の程度に応じて子どもの意見が尊重されるように努めること。
○ 児童館の活動や地域の行事に子どもが参加して自由に意見を述べることができるようにすること。
○ 子どもの話し合いの場を計画的に設け、中・高校生世代が中心となり子ども同士の役割分担を支援するなど、自分たちで活動を作り上げることができるように援助すること。
○ 子どもの自発的活動を継続的に支援し、子どもの視点や意見が児童館の運営や地域の活動に生かせるように努めること。

権利条約では、自己の意見を形成する能力のある児童がその児童に影響を及ぼすすべての事項について自由に意見を表明する権利を確保することを定めている。児童館は、子どもが自由に発言することを日常的に保障される場である。現在、取り組まれている子ども会議などの場で児童館の利用のルールを話し合ったり、意見箱を設置したり、子どもの意見を児童館の活動に反映したりすることなどをはじめとして、子どもが意見を述べる場としてのさらなる実践の積み上げと研究の推進が期待される。

## ④ 配慮を必要とする子どもへの対応（実施率69.8％）

【児童館ガイドライン第４章４-(1)～(7)】

○ 障害のある子どもへの対応は、障害の有無にかかわらず子ども同士がお互いに協力できるよう活動内容や環境について配慮すること。
○ 家庭や友人関係等に悩みや課題を抱える子どもへの対応は、家庭や学校等と連絡をとり、適切な支援をし、児童館が安心できる居場所となるように配慮すること。
○ 子どもの間でいじめ等の関係が生じないように配慮するとともに、万一そのような問題が起きた時には早期対応に努め、児童厚生員等が協力して適切に対応すること。
○ 子どもの状況や家庭の状況の把握により、保護者に不適切な養育等が疑われる場合には、市町村（特別区を含む。以下同じ。）や関係機関と連携し、要保護児童対策地域協議会で協議するなど、適切に対応することが求められること。
○ 児童虐待が疑われる場合には、市町村又は児童相談所に速やかに通告し、関係機関と連携して適切な対応を図ること。
○ 子どもに福祉的な課題があると判断した場合には、地域のニーズを把握するための包括的な相談窓口としての機能を生かし、地域や学校その他相談機関等の必要な社会資源との連携により、適切な支援を行うこと。
○ 障害のある子どもの利用に当たっては、障害を理由とする差別の解消の推進に関する法律（平成25年法律第65号）に基づき、合理的配慮に努めること。

配慮を必要とする子どもとは、障害のある子ども、家庭や友人関係等に悩みや課題を抱える子ども、いじめや虐待など福祉的な課題がある子どもが想定され、児童館は包括的な相談窓口として社会資源と連携して子どもを支援していくことが重要となる。「児童虐待の防止等に関する法律」（平成12年法律第82号）では、児童福祉施設の職員等児童の福祉に職務上関係のある者は、児童虐待を発見しやすい立場にあることを自覚し、児童虐待の早期発見に努めるとともに、発見した者は速やかに福祉事務所や児童相談所に通告しなければならないと定めていることから児童虐待の早期発見の努力義務と通告義務が児童館職員にも適用される。また、「障害を理由とする差別の解消の推進に関する法律」（平成25年法律第65号）では、障害がある方の社会的障壁を除去するための必要かつ合理的な配慮を行うために、施設の改善や設備の整備、関係職員への研修等必要な環境の整備に努めなければならないとしていることから、障害のある子どもの児童館の利用についても合理的な配慮が求められる。合理的配慮とは、「障害者の権利に関する条約」第２条[2]では、「障害者が他の者との平等を基礎として全ての人権及び基本的自由を享有し、又は行使することを確保するための必要かつ適当な変更及び調整であって、特定の場合において必要とされるものであり、かつ、均衡を失した又は過度の負担を課さないもの」と定義している。障害のある子どもが児童館において平等かつ自由に過ごすことができ、様々な活動に参加できるようにして、すべての子どもの居場所となる環境を設定することが重要である。そのためには、現在取り組まれている拡大文字、点字、手話、音声の読み上げ、筆談等すべての人が利用しやすいユニバーサルデザインを取り入れるとともに、子どもの個性や困りごとに合わせてルールや方法を変えたり設備や備品を工夫したりするなどのさらなる工夫と研究の推進が期待される。いじめへの配慮に関する記載は、「いじめ防止対策推進法」（平成25年法律第71号）を踏まえ、児童館ガイドライン改正時に追記されている。

## ⑤ 子育て支援の実施（実施率85.7％）

### ○ 保護者の子育て支援（実施率92.2％）

【児童館ガイドライン第４章５-(1) - ①〜④】
○ 子どもとその保護者が、自由に交流できる場を提供し、交流を促進するように配慮すること。
○ 子どもの発達上の課題について、気軽に相談できるような子育て支援活動を実施し、保護者が広く地域の人々との関わりをもてるように支援すること。
○ 児童虐待の予防に心掛け、保護者の子育てへの不安や課題には関係機関と協力して継続的に支援するとともに、必要に応じ相談機関等につなぐ役割を果たすこと。
○ 児童館を切れ目のない地域の子育て支援の拠点として捉え、妊産婦の利用など幅広い保護者の子育て支援に努めること。

児童館は、保護者の交流を促進するとともに、地域の中で気軽に相談することができる場としての役割が期待されている。妊産婦の利用など幅広い保護者の子育て支援は、すでに児童館の活動の中で実践されている取組であり、児童館ガイドライン改正によってあらためて明確化された。今後は、特に妊娠中に複雑な家庭環境からリスクを抱えている妊婦、出産後の子どもの養育への不安や出産前から支援を必要とする若年出産等の特定妊婦への支援の観点を持つことも重要となる。

### ○ 乳幼児支援（実施率74.7％）

【児童館ガイドライン第４章５-(2) - ①〜②】
○ 乳幼児は保護者とともに利用する。児童館は、保護者と協力して乳幼児を対象とした活動を実施し、参加者同士で交流できる場を設け、子育ての交流を促進すること。
○ 子育て支援活動の実施に当たっては、子どもの発達課題や年齢等を十分に考慮して行うこと。また、計画的·定期的に実施することにより、子どもと保護者との関わりを促すこと。さらに、参加者が役割分担をするなどしながら主体的に運営できるように支援すること。

保護者の子育て支援と併せて、乳幼児もまた能動的権利主体であることから、子育て支援の項目の中に乳幼児の支援が記載されている。乳幼児は保護者同伴での利用が基本とされている。遊びのプログラム等に関する専門委員会及び「今後の地域の児童館等のあり方検討ワーキンググループ」[3]における児童館ガイドラインの見直しの議論の過程において、当初、第1章総則の中に「乳幼児は保護者同伴」を明記する案が検討されたが、虐待のケースなど何らかのＳＯＳを出す幼児もあり得ることが指摘され[4]、乳幼児の緊急避難の例を排除しないという理由から、「乳幼児支援」の項目の中に「乳幼児は保護者とともに利用する」と記載されることとなった。保護者は子どもの遊びを参観するだけではなく、児童厚生員と一緒に子どもが楽しめる遊びのプログラムを考え、乳幼児同士の交流や子どもと保護者との関わりを促すことが重要となる。なお、3.6％と少数ではあるが一時預かり事業を実施する児童館もある[1]。

### ○ 乳幼児と中・高校生世代等との触れ合い体験の取組（実施率23.9％）

**【児童館ガイドライン第４章５-(3) - ①〜③】**

○ 子育てにおける乳幼児と保護者の体験を広げ、子どもへの愛情を再認識する機会になるとともに、中･高校生世代等の子どもを乳幼児の成長した姿と重ね合わせる機会となるよう取り組むこと。
○ 中･高校生世代をはじめ、小学生も成長段階に応じて子どもを生み育てることの意義を理解し、子どもや家庭の大切さを理解することが期待できるため、乳幼児と触れ合う機会を広げるための取組を推進すること。
○ 実施に当たっては、乳幼児の権利と保護者の意向を尊重し、学校･家庭や母親クラブ等との連携を図りつつ行うこと。

児童館は多世代・異年齢の地域の様々な人と交流することができる場である。乳幼児と中・高校生世代との触れ合い体験は、中・高校生世代にとっては、子育ての楽しさを体感し、やりがいや苦労話も聞き、その姿を自分の過去や未来に重ね合わせることができる。また、中・高校生世代にだけ利点がある取組ではなく、乳幼児にとっても、家族以外の人たちと触れ合うことが、健全育成及び発達の観点から大事な経験となる。そして、保護者にとっても、自身の子育てを振り返りその喜びや価値を再確認する機会となるよう配慮されることが大切である。

この取組は、児童館が仲介者となって、乳幼児と保護者、中・高校生世代等の地域での日常的なつながりや交流のきっかけとなる意義のある取組であることから、プログラムの一例でありながら児童館ガイドラインの項目に取り上げている。

### ○ 地域の子育て支援

【児童館ガイドライン第４章５-(4) - ①～③】
○ 地域の子育て支援ニーズを把握し、包括的な相談窓口としての役割を果たすように努めること。
○ 子育て支援ニーズの把握や相談対応に当たっては、保育所、学校等と連携を密にしながら行うこと。
○ 地域住民やＮＰＯ、関係機関と連携を図り、協力して活動するなど子育てに関するネットワークを築き、子育てしやすい環境づくりに努めること。

児童館は、子育て支援のニーズや課題のある子どもや家庭を早期発見し、課題を抱えている場合は専門機関等につなぐことができる包括的な相談窓口、いわば「かかりつけの相談機関」としての役割が期待されている。地域における身近で気軽に相談することができる子育て相談窓口となるように心掛け、保育所、学校、地域住民やＮＰＯ等子ども・子育てに関係する機関と連携、協力して子育てしやすい環境づくりを目指すことが求められる。

## ⑥ 地域の健全育成の環境づくり（実施率71.0％）

【児童館ガイドライン第４章６-(1)～(4)】
○ 児童館の活動内容等を広報するとともに、地域の様々な子どもの育成活動に協力するなど、児童館活動に関する理解や協力が得られるように努めること。
○ 児童館を利用する子どもが地域住民と直接交流できる機会を設けるなど、地域全体で健全育成を進める環境づくりに努めること。
○ 子どもの健全育成を推進する地域の児童福祉施設として、地域組織活動等の協力を得ながら、その機能を発揮するように努めること。
○ 地域の児童遊園や公園、子どもが利用できる施設等を活用したり、児童館がない地域に出向いたりして、遊びや児童館で行う文化的活動等の体験の機会を提供するように努めること。

児童館は、地域住民や地域組織等の協力を得ながら、地域の多世代の交流拠点の機能や機会づくりを行うことが期待されており、地域に向けた広報活動や地域活動への協力は欠かせない。また、小型児童館・児童センターにおいても児童館のない地域に出向き、児童館の利用機会がない子どもや保護者にも、遊びや文化的活動等の体験の機会を提供する移動児童館（出前児童館）の実施が期待されている。具体的な活動例としては、運動遊び、季節行事、造形活動、伝承遊び、劇・映画・音楽等の鑑賞会、自然体験活動などが挙げられる。なお現在、移動児童館（出前児童館）に取り組む小型児童館・児童センターは、23.6％となっている[1]。

## ⑦ ボランティア等の育成と活動支援（実施率54.3％）

【児童館ガイドライン第4章7-(1)～(4)】
- ○ 児童館を利用する子どもが、ボランティアリーダーとして仲間と積極的に関わる中で組織的に活動し、児童館や地域社会で自発的に活動できるように支援すること。
- ○ 児童館を利用する子どもが、ボランティアとして適宜、活動できるように育成・援助し、成人になっても児童館とのつながりが継続できるようにすること。
- ○ 地域住民が、ボランティア等として児童館の活動に参加できる機会を提供し、地域社会でも自発的に活動ができるように支援すること。
- ○ 中・高校生世代、大学生等を対象としたボランティアの育成や職場体験、施設実習の受入れなどに努めること。

児童館を活動の場とするボランティアは、子どもの遊び相手や引率、安全確保や見守り、イベントのサポートのほか、特技を生かしたボランティア、高度な専門的知識や技術を発揮するボランティア等が活躍している。ここでは、児童館を利用する子ども、中・高校生世代、大学生や地域の大人がボランティアを通した社会参加の機会をつくり、児童館以外の地域においても自発的に活動ができるように支援する視点が示されている。また、子どもの健全育成に関わる後進育成の観点から、教育課程の一環である実習生の指導についても受入れが期待されている。

## ⑧ 放課後児童クラブの実施と連携（実施率55.7%）

**【児童館ガイドライン第４章８-(1)- ①〜③、(2)】**

○ 児童館で放課後児童クラブを実施する場合には、放課後児童健全育成事業の設備及び運営に関する基準（平成26年厚生労働省令第63号）及び放課後児童クラブ運営指針（平成27年雇児発0331第34号厚生労働省雇用均等・児童家庭局長通知）に基づいて行うよう努め、児童館の持つ機能を生かし、次のことに留意すること。
- ・児童館に来館する子どもと放課後児童クラブに在籍する子どもが交流できるよう遊びや活動に配慮すること。
- ・多数の子どもが同一の場所で活動することが想定されるため、児童館及び放課後児童クラブのそれぞれの活動が充実するよう、遊びの内容や活動場所等について配慮すること。
- ・放課後児童クラブの活動は、児童館内に限定することなく近隣の環境を活用すること。

○ 児童館での活動に、近隣の放課後児童クラブの子どもが参加できるように配慮するとともに、協力して行事を行うなどの工夫をすること。

『放課後児童クラブ運営指針解説書』[5] では、放課後児童クラブ（本章では以下「児童クラブ」という）は、児童館等の様々な社会資源と連携を図りながら育成支援を行うことや児童クラブの子どもが地域で過ごす子どもと一緒に遊んだり交流したりする機会を設けるために児童館等に出かけることを例示するなど、地域の子どもの健全育成の拠点である児童館を積極的に活用し、児童クラブの子どもの活動と交流の場を広げることを明記している。そのため、児童クラブの実施に当たっては、市町村が条例で定める基準に基づき必要な育成支援を行うこととしている。

児童館内児童クラブでは、登録する子どもが児童館のプレイホールや図書室等の施設や設備を使用したり遊具を利用して遊んだり、児童館が企画する遊びのプログラムや季節行事などに参加したりして放課後をよりゆたかに過ごすことができる。また、児童クラブ以外の友達と放課後に待ち合わせたり、異なる学校の子どもや地域の多世代の人たちと自然な交流ができたり、子どもにとっての利点は多い。放課後を家庭で過ごす小学生の子どもにとっても、そこに行けばいつも子ども集団があり遊ぶ仲間がいるため、安心・安全な居場所となる。なお、児童クラブに在籍する子どもが多い児童館では、その施設・設備が特定の子どもしか利用できないような物理的状況や雰囲気にならないよう、自由に来館する子どもにも児童クラブの子どもにも、それぞれ充実した居場所になるよう配慮することが求められる。

---

**【脚注】　2．児童館の機能・役割と活動内容**

1　一般財団法人児童健全育成推進財団／令和３年度子ども・子育て支援推進調査研究事業報告書「児童館の運営及び活動内容等の状況に関する調査研究」（大竹智）（令和４年３月）

2　「障害者の権利に関する条約」（平成18年12月13日国連総会採択）は、障害者の人権及び基本的自由の享有を確保し、障害者の固有の尊厳の尊重を促進することを目的として、障害者の権利の実現のための措置等について定めたものである。わが国においては、平成26年１月20日に批准している。

3　今後の地域の児童館等のあり方検討ワーキンググループは、今後の地域の児童館等のあり方を検討し、児童館運営の指針となる「児童館ガイドライン」の見直しなどを専門的な見地から検討を行うため、平成29年2月に「遊びのプログラム等に関する専門委員会」の下に設置された。

4　平成30年３月12日開催「第２回今後の地域の児童館等のあり方検討ワーキンググループ」議事録　https://www.mhlw.go.jp/stf/shingi2/0000203020.html

5　厚生労働省編『改訂版　放課後児童クラブ運営指針解説書』（令和３年４月改訂）
https://www.mhlw.go.jp/content/000765364.pdf

# ３．児童館の職員と運営

## （１）児童館の職員

児童館ガイドライン第５章「児童館の職員」では、児童福祉施設としての特性を理解して、職務に取り組むことを求めている。「業務」には児童館の運営管理上の果たすべき主な役割が例示されており、「職務」には職員の一般的な役割や責任の範囲が示されている。

### ① 児童館活動及び運営に関する業務

【児童館ガイドライン第５章１-(1)～(7)】
○ 児童館の目標や事業計画、活動計画を作成する。
○ 遊びの環境と施設の安全点検、衛生管理、清掃や整理整頓を行う。
○ 活動や事業の結果を職員間で共有し振り返り、充実･改善に役立てる。
○ 運営に関する申合せや引継ぎ等のための会議や打合せを行う。
○ 日常の利用状況や活動の内容等について記録する。
○ 業務の実施状況や施設の管理状況等について記録する。
○ 広報活動を通じて、児童館の内容を地域に発信する。

#### ○ 児童館の目標、事業・活動計画

児童館の目標・計画は、「何を目指すか」を明確にし、児童館の方向性や活動内容を示すものであるため、職員全員が共有・共通理解しておくことが望ましい。定期的に理念や目標を振り返り、必要に応じて見直しを図ることも求められる。

#### ○ 安全点検、衛生管理、清掃・整理整頓

児童館の遊びの環境と施設の安全、衛生管理を徹底するために、日々の点検や清掃、整理整頓が重要である。感染症対策は、子どもを感染から守りつつ、児童館の活動を継続することが大切である。国や自治体からの最新の感染症対策等の情報を収集するとともに、設置自治体や管理運営団体

と連携を密にしながら必要な対策を講じて運営することが求められる。

### ○ 活動や事業の共有・振り返り

児童館の事業・活動をよりよくするためには、日常の活動や実施した事業の結果を共有し振り返り、目標の達成度をはかったり、活動・事業までのプロセスを検証したりすることによって充実・改善を図ることが大切である。その際、職員全員が関わり、様々な視点で振り返ることで、課題や改善点などの気付きが得られ、より充実した活動や新しい活動を創造することもできる。

### ○ 会議や打合せ

施設の運営や日々の活動において、職員が情報や意識を共有するための会議や打合せが重要である。会議や打合せには、事前に文書を作成するなど目的や主題を明確にすることで、情報の共有が円滑になり、効率のよい会議や打合せを行うことができる。

### ○ 利用状況、活動内容等の記録

日常の利用状況や活動の内容、引継ぎが必要な事項等を記録することが必要である。記録は職員が利用者についての理解を深め、活動の内容を充実させることにつなげることができる。職員は記録を通して自らの支援内容を振り返り、職員の間で情報や気付きを共有することが求められる。

### ○ 業務実施状況、施設の管理状況等の記録

日々の業務の中で行った事柄や施設の管理状況等を客観的に記録することが必要である。記録には「日付」「開館時間」「来館者数、参加者数」「開館時間前後の業務内容」「職員の勤務状況」「主な活動内容」「行事」「事故やケガの発生状況とその対処」「学校との連絡」「関係機関との連絡」などを記載することが考えられる。

### ○ 広報活動

地域の人々が児童館の活動に興味や関心を持ち、多くの人に利用される

ために、児童館の内容を地域に発信することが大切である。また児童館を訪れたことがない地域の人々に児童館活動や状況を伝え、児童館の利用につなげることが求められる。

## ② 館長の職務

館長は、児童館の現場責任者であり、職員との信頼関係を基にしたリーダーシップが求められる。館長の主な職務内容は以下の通りである。

【児童館ガイドライン第５章２-(1)～(6)】
○ 児童館の利用者の状況を把握し、運営を統括する。
○ 児童厚生員が業務を円滑に遂行できるようにする。
○ 子育てを支援する人材や組織、地域の社会資源等との連携を図り、子育て環境の充実に努める。
○ 利用者からの苦情や要望への対応を職員と協力して行い、運営や活動内容の充実と職員の資質の向上を図る。
○ 子育てに関する相談に応じ、必要な場合は関係機関と連携して解決に努める。
○ 必要に応じ子どもの健康及び行動につき、その保護者に連絡しなければならない。

### ○ 児童館の利用者の状況把握、運営統括

利用者の状況を把握し、利用者の期待に応えたり、課題の解決に向けた支援を行ったりするために施設の運営を統括する。また、運営状況等を自治体や法人の本部に報告し、必要な指示や支援を受けることや、交渉・調整することが求められる。

### ○ 児童厚生員の業務の支援

職場環境の整備、職員間の人間関係の調整、一人ひとりの心身の状態把握や仕事に関わる意向確認、職員の資質向上に関わる研修計画の検討・策定等の管理などがある。

### ○ 地域の子育てを支援する人材や社会資源との連携

積極的に地域の人材・組織との信頼関係や協力関係をつくり、地域の子育てに関わるネットワークの構築、地域の子育て環境の充実を図ることが求められる。

○ 苦情・要望への対応

苦情や要望には、利用者の思いを受け止め対応することが重要であり、誠実かつ丁寧な態度で解決していくこと。そのことによって、利用者との一層強い信頼関係が結ばれることもある。

○ 子育てに関する相談、関係機関との連携

家庭での子育てや地域の子どもの状況について、保護者や地域住民から相談を受けた場合には誠実に対応するとともに、必要な場合は関係機関と連携・協力して課題の解決を目指すことが大切である。

○ 子どもの健康及び行動などの保護者への連絡

子どもの体調不良や体調の急変、ケガ、子ども同士のトラブル、気になる行動など保護者への連絡は児童館長等の責任者から適切に行うことが重要である。「児童厚生施設の長は、必要に応じ子どもの健康及び行動につき、その保護者に連絡しなければならない」(省令第40条) は、児童館ガイドラインにも再掲している。

### ③ 児童厚生員の職務

児童厚生員は、子どもや保護者に直接的に関わる役割であり、利用者との信頼関係を基に様々な支援を行うことが求められる。児童厚生員の主な職務内容は次の通りである。

【児童館ガイドライン第５章３-(1)～(7)】
○ 子どもの育ちと子育てに関する地域の実態を把握する。
○ 子どもの遊びを援助するとともに、遊びや生活に密着した活動を通じて子ども一人ひとりと子ども集団の主体的な成長を支援する。
○ 発達や家庭環境などの面で特に援助が必要な子どもへの支援を行う。
○ 地域の子どもの活動や、子育て支援の取組を行っている団体等と協力して、子どもの遊びや生活の環境を整備する。
○ 児童虐待を防止する観点から保護者等利用者への情報提供などを行うとともに、早期発見に努め、対応･支援については市町村や児童相談所と協力する。
○ 子どもの活動の様子から配慮が必要とされる子どもについては、個別の記録をとり継続的な援助ができるようにする。
○ 子育てに関する相談に応じ、必要な場合は関係機関と連携して解決に努める。

### ○ 子ども・子育てに関する地域の実態把握

子ども・子育てに関する実態を把握することで課題やニーズが明らかになり、児童館として取り組むべき活動が考えられる。地域の実態を把握するには、子どもの声を聴く、地域の社会資源や地域の方からアンケートを実施するなど様々な方法により、子ども・地域の人々から声を聴くことが有効である。

### ○ 子ども一人ひとりと子ども集団の支援

遊びや生活に密着した活動を通じて一人ひとりの成長・発達を支援するとともに、子どもが相互に認め合い、協力し合いながら活動できるように支援することが大切である。

### ○ 特に援助が必要な子どもの支援

発達や家庭環境などの面で特に援助が必要な子ども等が他の子どもとともに遊びや生活を通して成長できるよう支援することが大切である。

### ○ 子どもの遊びや生活の環境整備

地域の子ども・子育て支援の関係団体等と協力して、子どもの遊びや生活環境をよくする気運を高めることが大切である。それぞれの資源や情報を共有し、活動を進めていくことが求められる。

○ 児童虐待防止、早期発見、対応

保護者同士の交流や子育てに関する情報提供により、子育ての不安やストレスが緩和されるよう配慮することが重要である。その上で、児童虐待を防止する観点から児童虐待の早期発見に努め、必要に応じて市町村又は児童相談所と連絡を取り合い協力することが求められる。

○ 個別記録と継続的援助

配慮が必要とされる子どもには、個別記録をとり継続的に援助することが求められる。記録は子どもの状態を時系列で客観的に把握することに役立ち、他の機関との連携が必要となった際には正確に情報共有することができ、その子どもの理解を深め、支援の方法を検討することが可能となる。

○ 子育て相談、関係機関との連携

子育て相談、関係機関との連携については、本章（2-（2）-⑤）に前述する「保護者の子育て支援」において解説している。

## ④ 児童館の職場倫理

【児童館ガイドライン第5章4-(1)、(2)-①〜⑤、(3)、(4)】

○ 職員は倫理規範を尊重し、常に意識し、遵守することが求められる。また活動や指導内容の向上に努めなければならない。これは、児童館で活動するボランティアにも求められることである。

○ 職員に求められる倫理として、次のようなことが考えられる。

・子どもの人権尊重と権利擁護、子どもの性差・個人差への配慮に関すること。

・国籍、信条又は社会的な身分による差別的な取扱の禁止に関すること。

・子どもに身体的・精神的苦痛を与える行為の禁止に関すること。

・個人情報の取扱とプライバシーの保護に関すること。

・保護者、地域住民への誠意ある対応と信頼関係の構築に関すること。

○ 子どもに直接関わる大人として身だしなみに留意すること。

○ 明文化された児童館職員の倫理規範を持つこと。

児童館職員は、地域の子どもや保護者等の個人情報や秘密を知り得る立場にある。また、その言動は子どもや保護者に大きな影響を与える可能性もあることを認識することが必要となる。児童館職員の職務の遂行に当たっては、子どもに関わる職員に共通すべき職場倫理として、人権尊重、守秘義務、個人情報保護等の遵守に組織的に取り組むことが求められる。国籍、信条又は社会的な身分による差別的な取扱いの禁止については、権利条約の規定に基づいた内容となっている。

【参考資料】（児童厚生員・放課後児童支援員の倫理に関する福島宣言）

**児童厚生員･放課後児童支援員の倫理綱領** [1]

私たちは、児童館･放課後児童クラブが、児童福祉法の理念を地域社会の中で具現化する児童福祉施設･事業であることを明言する。

私たちは、児童館･放課後児童クラブの仕事が、地域における子どもの最善の利益を守る援助者として専門的資質を要する職業となることを強く希求する。

そのため、私たちはここに倫理綱領を定め、豊かな人間性と専門性を保持･向上することに努め、専門職者の自覚と誇りをもってその職責をまっとうすることを宣言する。

1. 私たちは、子どもの安心･安全を守って、その最善の利益を図り、児童福祉の増進に努めます。
2. 私たちは、子どもの人権を尊重し個性に配慮して、一人ひとりの支援を行います。
3. 私たちは、身体的･精神的苦痛を与える行為から子どもを守ります。
4. 私たちは、保護者に子どもの様子を客観的かつ継続的に伝え、保護者の気持ちに寄り添って、信頼関係を築くように努めます。
5. 私たちは、地域の健全育成に携わる人々･関係機関と連携を図り、信頼関係を築くように努めます。
6. 私たちは、事業にかかわる個人情報を適切に保護（管理）し、守秘義務を果たします。
7. 私たちは、子どもの福祉増進のために必要な情報を公開し、説明責任を果たします。
8. 私たちは、互いの資質を向上させるために協力して研さんに努め、建設的に職務を進めます。
9. 私たちは、地域において子育ての支援に携わる大人として人間性と専門性の向上に努め、子どもたちの見本となることを目指します。

## ⑤ 児童館職員の研修

**【児童館ガイドライン第5章5-(1)～(4)】**

○ 児童館の職員は、積極的に資質の向上に努めることが必要である。

○ 児童館の運営主体は、様々な機会を活用して研修を実施し、職員の資質向上に努めなければならない。

○ 市町村及び都道府県は、児童館の適切な運営を支えるよう研修等の機会を設け、館長、児童厚生員等の経験に応じた研修内容にも配慮すること。

○ 研修が日常活動に生かされるように、職員全員が子どもの理解と課題を共有し対応を協議する機会を設けること。

子ども一人ひとりの福祉的な課題への対応や子育て支援機能のさらなる充実を図るためには、児童館職員の資質向上が重要となる。児童館の職員は積極的に研修への参加の機会をつくり、児童館の設置運営主体は館長、児童厚生員に対する研修を設けることが求められる。

## (2) 児童館の運営

### ① 設備

**【児童館ガイドライン第６章１-(1)-①〜③、(2)】**

○ 集会室、遊戯室、図書室、相談室、創作活動室、便所、事務執行に必要な設備のほか、必要に応じて、以下の設備・備品を備えること。
  ・静養室及び放課後児童クラブ室等
  ・中・高校生世代の文化活動、芸術活動等に必要なスペースと備品等
  ・子どもの年齢や発達段階に応じた活動に必要な遊具や備品等
○ 乳幼児や障害のある子どもの利用に当たって、安全を確保するとともに利用しやすい環境に十分配慮し、必要に応じ施設の改善や必要な備品等を整備すること。

児童館では、活動的な遊びや落ち着いた遊びができるスペースを設けるとともに、子どもの年齢や発達段階に応じた遊びができるように必要な遊具や備品を備えることが重要である。また、乳幼児から中・高校生世代、障害のある子どもなど、多様な子どもが安心して利用できることが求められる。障害のある子どもが利用しやすいように施設や設備等への配慮が求められる。

### ② 運営主体

**【児童館ガイドライン第６章２-(1)〜(3)】**

○ 児童館の運営については、子どもの福祉や地域の実情を十分に理解し、安定した財政基盤と運営体制を有し、継続的・安定的に運営できるよう努めること。
○ 運営内容について、自己評価を行い、その結果を公表するよう努め、評価を行う際には、利用者や地域住民等の意見を取り入れるよう努めること。また、可能な限り第三者評価を受けることが望ましい。
○ 市町村が他の者に運営委託等を行う場合には、その運営状況等について継続的に確認・評価し、十分に注意を払うこと。

児童館の運営主体は、子どもの福祉や地域の実情を理解するとともに、安定した財政基盤と運営体制により継続的に運営できることが必要となる。自己評価、利用者評価のほか、公正・中立な第三者評価機関が専門的

かつ客観的に実施する第三者評価などにより、定期的な児童館の運営や活動内容の評価を実施することが重要である。また、その評価結果を公表することは児童館の運営の透明性を高め利用者や地域の信頼につながる。なお、児童館の第三者評価については、本章「7．児童館の第三者評価」において解説する。

### ③ 運営管理

#### ○ 開館時間

【児童館ガイドライン第6章3-(1) - ①②】
○ 開館日・開館時間は、対象となる子どもの年齢、保護者の利用の利便性など、地域の実情に合わせて設定すること。
○ 学校の状況や地域のニーズに合わせて柔軟に運営し、不規則な休館日や開館時間を設定しないようにすること。

開館日・開館時間は自治体の条例等によって定められていることが一般的であり、利用者の利便や地域の実情に合わせて設定することとしている。

#### ○ 利用する子どもの把握・保護者との連絡

【児童館ガイドライン第6章3-(2) - ①②】
○ 児童館を利用する子どもについて、住所、氏名、年齢、緊急時の連絡先等を、必要に応じて登録するなどして把握に努めること。
○ 児童館でのケガや体調不良等については、速やかに保護者へ連絡すること。

子どもの住所、氏名、年齢、緊急時の連絡先などの把握により、ケガや体調不良の際に保護者への速やかな連絡が可能となる。なお、緊急時の保護者への連絡・記録等については、本章（4-（1）-③）にて後述する「事故やケガの緊急時対応」において解説する。

### ○ 運営協議会等の設置

**【児童館ガイドライン第６章３-(3)-①～③】**

○ 児童館活動の充実を図るため、児童委員、社会福祉協議会、母親クラブ等の地域組織の代表者の他、学識経験者、学校教職員、子ども、保護者等を構成員とする運営協議会等を設置し、その意見を聴くこと。

○ 子どもを運営協議会等の構成員にする場合には、会議時間の設定や意見発表の機会等があることを事前に知らせるなどに配慮し、子どもが参加しやすく発言しやすい環境づくりに努めること。

○ 運営協議会等は、年間を通して定期的に開催する他、臨時的に対応すべき事項が生じた場合は、適宜開催すること。

運営協議会は、児童館の適正な運営を図るため、地域の児童福祉関係者や学識経験者等で構成する児童館内に設置する会議体である。設置運営要綱等では、「運営委員会」と表記しており、児童館によっては「運営協力会」として設置されている場合もあるが、その趣意・目的は同義である。児童館の管理運営団体と混用することを避ける理由から、児童館ガイドラインでは「運営協議会」と表記されている。

運営協議会は、地域に根付いた事業・活動を行うために子どもに関わる関係者等から意見を聴くとともに、地域の子どもの健全育成や子育て支援に関する情報交換の機会となる。また、必要に応じて地域の主要な関係機関の代表者等の構成員に児童館の運営や活動に対する協力をお願いする機会ともなり得る。

児童館ガイドライン改正時に、運営協議会の構成員として児童館の主たる利用者である「子ども」が追記されたことから、子どもの意見がより児童館の運営や活動に取り込まれることが期待される。

### ○ 運営管理規程と法令遵守

【児童館ガイドライン第6章3-(4) - ①②】
○ 事業の目的及び運営の方針、利用する子どもの把握、保護者との連絡、事故防止、非常災害対策、子どもや保護者の人権への配慮、子どもの権利擁護、守秘義務、個人情報の管理等の重要事項に関する運営管理規程を定めること。
○ 運営管理の責任者を定め、法令を遵守し職場倫理を自覚して職務に当たるよう、以下の項目について組織的に取り組むこと。
ア 子どもや保護者の人権への配慮、一人ひとりの人格の尊重と子どもの権利擁護
イ 虐待等の子どもの心身に有害な影響を与える行為の禁止
ウ 国籍、信条又は社会的な身分による差別的取扱の禁止
エ 業務上知り得た子どもや家族の秘密の守秘義務の遵守
オ 関係法令に基づく個人情報の適切な取扱、プライバシーの保護
カ 保護者への誠実な対応と信頼関係の構築
キ 児童厚生員等の自主的かつ相互の協力、研鑽を積むことによる、事業内容の向上
ク 事業の社会的責任や公共性の自覚

児童館の運営に関わる重要事項を明記した運営管理規程を定め、全職員が共通理解することが重要であり、児童館及び児童館職員には法令遵守が求められる。具体的な内容は、放課後児童クラブ運営指針第７章１-（２）の職場倫理と同様に列記している。

### ○ 要望、苦情への対応

【児童館ガイドライン第6章3-(5) - ①②】
○ 要望や苦情を受け付ける窓口を設け、子どもや保護者に周知し、要望や苦情の対応の手順や体制を整備して迅速な対応を図ること。
○ 苦情対応については、苦情解決責任者、苦情受付担当者、第三者委員の設置や解決に向けた手順の整理等、迅速かつ適切に解決が図られる仕組みを作ること。

利用者の苦情への対応は社会福祉法に規定されている。要望・苦情の受付窓口を設け、利用者や地域に周知するとともに、苦情解決責任者、苦情受付担当者、第三者委員を決め、対応手順や体制を整備することが求められる。

### ○ 職員体制と勤務環境の整備

**【児童館ガイドライン第６章３-(6) - ①②】**

○ 児童館の職員には、児童福祉施設の設備及び運営に関する基準（昭和23年厚生省令第63号）第38条に規定する「児童の遊びを指導する者」（児童厚生員）の資格を有する者を２人以上置き、必要に応じその他の職員を置くこと。また、児童福祉事業全般との調整が求められるため、「社会福祉士」資格を有する者の配置も考慮すること。

○ 児童館の運営責任者は、職員の勤務状況等を把握し、また、職員が健康・安全に勤務できるよう、健康診断の実施や労災保険、厚生保険や雇用保険に加入するなど、その勤務環境の整備に留意すること。また、安全かつ円滑な運営のため、常に児童厚生員相互の協力･連携がなされるよう配慮すること。

児童厚生員の配置は、省令に基づき、都道府県等が条例で定める「児童の遊びを指導する者」の要件が基準となる。その員数については、設置運営要綱において２人以上置くこととしており、児童館ガイドラインにも踏襲されているが、「児童館に係るＱ＆Ａについて」（平成31年３月29日事務連絡）[2] では「法令上義務付けられたものではなく、来所する児童数等を勘案し、地域の実情に応じ２名のうち１名は児童厚生員を補助する役割の者とすることは、自治体の裁量により可能である」としている。また、設置運営要綱では、児童センターに遊びを通して体力増進指導を行う体力増進指導者や年長児童の育成を行う年長児童指導者等を置くことが望ましいとしている。児童館ガイドラインでは、地域の子どもの福祉課題に対応するソーシャルワークの機能や他の児童福祉事業や関係機関等との調整が求められることから「社会福祉士」資格を有する者の配置も考慮することを推奨している。今後、児童厚生員が期待される役割を果たしていくためには、勤務環境の整備や職員の健康や安全に留意が必要である。

【脚注】　3．児童館の職員と運営

1　全国児童厚生員研究協議会が平成25年12月15日開催「第13回全国児童館・児童クラブ大会・東北復興支援フォーラム」にて全国の児童館・放課後児童クラブの関係者に提案し採択された児童厚生員等の職業倫理に関する宣言。採択時の「放課後児童指導員」の表記は「放課後児童支援員」に置き換えて紹介している。

2　「児童館に係るQ＆Aについて」(平成31年3月29日厚生労働省子ども家庭局子育て支援課健全育成係事務連絡) https://www.mhlw.go.jp/content/000521115.pdf

# ４．子どもの安全対策・衛生管理

## （１）安全管理･ケガの予防

児童館における事故やケガの防止と対応は、子どもの自主的で真剣な活動である遊びの中で子ども自身が危険につながる可能性のあることに気付いて対処し、危険に遭遇したときに対応できるように援助し、子どもの安全能力を高めることが大切である。児童館における子どもの活動は、遊びを中心としたものであり、事故やケガの防止について十分に配慮されなければならない。また、利用者の事故・ケガに対応する傷害保険や賠償責任保険に加入することが重要である。

### ① 事故やケガの防止と対応

【児童館ガイドライン第７章１-(1)】
子どもの事故やケガを防止するため、安全対策、安全学習、安全点検と補修、緊急時の対応等に留意し、その計画や実施方法等について整えておくこと。

○ 事故やケガの防止

児童館は、子どもが遊び、様々な活動をする場所であって、日々、子どもの事故やケガが発生することが想定される。児童館の施設や遊具・備品等に危ないところはないか、活動の中にも危険はないかなど常に気を配るとともに、事故やケガを想定した予防策と対応策を計画・準備しておくことが必要である。また、子どもの健康状態によっても事故やケガにつながることがある。乳幼児が遊んでいるときにはその保護者に声をかけるなど、子どもの安全確保について啓発していくことも求められる。

【事故事例】

○ 児童館の窓の前に置かれたロッカー等の台に子どもが上がり、たまたま窓が開いた状態で閉められていたカーテンに寄りかかり転落した。事故防止・予防策が不十分だったところは、窓に転落防止策が講じられていなかったこと、ロッカーや整理棚等が窓側に置かれていたこと、子どもがそこに上って遊んでいたことを確認していたにもかかわらず対策がなかったことなどである。

○ 児童館内の大きな展示物の固定が緩く、子どもが触れて落下し重傷を負った。屋外にある塀や石の造作物等も同様の危険性をはらんでいる。転倒・転落する恐れがある物を固定あるいは撤去することとともに、日常的に、子どもたちに安全指導・助言をしていくことが大切である。

○ 折りたたみ式卓球台を設置・片付けをする際に、子どもが手指を挟んで重傷を負った。子どもだけに作業を任せたことが原因である。「いつもそうしているから大丈夫」「今まで何もなかったから大丈夫」など日常の慣例にも安全・安心の意識を向けていく必要がある。

## ② 施設・遊具の安全点検・安全管理

【児童館ガイドライン第７章１-(2) - ①～③】

○ 日常の点検は、安全点検簿やチェックリスト等を設け、施設の室内及び屋外・遊具等の点検を毎日実施すること。その安全点検の対象には、児童館としての屋外活動も含まれる。

○ より詳細な点検を定期的に行うこと。定期的な点検に当たっては、記録をとり、改善すべき点があれば迅速に対応すること。

○ 子どもに施設・遊具の適切な利用方法を伝え、安全に遊べるようにすること。

安全点検には、日常点検と定期点検がある。日常点検は、毎日、施設・設備・遊具等に不備がないかを点検する。不備があった場合は、迅速に修理・交換、あるいは排除しておくことが基本である。児童館の日誌・朝の打合せなどの記録に「開館前点検」の項を設け、チェックやメモをする。定期点検は、月に１～２回、安全点検表にしたがって、破損・老朽化等の不備がないか正確に点検する。点検項目によって「見て、触って、乗って、作動させて」確認をすることが大切であり、目視だけの点検では不十分なことがある。点検を担当する職員を替えることも注意深く点検できる工夫である。定期点検の記録を管理・保存することにより、事故やケガが発生した場合、過去の点検の詳細や部品の交換・修理・廃棄等から、その原因の検討と対策が迅速に講じられる。

**【安全点検の事例】**

○ 朝の点検時に、プログラムで使用する長テーブルの脚の部分がぐらついていたのを確認し、ネジを締めて固定した。

○ 屋外の木の根の部分に蜂の巣があった。除去できるまで子どもが外に出ないよう指導し、巣の撤去を業者に依頼した。

○ 集会室の窓ガラスにヒビが入っていた。すぐに業者に交換を依頼し、修理が済むまで注意喚起の表示を出す。職員全員に周知し、修理が済むまで配慮していくよう共通理解を持つ。屋外フェンスの木製支柱が腐食してぐらついていた事例もあり同様の対処が必要である。

児童館の施設・遊具・道具の遊び方や使い方の指導・支援は、子どもの安全能力を育てることになる。児童館を初めて利用する子どもには、特に必要である。

**【安全指導の事例】**

○ すべり台では、前の人がすべり終えてから次の人がすべること、踊り場では、人を押したり手すりの上に上がったりしないことなど、子どもに習慣化が図られるように日常的に声をかける。

○ ドアが風で突然閉まったり、梅雨時には入口のタイルが湿気で滑ったりする場合の対処をしておくことは基本であるが、子どもへの説明や指導も欠かさないようにする。

## ③ 事故やケガの緊急時対応

【児童館ガイドライン第７章１-(3) - ①〜④】
○ 緊急時の連絡先（救急車他）や地域の医療機関等についてあらかじめ把握して、職員全員で共有する。緊急時には速やかに対応できるようマニュアルを作成し、それに沿った訓練を行うこと。
○ 子どものケガや病気の応急処置の方法について、日頃から研修や訓練に参加し、ＡＥＤ（自動体外式除細動器）、「エピペン®」等の知識と技術の習得に努めること。また、緊急時の応急処置に必要な物品についても常備しておくことが重要であり、ＡＥＤの設置が望ましい。
○ 事故やケガの発生時には、直ちに保護者への報告を行うこと。
○ 事故やケガの発生時には、事故報告書を作成し、市町村に報告すること。

### ○ 緊急マニュアルの作成等

児童館独自の「緊急時対応マニュアル」を作成・準備しておくことが大切である。行政や地域の保育所・学校等ですでに使用されているものを参考にすると実効性が高くなる。マニュアルの事項の中でも緊急時の連絡先電話番号、応急手当、その後の連絡・報告等は欠かせない。緊急時の連絡先は、消防・警察、病院、学校、役所等の関係機関を表にまとめて事務室に掲示したり連絡カードにして電話口に置いたり、いつでもだれでもすぐに対応できるように迅速性・利便性を最優先して準備しておくことが重要である。

### ○ 応急手当等の研修・訓練等

応急手当、止血法、心肺蘇生法、ＡＥＤ（自動体外式除細動器)、アナフィラキシー補助治療剤「エピペン®」等の使用法などについて、定期的に研修や訓練を実施することが大切である。児童館独自の研修計画のほか、各自治体の消防署が実施する講習等に参加すると効率的かつ継続的な機会確保になる。また、救急用品は、使用期限など定期的に確認し、交換・廃棄などをしていく必要がある。訓練・研修、安全点検・補修や交換、救急用品の確認などの安全に関することは、児童館の年間計画に位置付けられると効果的・効率的である。

### ○ 保護者への連絡・記録等

子どもが、事故やケガをした場合は、迅速に保護者に連絡をとり、発生状況や経過を説明する。保護者に連絡がつかないことを想定して、日頃より住所・連絡先電話番号・学校名等を記録し、利用者名簿の作成をしておくこと。事故・ケガの発生時刻、当事者の様子、応急処置の内容、対応者や対応、保護者への連絡状況など時系列に記録しておくことが重要である。救急隊や医療機関に情報提供することで、救命や早期の健康回復につながり、事故・ケガの報告書作成に有効な資料となる。

### ○ 事故報告

自治体所管課等に提出する事故報告書の作成に当たっては、記録（メモ）や対応した職員の所見を基に詳細に報告することが求められる。事故報告書の形式は、自治体や運営主体の所定の書式を確認しておくこと。事故・ケガが「いつ、だれが、どこで、どのように発生し、どうなったか」、児童館（職員）は「いつ、だれが、どのように対処･手当、通報･連絡等を行い、状態や経過はどうだったか」を明確にすることが大切である。

## (2) アレルギー対策

**【児童館ガイドライン第７章２-(1)、(2)】**

○ アレルギー疾患のある子どもの利用に当たっては、保護者と協力して適切な配慮に努めること。

○ 児童館で飲食を伴う活動を実施するときは、事前に提供する内容について具体的に示し周知を行い、誤飲事故や食物アレルギーの発生予防に努めること。特に、食物アレルギーについては、子どもの命に関わる事故を起こす可能性もあるため、危機管理の一環として対応する必要がある。そのため、保護者と留意事項や緊急時の対応等(「エピペン®」の使用や消防署への緊急時登録の有無等)についてよく相談し、職員全員が同様の注意や配慮ができるようにしておくこと。

アレルギーの症状を示す対象物(アレルゲン)の中でも食物は、短時間に重篤な症状(アナフィラキシーショック等)を発症することがあり、子どもに食べ物を提供することがある場合は、その理解と対応等について十分な研修・訓練をしなければならない。食物アレルギーのある子どもが児童館で食物を摂る場合は、事前に保護者に確認・相談するとともに、必要に応じて学校等へ提出している詳細な情報を収集し必要な配慮を行うことが大切である。平成24年に学校給食において食物アレルギーがある子どもが亡くなった事故を機に、「アレルギー疾患対策基本法」(平成26年６月27日法律第98号)が成立し、社会全体でアレルギー疾患対策が推進されることとなった。児童館におけるアレルギー疾患対策は、関係省庁が発出するガイドライン等[1] を参考にするとともに、自治体の指導・助言を受けることが重要である。

## （３）感染症対策等

**【児童館ガイドライン第７章３-(1)、(2)】**

○ 感染症の発生状況について情報を収集し、予防に努めること。感染症の発生や疑いがある場合は、必要に応じて、市町村、保健所等に連絡し、必要な措置を講じて二次感染を防ぐこと。

○ 感染症や食中毒等の発生時の対応については、市町村や保健所との連携のもと、あらかじめ児童館としての対応方針を定めておくこと。なお、子どもの感染防止のために臨時に休館しなければならないと判断する場合は、市町村と協議の上で実施し、学校等関係機関に連絡すること。

児童館において感染症対策に関するマニュアルを有している割合は88.9％となっている。また、新型コロナウイルス感染症対策に特化したマニュアルを保有する児童館の割合は63.3％である[2]。

これまで感染症への対応は、主にインフルエンザや食中毒などが想定されたものであった。児童館における新型コロナウイルス感染症への対策については、厚生労働省では、保育所等における新型コロナウイルス対応関連通知・事務連絡[3]及び「保育所における感染症対策ガイドライン（2018年改訂版）」[4]を適用することとしている。国や自治体から発出されている感染防止のための取組・対策のほか、「児童館のための新型コロナウイルス感染症対策ガイドライン」[5]を参考に、手洗いや手指消毒、マスクの着用、咳エチケット、人と人との距離の確保、室内換気・消毒など基本的な感染防止対策を行うとともに、地域の状況や児童館の規模・実情に合った効果的な対策を講じ、子どもを感染症から守ることが重要である。

これらの経験を生かし、今後の感染症対策においても国や自治体の対処方針に迅速に対応していくことが求められる。

## （4）防災・防犯対策

**【児童館ガイドライン第7章4-(1)～(4)】**

○ マニュアルの策定

災害や犯罪の発生時に適切な対応ができるよう、防災·防犯に関する計画やマニュアルを策定し、施設·設備や地域環境の安全点検、職員並びに関係機関が保有する安全確保に関する情報の共有等に努めること。

○ 定期的な訓練

定期的に避難訓練等を実施し、非常警報装置（学校110番·非常通報体制）や消火設備等（火災報知機、消火器）を設けるなどの非常事態に備える対応策を準備すること。

○ 地域ぐるみの安全確保

来館時、帰宅時の安全対策について、保護者への協力を呼びかけ、地域の関係機関·団体等と連携した不審者情報の共有や見守り活動等の実施に取り組むこと。この際、平成30年7月に発出した「放課後児童クラブ等への児童の来所·帰宅時における安全点検リストについて」を参考にすることが有効である。

○ 災害への備え

災害発生時には、児童館が地域の避難所となることも考えられるため、必要な物品等を備えるように努めること。

### ○ 防災・防犯マニュアル等の策定

児童館において各種マニュアルを有している割合は、安全管理マニュアル90.8％、防災マニュアル95.4％、防犯マニュアル80.4％[2]となっており、今後ますます重要なものとなる。今日の子どもの防犯対策には、小学校への侵入者によって多数の子ども等が被害を受けた事件や下校途中の子どもが犯罪や事故に遭った事件など数々の事件・事故の発生が社会的背景にある。「放課後子どもプラン」は、すべての小学校区で放課後の子どもの安全で健やかな活動場所の確保を図るために平成19年度に策定されたものである。防災については、平成7年の阪神・淡路大震災や平成23年の東日本大震災以降も全国各地で地震や風水害等が発生していることからその対策が進んでいる。自治体の「ハザードマップ」等を参考に、地震、津波、火災、豪雨、河川氾濫、土砂崩れ、落雷、突風・竜巻など、その地域に起こりやすい様々な自然災害を想定することが重要である。また、災害や事件が発生した際、子どもを保護者に引き渡すことができるまで児童館に留め置くことも想定してマニュアル化しておくことが求められる。

○ 定期的な訓練

災害等の避難方法・避難訓練は、自治体や地域・学校の諸計画等を参考に定期的に行うとともに、警報や消火設備等を設置することが望まれる。また、避難訓練は利用する子どもとともに実施することが重要であり、92.9％の児童館が利用者と実施している[2]。なお、学校110番とは、平成13年６月大阪府池田小学校における児童殺傷事件をきっかけに全国の中学校・小学校等に導入が広がった非常通報システムである。

○ 地域ぐるみの安全確保

子どもの安全管理上の問題については、学校や地域の関係機関と連携し、迅速かつ適切な対応がとれるように緊急連絡体制を構築しておくことが大切である。子どもの見守り活動が必要な場合は、地域担当の児童委員や母親クラブ等地域組織のボランティアの協力を得るなど地域ぐるみの取組が効果的な対策となる。また、安全点検に活用するための標準的なガイドラインとなる「放課後児童クラブ等への児童の来所・帰宅時における安全点検リストについて」[6]　等を参考に学校や地域が連携して行う点検項目を確認しておくことが有効である。

○ 災害への備え

児童館では、開館中の災害発生を想定して、指定避難場所や一時避難場所の確認、避難経路のシミュレーション、防災用品や水・非常食等の備蓄等様々な備えが必要となる。保護者が迎えに来るなど安全が確保されるまでひとりで帰宅させることができない子どもが、一定の時間あるいは一定の期間滞在することも想定されるため、保護者や学校との子どもの引き渡しに関する事前協議（ルール化）、児童館の業務（事業）継続計画（ＢＣＰ）の策定が必要となる。児童館は地域の公共施設であることから、自治体によっては災害発生時の避難所や一時避難場所として指定されることがある。また、指定の有無にかかわらず、地域住民が一時的に児童館に身を寄せることもある。東日本大震災では、特に乳幼児親子や妊婦の方が児童館に一時避難した。指定された避難所には移動せず子どもが過ごしやすい児童館で一定期間を過ごした親子の事例も報告されている。児童館が身近で自由に利用することができる公的な施設であり、子どもの生活に適した施設・設備の設計となっていることや子どもが少々騒いだとしても容認される環境があり、日頃から利用していて保護者も子どもも顔がわかるなじみの職員がいるとなれば、緊急時に保護者が子どもの手を引いて反射的に駆け込むことが想像できる。子どもの安全を守るために、職員の緊急時の配置や対応の計画など児童館が受け入れ可能な人数や物品数量を確認しておくことが大切である。

## (5) 衛生管理

**【児童館ガイドライン第７章５-(1)～(3)】**

○ 子どもの感染症の予防や健康維持のため、来館時の手洗いの励行、施設・設備の衛生管理等を行うこと。
○ 採光・換気等保健衛生に十分に配慮し、子どもの健康に配慮すること。
○ 行事等で食品を提供する場合は、衛生管理を徹底し、食中毒の発生を防止すること。

児童館における衛生管理は、児童の健康・安心・安全を継続的に保持できるように設備や環境に配慮をすることが求められる。感染症の予防には、全般的に手洗いの励行と施設・設備の衛生管理が重要であるため、子どもが手洗いしやすいよう施設環境や利便性に配慮することが求められる。また、地域の気候や天候又は施設の設置場所や構造に合わせ窓やドアを開放し、換気扇や送風機等も活用して館内諸室の換気を行うことが重要である[5]。

（参考文献）

一般財団法人児童健全育成推進財団『児童館・放課後児童クラブのための安全対策ハンドブック』（平成25年11月）

一般財団法人児童健全育成推進財団『安全指導・安全管理 児童館・放課後児童クラブテキストシリーズ3』（平成29年９月）

財団法人日本児童福祉協会『家庭における子どもの事故防止のためのチェックリスト　児童館・母親クラブ指導者テキスト』（平成17年７月）

一般社団法人日本公園施設業協会「なかよくあそぼうあんぜんに　子どもの指導者と保護者のために」パンフレット（2021年１月１日）

一般社団法人日本公園施設業協会「仲良く遊ぼう安全に」紙芝居（2020年３月）

---

**【脚注】　４．子どもの安全対策・衛生管理**

1　厚生労働省「保育所におけるアレルギー対応ガイドライン」、文部科学省「学校給食における食物アレルギー対応指針」、公益財団法人日本学校保健会「学校のアレルギー疾患に対する取り組みガイドライン」

2　一般財団法人児童健全育成推進財団／令和３年度子ども・子育て支援推進調査研究事業報告書「児童館の運営及び活動内容等の状況に関する調査研究」（大竹智）（令和４年３月）

3　厚生労働省ホームページ（保育所等における新型コロナウイルス対応関連情報）
https://www.mhlw.go.jp/stf/newpage_09762.html

4　厚生労働省「保育所における感染症対策ガイドライン（2018年改訂版）」（平成30年3月）

5　一般財団法人児童健全育成推進財団「児童館のための新型コロナウイルス感染症対策ガイドライン」（令和２年６月10日策定・令和２年12月18日更新）

6　「放課後児童クラブ等への児童の来所・帰宅時における安全点検リストについて」（平成30年７月　子 子 発 0711 第１号厚生労働省子ども家庭局子育て支援課長・30 生社教 第４号 文部科学省生涯学習政策局社会教育課長事務取扱）
https://www.mhlw.go.jp/content/000332785.pdf

# 5．家庭・学校・地域との連携

## （1）家庭との連携

【児童館ガイドライン第８章１-(1)～(3)】
○ 子どもの活動の様子から必要があると判断した場合には、家庭と連絡をとり適切な支援を行うこと。
○ 子どもの発達や家庭環境等の面で特に援助が必要な子どもには、家庭とともに、学校、子どもの発達支援に関わる関係機関等と協力して継続的に援助を行うこと。
○ 上記の場合には、必ず記録をとり職員間で共有を図るとともに、継続的な支援につなげるようにすること。

児童館を利用する子どもの中に福祉的な課題を抱える子どもや活動の様子などから気がかりな子どもがいると判断した場合は、保護者に連絡し、その様子や状況等について情報交換するなど、家庭と連携した適切な支援が求められる。なお、省令第40条及び児童館ガイドライン第５章２では、児童館長は必要に応じて子どもの健康や行動について保護者に連絡しなければならないとしている。特に援助が必要と思われる子どもには、学校や子どもの関係機関と連携・協力して必要な配慮・支援を行い、継続的な援助を行うことが必要である。なお、その際には子ども・家庭への支援の過程の記録をとることが重要である。記録は、子ども・家庭への支援方針や方法を児童館の職員間で共有し、継続的な支援が可能となるとともに、専門機関等と情報共有が必要になった場合の状況説明資料にもなる。

## (2) 学校との連携

【児童館ガイドライン第8章2-(1)～(3)】
○ 児童館の活動と学校の行事等について、適切な情報交換を行い、円滑な運営を図ること。
○ 児童館や学校での子どもの様子について、必要に応じて適切な情報交換が行えるように努めること。
○ 災害や事故･事件等子どもの安全管理上の問題等が発生した場合には、学校と速やかに連絡を取り合い、適切な対応が取れるように連絡体制を整えておくこと。

児童館は、地域の子どもの健全育成活動を推進するために、学校との連携が必要不可欠である。児童館から事業案内やおたより、行事予定等の各種情報を届けるとともに、学校の行事予定、変則的な下校時刻や臨時休校など、子どもの生活に関する事項を把握することが必要である。児童館職員が学校行事を参観したり、児童館の行事に学校の先生に参加・見学してもらったりすることで相互に子どもの様子が把握できる。また、子どもに関する情報交換には、学校・児童館における個人情報の取扱いや情報管理のルールを踏まえて行うことが必要となる。学校と日常的な情報交換の積み重ねが信頼関係の基礎となり、子どもの安全管理上の問題などが発生した場合にも、学校と速やかに連絡をとり合い適切に対応することが可能となる。なお、文部科学省及び厚生労働省の担当課長連名で通知されている「生徒指導、家庭教育支援及び児童健全育成に係る取組の相互連携の推進について(依頼)」[1] では、学校には児童館等と円滑な連携を図れる体制を構築し情報共有に努めることとともに、児童館には児童の社会活動参加への理解、協力等の支援について、学校等とのさらなる連携を図ることを双方に促している。

## (3) 地域及び関係機関等との連携

**【児童館ガイドライン第8章3-(1)～(5)】**

○ 児童館の運営や活動の状況等について、地域住民等に積極的に情報提供を行い、理解を得るとともにその信頼関係を築くこと。
○ 地域住民等が児童館を活用できるように働きかけることなどにより、児童館の周知を図るとともに、地域の人材・組織等との連携・協力関係を築くこと。
○ 子どもの安全の確保、福祉的な課題の支援のため、日頃より警察、消防署、民生委員・児童委員、主任児童委員、母親クラブ、各種ボランティア団体等地域の子どもの安全と福祉的な課題に対応する社会資源との連携を深めておくこと。
○ 要保護児童対策地域協議会に積極的に参加し、関係機関との連携・協力関係を築いておくこと。
○ 児童館の施設及び人材等を活用して、放課後子供教室との連携を図ること。

児童館の特性に、地域住民や地域の関係機関等の理解や連携・協力のもとに運営や活動を行う「地域性」がある。児童館の広報紙を配布したり、イベントに招待したり、児童館職員が地域の会合やおまつり等に参加・協力したり、様々な機会・方法によって地域住民や関係機関等との信頼関係をつくることができる。子どもの安心・安全を守るためには、地域の多くの社会資源と連携することが重要であり、子どもの福祉的な課題についても地域の社会資源それぞれが有する機能を発揮した横断的な援助が可能となる。児童館は、子どもや子育て家庭の見守り支援を行うことができる地域の施設であり、子ども・子育ての課題について各関係機関と情報共有する役割が求められることから、要保護児童対策地域協議会への参画が期待されているところであるが、実態としては全国の児童館の31.1％にとどまっている[2]。

**【脚注】　5．家庭・学校・地域との連携**

1　「生徒指導、家庭教育支援及び児童健全育成に係る取組の相互連携の推進について（依頼）」（平成28年5月、28生参学第2号文部科学省生涯学習政策局男女共同参画学習課長・28初児生第8号文部科学省初等中等教育局児童生徒課長・雇児総発第0520第1号厚生労働省雇用均等・児童家庭局総務課長連名通知）

2　一般財団法人児童健全育成推進財団／令和3年度子ども・子育て支援推進調査研究事業報告書「児童館の運営及び活動内容等の状況に関する調査研究」（大竹智）（令和4年3月）

# 6．大型児童館の機能・役割

## (1) 大型児童館の現状と通知等への記載内容

大型児童館は、47都道府県のうち14県（約３割）に設置されている。全国の総数は18か所、そのうちＡ型児童館が15か所、Ｂ型児童館が３か所となっている[1]。設置運営要綱において、Ａ型児童館、Ｂ型児童館、Ｃ型児童館に区分されているが、Ｃ型は現存しないため、児童館ガイドライン第９章では、Ａ型児童館及びＢ型児童館の固有の機能・役割が示されている。大型児童館は種別・機能による相違点のほか、その立地や環境、施設・設備や活動内容にそれぞれ地域固有の特徴があることから一般化することが難しい。そこで、大型児童館の活動内容や特に期待される役割として、「１　基本機能」「２　都道府県内児童館の連絡調整・支援」「３　広域的・専門的健全育成活動の展開」の３つの項目にまとめられている。大型児童館の児童館ガイドラインへの記載については、平成23年の児童館ガイドラインの検討委員会[2]での議論にさかのぼる。当該検討委員会報告書[3]では、子どもの健全育成上の課題として「大型児童館の機能・役割についても整理し、現状と併せて検討する必要がある」ことが指摘されており、いわば積み残しの検討課題を遊びのプログラム等に関する専門委員会が引き継ぎ、児童館ガイドラインの見直しに反映したものとなる。大型児童館の固有の機能・役割、活動は、児童館ガイドラインの改正時に追記された項目となるが、第１章から第８章の児童館全般の項目についても、小地域において子どもの健全育成を行う小型児童館・児童センター（本節では以下「県内児童館」という）と共通の内容となっている。なお、設置運営要綱等に示された機能、設置・運営等は図表２の通りである。

(図表2) 設置運営要綱等に示される大型児童館の機能、設置・運営内容[4]

<table>
<tr><th></th><th>A型児童館</th><th>B型児童館</th></tr>
<tr><td>機　能</td><td>○小型児童館、児童センターの機能に加えて、都道府県内の児童館の指導及び連絡調整等の役割を果たす中枢的機能を有する<br>○県内児童館の情報を把握し相互に利用できる<br>○県内児童館の運営等を指導するとともに、児童厚生員及びボランティアを育成する<br>○県内児童館で活用できる各種遊びの内容や指導技術を開発、普及させる<br>○歴史、産業、文化等地域の特色を生かした資料、模型の展示等を行い、一般公開する<br>○県内児童館に貸し出すための優良な映画フィルム、ビデオソフト、紙芝居等を保有し計画的に活用する</td><td>○小型児童館の機能に加えて、自然の中で児童を宿泊させ、野外活動が行える機能を有する<br>○川、池、草原、森等の立地条件を生かした各種の自然観察、自然探求、自然愛護など自然とふれあう野外活動が行える<br>○キャンプ、登山、ハイキング、サイクリング、水泳等の野外活動から得られる各種遊びの内容や、指導技術を開発し、児童館等に普及させる</td></tr>
<tr><td>設置主体</td><td>都道府県</td><td rowspan="2">都道府県、市町村、<br>社団・財団法人、社会福祉法人等</td></tr>
<tr><td>運営主体</td><td>都道府県<br>(社団・財団法人、社会福祉法人等に委託することができる)</td></tr>
<tr><td>建物の広さ</td><td>2,000㎡以上</td><td>1,500㎡以上</td></tr>
</table>

| | | |
|---|---|---|
| 設　備 | ○小型児童館、児童センターの設備に加えて、適当な広場を有する<br>○必要に応じて研修室、展示室、多目的ホール、ギャラリー等を設けるほか、移動型児童館用車両を備える | ○小型児童館の設備に加えて、定員100人以上の宿泊設備、障害のある児童の利用にも資する設備を備える<br>○宿泊室、食堂･厨房、脱衣･浴室等、キャンプ等の野外活動設備を設ける<br>○必要に応じて、移動型児童館用車両を備える<br>○20人以上の児童がキャンプ等の野外活動を行える適当な広場や水飲み場、炊事場等を設ける |
| 運　営 | 小型児童館、児童センターの運営内容のほか、<br>○県内児童館相互の連絡、連携を密にし、児童館活動の充実を図る<br>○県内児童館の連絡協議会等の事務局を設ける<br>○県内児童館の児童厚生員等職員の研修を行う<br>○広報誌の発行等児童館活動の啓発に努める<br>○県内児童館を拠点とする母親クラブ等の地域組織活動の連絡調整を図る | 小型児童館の運営内容のほか、<br>○児童厚生施設等との連携、連絡を密にし、児童館活動の充実を図る<br>○母親クラブ、老人クラブ等の地域組織や住民の協力の下に運営活動を行う<br>○利用児童の野外活動に伴う事故防止等の安全管理に十分に留意する |

## （2）大型児童館の機能・役割

### ① 大型児童館の基本機能

【児童館ガイドライン第9章1】
　大型児童館は、小型児童館及び児童センターの機能･役割に加えて、固有の施設特性を有し、子どもの健全育成の象徴的な拠点施設である。また、大型児童館の中には、他の機能を有する施設との併設等その構造や運営に多様なところがあるが、児童福祉施設である児童館の機能が十分に発揮され、子どもの健全育成に資するとともに、それぞれの機能が発揮されるようにすることが求められる。
　なお、小型児童館及び児童センターは、子どもが利用しやすいよう子どもの生活圏内に設置されることが望まれるが、都道府県内全域に整備されていない地域にあっては、大型児童館が移動児童館として機能を発揮するなどして、児童館のない地域の子どもの遊びの機会を提供することが望ましい。

　児童館ガイドラインでは、大型児童館には子どもの健全育成の象徴としての役割があるとしており、遊園地やテーマパーク等民間遊戯施設とは設置の趣旨・目的が根本的に異なり、似て非なる存在となる。また、科学館や屋外遊戯施設等と併設する大型児童館においては、固有の特性を生かした活動や取組を行うとともに、併設する施設を活用し、その連携・協力による相乗効果が期待されている。なお書きで記載されている移動児童館の機能については、設置運営要綱の「移動型児童館用車両を備えること」の内容があらためて示されたものであるが、専用車両（プレイバス）の有無にかかわらず、遠隔地域や小型児童館や児童センターが近くにない地域を含む全県域の子どもに対して遊びの機会を提供することが求められる。

## ② 県内児童館の連絡調整・支援

【児童館ガイドライン第９章２-(1)～(7)】
　県内児童館の指導及び連絡調整等の役割を果たす中枢的機能を十分に発揮するために、次の活動に取り組むことが必要である。
○ 県内児童館の情報を把握し、相互に利用できるようにすること。さらに、県内児童館相互の連絡、連携を密にし、児童館活動の機能性を向上し充実を図ること。
○ 県内児童館の運営等を指導するとともに、児童厚生員及びボランティアを育成すること。
○ 県内児童館の連絡協議会等の事務局を設けること。
○ 県内児童館の館長や児童厚生員等職員の研修を行うこと。
○ 広報誌の発行等を行うことにより、児童館活動の啓発に努めること。
○ 県内児童館を拠点とする母親クラブ等の地域組織活動の連絡調整を図り、その事務局等を置くこと。
○ 大型児童館の活動の質を高めるために、積極的に全国的な研修等への参加機会を確保するとともに、都道府県の域を越えて相互に連携し積極的な情報交換を行うこと。

　大型児童館は都道府県等が所管する児童福祉施設であるが、市区町村が所管する県内児童館の活動を支援することにより、大型児童館を利用する機会がない子どもに対して間接的に健全育成する役割を果たすことができる。県内児童館の「指導」とは、子どもの健全育成に関する情報の収集や提供、児童厚生員等の研修機会の提供、全県域の児童館及び関係者への支援など、県内児童館のお世話係としての関わりと理解することが的確である。県内児童館の活動の広報・啓発のため、県内の関係施設や他県の大型児童館との交流・連携により健全育成にかかる新たな情報等を入手し、県内児童館等へ発信していく役割がさらに期待される。

### ③ 広域的・専門的健全育成活動の展開

【児童館ガイドライン第９章３-(1)～(5)】

都道府県内の健全育成活動の水準を維持向上するために、その内容の把握に努め、次の活動に取り組むことが必要である。

○ 県内児童館等で活用できる各種遊びのプログラムを開発し、多くの子どもが遊びを体験できるようにその普及を図ること。

○ 県内児童館のない地域等に出向き、遊びの提供、子育てや健全育成に関する啓発に努めること。

○ 歴史、産業、文化等地域の特色を生かした資料等を公開すること。

○ 県内児童館に貸し出すための優良な児童福祉文化財を保有し、計画的に活用すること。

○ ホールやギャラリーなど大型児童館が有する諸室・設備等を活用し、子ども向けの演劇やコンサートなど児童福祉文化を高める舞台の鑑賞体験を計画的に行うこと。

大型児童館では、県内児童館やその他の子どもに関係する施設等の活動に参考となる遊びのプログラムを開発・普及し、県内児童館等を通して多くの子どもに様々な遊びの体験機会が提供されるよう働きかけるとともに、県内児童館のない地域に出向いて遊びや子育て支援に関する啓発を行うことができる。また、地域の歴史、産業、文化等に関する資料・展示等のアーカイブ機能や出版物等の児童福祉文化財の貸し出しや優良児童劇等の公演など、広域の子どもが多様な福祉文化を体験する機会を提供することが期待される。

## (3) 大型児童館への期待

大型児童館の延べ床面積は全国平均で約5,000㎡、令和元年度の年間利用者数の平均は、約248,000人となっており[1]、広域からの利用者に対応できる施設規模である。遊びのプログラム等に関する専門委員会報告書では、「児童館の機能強化には、大型児童館の役割を再認識する必要がある。現在、設置されている全国の大型児童館の機能・役割について、分析・研究し、有効と考える視点や考え方を抽出して、全都道府県に大型児童館の設置を呼び掛けていくことが望ましい」と記録されている[5]。大型児童館は平成20年以降設置されておらず、未設置の都道府県においても広域の子ども健全育成の拠点として、また県内児童館など子どもに関係する施設の活動を支援する中核施設の存在が望まれるところである。小型児童館・児童センター同様に児福法を根拠とした児童福祉施設であるが、施設の規模に伴って運営経費が大きくなり目立つことから行財政改革のわかりやすいターゲットになりがちで、しばしばテーマパークや子ども向けの民間遊戯施設と比較され、やり玉に挙げられることがある。しかしながら、大型児童館は単なる娯楽施設ではなく、子どもの健全育成を目的とした公的な投資による施設である。大型児童館には、収支や利用者数など定量評価だけでなく、子どもや保護者が日常では体験できない遊びのプログラムや体験活動の質及び県内児童館への支援を通した間接的な健全育成活動による成果など、単純には数値化しにくいが重要なポイントに着目した定性評価が重要である。

【脚注】　6．大型児童館の機能・役割

1　一般財団法人児童健全育成推進財団／令和３年度子ども・子育て支援推進調査研究事業報告書「児童館の運営及び活動内容等の状況に関する調査研究」（大竹智）（令和４年３月）

2　児童館ガイドライン検討委員会（平成23年２月～３月、全３回開催／柏女霊峰委員長）は、児童館をめぐる環境の変化や時代の要請に適切に対応する児童館の機能・役割を明確化することを目的として設置された。同委員会の議論を経て、厚生労働省は、平成23年３月31日に児童館ガイドラインを発出した。

3　児童館ガイドライン検討委員会報告書（平成23年３月）https://www.mhlw.go.jp/stf/shingi/2r9852000001j9k8-att/2r9852000001j9lp.pdf

4　児童館の設置運営要綱（平成２年８月７日厚生省発児第123号厚生事務次官通知別紙）及び児童館の設置運営について（平成２年８月７日児発第967号厚生省児童家庭局長通知）より作成

5　遊びのプログラム等に関する専門委員会報告書「遊びのプログラムの普及啓発と今後の児童館のあり方について」　p19
https://www.mhlw.go.jp/content/12601000/000358575.pdf

# 7．児童館の第三者評価

## (1) 第三者評価とは

第三者評価とは、施設や組織を評価する方法のひとつである。評価にも様々あるが、自分のことを自分で評価することを「自己評価」という。児童館ガイドラインに沿った運営や活動内容について自館を点検することはこれに当たる。自己評価は施設のサービス向上や職員の力量形成に有効であるが、客観性を保つのが難しく、結果を他との比較に活用することにも向いていない。一方、サービスの受け手による評価、児童館であれば子どもや保護者の評価を「利用者評価」という。利用者評価は利用者の声を直接知ることができる反面、公平とはいえない場合もあるため、感想や意見が公正・適切か冷静に判断することが必要となる。これらに対して、事業者の提供するサービスを公正・中立な第三者が専門的・客観的な立場から評価する仕組みを「第三者評価」という。

## （2）福祉サービス第三者評価制度

第三者評価は元々民間企業分野で行われていた[1]。金融商品につけられる格付けや、国際標準化機構（ISO）が定めるISO9000及び14000シリーズの規格もそのひとつである。いずれも、一定の基準に従って評価することで、取引相手の企業や投資家、消費者に有益な情報を提供するとともに、その企業等のサービスの質を向上させるねらいがある。第三者評価が福祉分野に導入されたのは、社会福祉基礎構造改革[2]の一環としてであった。評価を通じて福祉サービスの質を向上させるとともに、その結果を公表することで、利用者がサービスを選択する際に活用してもらえると考えられたのである。平成10年６月の「社会福祉基礎構造改革について（中間まとめ）」（中央社会福祉審議会社会福祉構造改革分科会）での提言を受けて検討が始まり、実質的には平成16年にスタートした。評価基準は、財団法人（当時）日本医療機能評価機構の基準や、国際標準化機構（ISO）の品質管理システムの基準等を参考にしつつ、情報提供やプライバシーへの配慮、利用者の尊重など、社会福祉基礎構造改革の理念である「利用者本位の福祉サービス」を実現するための観点を盛り込んで策定された[3]。その後、評価基準等は、平成26年に大幅改定されている。関係する主な経緯は図表３の通りである。

（図表３）福祉サービス第三者評価事業の検討経緯

| 年月 | 事項 | 内容 |
|---|---|---|
| 平成10年（1998年）6月 | 「社会福祉基礎構造改革について（中間まとめ）」（中央社会福祉審議会社会福祉構造改革分科会） | 第三者評価の実施を提言。 |
| 平成10年（1998年）11月 | 厚生省（当時）社会・援護局長の私的懇談会として、福祉サービスの質に関する検討会（座長　江草安彦　社会福祉法人旭川荘理事長）を設置 | 福祉サービスにおける第三者評価のあり方について、２年半に及ぶ計16回の検討がなされた。 |
| 平成11年（1999年）3月 | 「福祉サービスの質の向上に関する基本方針」（福祉サービスの質に関する検討会） | 基本的考え方、実施体制ほか。 |
| 平成12年（2000年）6月 | 「福祉サービスの第三者評価に関する中間まとめ」（福祉サービスの質に関する検討会） | 第三者評価とは、第三者評価基準ほか。 |
| 平成12年（2000年）6月 | 「社会福祉法」施行 | 第78条で「福祉サービスの質の向上のための措置等」を規定。 |
| 平成13年（2001年）3月 | 「福祉サービスにおける第三者評価事業に関する報告書」（福祉サービスの質に関する検討会） | 仕組みの全体像、利用者の視点、評価者の研修。 |
| 平成13年（2001年）5月 | 「福祉サービスの第三者評価事業の実施要領について（指針）」（厚生労働省社会・援護局長通知） | この指針を基に各地で第三者評価事業の取組が開始された。しかし、これでは都道府県の位置付けや役割が不明確で、評価基準・方法・推進状況等に多様な展開が見られるようになり、評価結果にばらつき等の課題が生じてきた。 |
| 平成15年（2003年）9月 | 第三者評価基準及び評価機関の認証のあり方に関する研究会（委員長、江草安彦　社会福祉法人旭川荘理事長）が全国社会福祉協議会に設置。 | 評価基準、認証ガイドライン、評価調査者研修の３つの部会を設置。 |

| 年月 | 事項 | 内容 |
|---|---|---|
| 平成16年(2004年)5月 | 「福祉サービス第三者評価事業に関する指針について」(厚生労働省局長通知) | 平成15年の研究会での検討結果を踏まえて発出された。これにより、全国的に体制が確立され、福祉サービス第三者評価事業が実質的に開始されることとなった。 |
| 平成26年(2014年)4月 | 「『福祉サービス第三者評価事業に関する指針について』の全部改正について」(厚生労働省局長通知) | 福祉サービス第三者評価事業の本来の目的を再確認し、事業の一層の推進を図るために、上記通知を全面的に更新した。 |
| 平成30年(2018年)3月 | 上記の「一部改正について」(厚生労働省局長通知) | 上記の一部を改正した。 |

## （3）福祉サービス第三者評価制度の仕組み

平成26年４月に発出（平成30年に一部改正）された厚生労働省局長通知「『福祉サービス第三者評価事業に関する指針について』の全部改正について」に基づいて、現状の福祉サービス第三者評価制度について確認する。

### ① 福祉サービス第三者評価事業の目的

福祉サービス第三者評価とは、「社会福祉法人等の提供する福祉サービスの質を事業者及び利用者以外の公正・中立な第三者機関が専門的かつ客観的な立場から行った評価」のことをいう。その目的は以下の２点である。

○ 事業者が運営における問題点を把握し、サービスの質の向上に結びつけること。

○ 公表された結果が、利用者の適切なサービス選択に資する情報となること。

これらの目的を達成するために、社会福祉事業の経営者は第三者評価を積極的に受審することが望ましい。また、国はそのための措置を講ずるよう努めなければならない。

### ② 評価基準のガイドライン

福祉サービス第三者評価基準ガイドラインは、すべての福祉施設に共通の「共通評価基準」（45項目）と、施設種別毎に独自に作成された「内容評価基準」（25項目程度）で構成さる。前者には、組織マネジメントやサービスの基本的なあり方など、すべての施設に共通の内容が示されており、各施設種別の特性に合わせて必要な修正がなされている。後者は、それぞれの所管部局や関連団体が作成し、全国社会福祉協議会（以下「全社協」という）に設けられた「福祉サービスの質の向上推進委員会」で承認されたものである。判断基準（a，b，c）は、a評価でなければ適切なサービスが提供されていないのではなく、b評価が多くの施設・事業所の状態、つまり、平均的なレベルであるとされている。その定義は、以下の通り。

a評価…よりよい福祉サービスの水準・状態、質の向上を目指す際に目安とする状態

b評価…多くの施設・事業所の状態、aに向けた取組の余地がある状態

c評価…b以上の取組となることを期待する状態

## ③ 推進体制

全国レベルでは、全社協が福祉サービス第三者評価事業の推進を担い、以下の諸々のガイドライン等の策定・更新に関する業務等を担う。

○「都道府県推進組織に関するガイドライン」

○「福祉サービス第三者評価機関認証ガイドライン」

○「福祉サービス第三者評価基準ガイドライン」

○「福祉サービス第三者評価基準ガイドラインにおける各評価項目の判断基準に関するガイドライン」

○「福祉サービス第三者評価結果の公表ガイドライン」

○「評価調査者養成研修等モデルカリキュラム」ほか

各都道府県には、福祉サービス第三者評価事業の推進組織（以下「都道府県推進組織」という）を１か所設置し、そこでは、第三者評価機関の認証、評価調査者の養成・研修、第三者評価結果の公表等を行う。

## ④ 評価の実施と公表

都道府県推進組織は、全社協が策定した第三者評価に関するガイドラインに基づいて第三者評価基準を策定する。このとき、各都道府県の状況等に応じて、ガイドラインを満たした上で必要な修正を行うことは差し支え

ない。

第三者評価の方法は、受審する事業所の自己評価結果等を活用した書面調査と訪問調査によって行う。利用者の意向を把握することは重要なので、利用者調査は実施するよう努めること。評価結果の取りまとめは、公正・中立性を確保するために評価調査者の合議によって行う。その際、学識経験者等によって構成される評価決定委員会を設置して合議を行うことが望ましい。各評価機関は事業所の同意を得た上で、都道府県推進組織に評価結果を報告し公表することとしている。

### ⑤ 児童館における第三者評価の検討過程

社会福祉基礎構造改革の動向を踏まえて、児童館の支援団体である児童健全育成推進財団では、平成11年に「児童館活動の評価に関する研究 児童館活動の自己点検のために」[4] を実施した。この研究では児童館長等の協力を得て、現場で重要と思われる自己評価の視点を整理し、109項目からなる「児童館チェックリスト」を作成した。平成14年度から３年にわたって実施した「児童館等の第三者評価についての調査研究」[5] では、上記「児童館チェックリスト」の有効性の検証に加え、任意の一児童館にて、通常の利用者に加えて過去の利用者（調査時18歳～22歳）や日頃児童館を利用していない小学生にも意識調査を行い、児童館活動のあり方を多面的に考察して評価基準を設定している。この時点での児童館第三者評価項目は、⑴児童館活動、⑵運営、⑶職員、⑷全般に関する共通事項の４つの枠組みの89項目で構成されていた。しかしながら、平成16年の「福祉サービス第三者評価事業に関する指針について」（厚生労働省局長通知）を受けて、独自に作成していた項目は「共通評価項目＋内容評価項目」のフォーマットに合わせて53項目に再構成することになった。平成17年にはプレテスト[6] を実施し、これを踏まえて厚生労働省は、平成18年８月に「児童館版福祉サービス第三者評価基準ガイドライン」を発出した。その後、平成26年４月「『福祉サービス第三者評価事業に関する指針について』の全部改正について」(厚生労働省局長通知) が出され、福祉サービス第三者評価事業は全面的に更新された。児童館の動向としては、平成23年３月に「児童館ガイドライン」が発出され、平成30年10月に改正されている。また、平成30年９月、遊びのプログラム等に関する専門委員会[7] において、児童館ガイドラインに沿った第三者評価基準策定の必要性が提言された。これらを受けて、令和元年度には「児童館ガイドラインに基づく評価のあり方に関する調査研究」[8] が実施され、児童館版の新しい「第三者評価基準 (案)」が策定された。この基準 (案) は全社協に設けられた「福祉サービスの質の向上推進委員会」で審査され、令和２年９月に「児童館における第三者評価基準ガイドラインの全部改正について」(局長通知) として厚生労働省から発出された。

### ⑥ 児童館版福祉サービス第三者評価基準ガイドラインの構成と内容

令和２年９月に改正された児童館版福祉サービス第三者評価基準ガイドラインは、共通評価基準44項目[9] と内容評価基準25項目からなる。共通評価基準は児童館ガイドラインを踏まえて一部修正し、内容評価基準は共通に含まれない児童館ガイドライン (主に第４章「児童館の活動内容」と第９章「大型児童館の機能・役割」) を整理した。それぞれの構成は図表４共通評価項目、及び図表５内容評価項目の通りである。

（図表４）児童館版 福祉サービス第三者評価基準　共通評価項目

| 評価項目（大項目、中項目） | 評価項目 No. | 項目数 |
|---|---|---|
| Ⅰ．福祉サービスの基本方針と組織 | | |
| １．理念・基本方針 | 1 | ９項目 |
| ２．経営状況の把握 | 2～3 | |
| ３．事業計画の策定 | 4～7 | |
| ４．福祉サービスの質の向上への組織的・計画的な取組 | 8～9 | |
| Ⅱ．組織の運営管理 | | |
| １．管理者の責任とリーダーシップ | 10～13 | 18項目 |
| ２．福祉人材の確保・育成 | 14～20 | |
| ３．運営の透明性の確保 | 21～22 | |
| ４．地域との交流、地域貢献 | 23～27 | |
| Ⅲ．適切な福祉サービスの実施 | | |
| １．利用者本位の福祉サービス | 28～31、<br>33～39 | 17項目 |
| ２．福祉サービスの質の確保 | 40～45 | |

（図表５）児童館版 福祉サービス第三者評価基準　内容評価項目

| 評価項目（大項目、中項目） | | 評価項目 No. | 項目数 |
|---|---|---|---|
| A．児童館の活動に関する事項 | | | |
| | 1．児童館の施設特性 | A１〜A３ | 20項目 |
| | 2．遊びによる子どもの育成 | A４〜A６ | |
| | 3．子どもの居場所の提供 | A７〜A８ | |
| | 4．子どもの意見の尊重 | A９〜A10 | |
| | 5．配慮を必要とする子どもへの対応 | A11〜A12 | |
| | 6．子育て支援の実施 | A13〜A14 | |
| | 7．地域の健全育成の環境づくり | A15 | |
| | 8．ボランティア等の育成と活動支援 | A16 | |
| | 9．子どもの安全対策・衛生管理 | A17 | |
| | 10．学校・地域との連携 | A18〜A19 | |
| | 11．放課後児童クラブの実施〔選択〕 | A20 | |
| B．大型児童館の活動に関する事項（大型児童館付加） | | | |
| | | B１〜B５ | 5項目 |

児童館版の第三者評価共通評価基準ガイドライン及び内容評価基準ガイドライン又は各評価項目の判断基準に関するガイドライン（解説）[10]は、全社協が運営する福祉サービス第三者評価事業のサイトからダウンロードすることができる。ここでは、共通評価基準の各「中項目」について、その意図と評価内容を解説する。

## Ⅰ　福祉サービスの基本方針と組織

### １．理念・基本方針

児童館として、活動の目的やその社会的意義をどう考えているのか。それを端的に示したものをその児童館の「理念」という。この理念に基づき自分たちの行動基準として作成するのが「基本方針」であり、そこには児童館が何をするのか、子どもや地域にどう関わるのかが具体的に示されなければならない。理念や基本方針は児童館活動に一貫性を持たせると同時に、振り返りの指針ともなる。ここでは、理念や基本方針が適切に作成されていること、職員はもとより利用者にも周知されていることが評価される。

### ２．経営状況の把握

将来にわたって事業を安定的に継続していくには、児童館のコスト分析に加え、自治体の施策動向や福祉全体のトレンドなど、取り巻く状況を広く把握した上で、地域や児童館についての未来像を描いておくことが必要となる。ここでは、それらが組織的に行われていることが評価される。

### ３．事業計画の策定

理念や基本方針の実現には、それに向かう具体的な計画が必要である。ここでは、３～５年先を見通した中・長期計画が策定されていること、単年度計画はこの中・長期計画を踏まえて策定されていること、計画の策定に職員が組織的に関わっていること、前項で把握した経営状況を踏まえていること、立てた計画を利用者等にオープンにしていることなどが評価される。

### 4．福祉サービスの質の向上への組織的・計画的な取組

児童館活動は、子どもたちや地域のニーズを敏感に捉えつつ、常に質の向上を目指していく必要がある。ここでは、PDCAサイクルに基づく活動の見直しが行われていること、自己評価や第三者評価が定期的に行われていること、それらの評価で明確になった課題に対して施設全体で取り組んでいることなどが評価される。

## Ⅱ　組織の運営管理

### 1．管理者の責任とリーダーシップ

管理者（児童館長や法人の経営者）は、活動の質に対して最終的に責任を負うべく、職員と信頼関係を築きつつ質の高い児童館活動に向けてリーダーシップを発揮することが必要である。ここでは、管理者の役割が果たされていること、平常時のみならず災害時等の責任の所在についても想定されていること、職場倫理の向上やコンプライアンスに取り組んでいることが評価される。

### 2．福祉人材の確保・育成

施設運営を最前線で支えるのは一人ひとりの職員の資質である。ここでは、「期待する職員像」について組織として明確な方針があること、人事基準が定められ職員に周知されていること、職員のワークライフバランスが尊重されていること、職員一人ひとりの目標管理や研修など、職員の育成に向けた取組があること、実習生等の受入れを積極的に行っていることが評価される。

### ３．運営の透明性の確保

公費で運営される児童館は事業内容や会計状況について利用者に情報公開する責任がある。また、業務や会計上の問題の発生を防ぐ仕組みの構築も求められる。こうした運営の透明性の確保のために、ここでは自己評価や第三者評価の実施、苦情等の公表、外部の専門家による監査支援が行われていることなどが評価される。

### ４．地域との交流、地域貢献

児童館は地域に開かれた施設である。地域の協力を得ることで児童館の活動はゆたかになり、児童館が活性化すれば地域の交流も活発になる。ここでは、利用する子どもたちと地域住民との交流を広げる取組を行っていること、地域のボランティアを受け入れていること、関係機関・団体と連携していること、自らの資源を地域の福祉増進のために還元していることなどが評価される。

## Ⅲ　適切な福祉サービスの実施

### １．利用者本位の福祉サービス

児童館ガイドラインの理念に示されているように、児童館は子どもの意見を尊重し、その最善の利益を考慮しつつ活動していく必要がある。ここでは、子どもを尊重した児童館活動、子どものプライバシー保護、利用希望者への情報提供、利用者満足の向上への取組、苦情や意見を述べやすい環境の整備、安心・安全な環境づくりなどについて、職員全体で共通理解を持ち組織的に取り組んでいることが評価される。

### ２．福祉サービスの質の確保

サービスの内容や水準は、職員によって異ならないようにする必要がある。また、計画の策定に当たっては、利用者の状況やニーズに関するアセスメントを踏まえて実施する必要がある。ここでは、児童館活動全般について標準的な実施方法が定められていること、利用者の状況やニーズに関するアセスメントを踏まえて計画が策定されていることなどが評価される。

## (4) 児童館における第三者評価の意義

児童館は、不特定の子どもの利用施設であることなどから、保育所等の通所型施設や児童養護施設等の入所型施設に比べて第三者評価の普及・展開は進んでいるとは言えない。第三者評価の目的は「利用者のサービスの選択に資する」とともに、「事業者が問題点を把握し、サービスの質を向上させる」ことである。利用型の児童福祉施設であっても、問題点の把握と質の向上を公的な施設の責務として、児童館の第三者評価の受審が進むことが期待される。

**【脚注】　7．児童館の第三者評価**

1　平成12年6月2日付「福祉サービスの第三者評価に関する中間まとめ」（福祉サービスの質に関する検討会）Ⅱ第三者評価とは　2目的 ⑵①。ここには、医療分野においても、財団法人（当時）日本医療機能評価機構が平成9年から病院の第三者評価を行っていることが記載されている。

2　戦後、生活困窮者を保護・救済しようとして始まったわが国の社会福祉制度を、社会状況の変化に合わせて、個人の自立支援、利用者による選択の尊重、サービスの効率化などを柱として根本的に変革しようとした改革。従来の「措置制度」は、利用者がサービスを自由に選択できる「利用者制度」に切り替えられた。平成9年11月、厚生省（当時）が「社会福祉事業等の在り方に関する検討会」（座長 八代尚宏 上智大学教授）を立ち上げ、「社会福祉の基礎構造改革について（主要な論点）」を公表し、検討が始められた。

3　平成12年6月2日付「福祉サービスの第三者評価に関する中間まとめ」（福祉サービスの質に関する検討会）Ⅲ第三者評価基準について　1基本的な考え方 ⑷、⑸。なお、重田史絵「わが国の福祉サービス第三者評価制度の変遷から見る『利用者の選択に資する情報提供』に関する考察」『東洋大学・ライフデザイン学研究』第13号，138（2018）には、アメリカで病院等の評価を行っているJCAHO（Joint Commission on Accreditation of Healthcare Organization）や、先行していた特別養護老人ホーム・老人保健施設のサービス評価事業も、先行事例として検討されたとある。

4　財団法人児童健全育成推進財団　平成11年度 児童環境づくり等総合調査研究事業「児童館活動の評価に関する研究」　山崎美貴子

5　財団法人こども未来財団　平成14～平成16年度 児童関連サービス調査研究事業報告書「児童館等の第三者評価についての調査研究」　吉澤英子

6　財団法人こども未来財団　平成17年度児童関連サービス調査研究事業「児童館等の第三者評価における評価基準項目の検証に関する調査研究」　林 幸範

7　「遊びのプログラム等に関する専門委員会」は、国立総合児童センター「こどもの城」（平成27年３月末完全閉館）を受け、遊びのプログラムの全国的な普及啓発や新たなプログラムの開発、今後の地域の児童館等のあり方などを検討するため、平成27年５月に社会保障審議会児童部会の下に設置されている。

8　みずほ情報総研株式会社　令和元年度　子ども・子育て支援推進調査研究事業報告書「児童館ガイドラインに基づく評価のあり方に関する調査研究」　柳澤邦夫

9　令和２年９月３日「児童館における第三者評価基準ガイドラインの全部改正について」（厚生労働省局長通知）（別紙）「児童館版における第三者評価基準について」2.共通評価基準について（3）評価外の取り扱いについて ○ 共通評価基準ガイドラインにおけるⅢ-1-（2）-3（福祉施設・事業所の変更や家庭への移行等に当たり福祉サービスの継続性に配慮した対応を行っている。）は、利用施設である児童館にはそぐわないものとして、評価外とした。

10　「第三者評価共通評価基準ガイドラインにおける各評価項目の判断基準に関するガイドライン　判断基準、評価の着眼点、評価基準の考え方と評価の留意点（児童館解説版）」、及び「第三者評価内容評価基準ガイドラインにおける各評価項目の判断基準に関するガイドライン　判断基準、評価の着眼点、評価基準の考え方と評価の留意点（児童館版）」http://shakyo-hyouka.net/evaluation4/

# 第２章

# 児童館理解の基礎

# はじめに

エレン・ケイが「20世紀は児童の世紀になる」と期待を込めて宣言してから120年余、私たちは子どものための世紀を確かなものにしてきただろうか。子どもの飢餓や貧困はなくならず、21世紀になっても戦争は止まらない。この原稿に向かっている今も、ロシアがウクライナに侵攻して、多くの子どもが犠牲になっている。

私たちが未来に向かって子どものあるべき社会を拓いていくためには、現在の子どもの状況やその生活課題をしっかりと見極めていく必要がある。そのためには子どもの発達や地域福祉などの知見を学ぶと共に、我が国における子ども子育ての今に至る道筋と源流を辿り、その中に通底する引き継ぐべきものをしっかりと確認することも重要になる。それは有史以来、日本という国（689年飛鳥浄御原令による）が培ってきた子どもの見かたや子育て文化の中に、この国土に適応して今日につながる適切・有効な生き方があったことが証されているからである。

そのため本章では、先人たちの生活文化の常識を対象として、その含蓄を出来るだけ多くの文献を通じて紹介し、古来日本に根づいてきた子どもの姿や子育てのあり方を示して共通認識としたいと思った。文化は記号的な正確さよりも、代々の感情が流れ伝わって形づくられるものでもあると考えるからである。

第２章の全体を通して、児童館関係者はもとより、子どもに関わる方々にとって基礎的な教養として理解されることが望ましい文献の紹介を中心に記述した。紙面の都合上、子どもに関わる最小部分の抜粋に止めた。読者諸氏におかれては、筆者が感動した原著書をぜひご自身で確認されることをお薦めしたい。

鈴木　一光

# 1．日本における子育て文化

明治５（1872）年８月２日に学制が発布された時、学区制はフランス、教育内容はアメリカ、学校種別はドイツに倣ったと言われているが、敗戦による国民の自信喪失と政治・経済の崩壊の中で、児童福祉法の起草にあたった先輩諸氏は何をもって構想の核としたのであろうか。当時ＧＨＱの承認を得た「児童館」の英訳は、recreational agency（re＝再び、create＝創造する、agency＝機関）と記されているが、児童福祉法の起草者、松崎芳伸（1913～1997）は児童館にはアメリカの影響はないと語っていた[1]。大正13（1924）年の国際連盟による「児童権利宣言（ジュネーブ宣言）」や、江戸時代の会津藩「子供組」や薩摩藩「郷中教育」などの、子どもの自治組織を拠り所にしたとも聞いたが、明確な挙証はできない。

そこで、本節は、児童館が児童福祉法に謳われる由縁のひとつである日本の子育て文化そのものの源流を尋ねてみることとした。私たちが縄文時代から連綿と生存し続けているのは、日本人の子育て文化がこの列島の地理的環境下で変化に適応してこられたからだと考えられる。そしてその生活実態を知ることが今日の子育てにも児童館にも役立つ示唆が得られるのではないかと考えられるからである。そのような視点から、本節では民俗学の知見、日本を直接訪れた外国人など欧米の知性とも言うべき人々の残した文献を渉猟して、子どもや子育てに直接関係深いことに限定して抽出した。

## （1）日本の子どもたち

### 古くから日本人がめざしたもの

民俗学者の宮本常一（1907～1981以下、宮本と表記）は『日本の子供たち・海をひらいた人びと』[2]の「はしがき」で、「古い時代から日本の国民はまずしかった」と書き出している。宮本は、中世末に布教のために日本を訪れたキリシタンのパードレたちが残した記録から、日本人は、「そのまずしさによごれまいとして、心だけは高く清いものにしようと努力した。戦国争乱の世の中にありつつ庶民は嘘をつかず、物をぬすまない」ことなどに、日本を訪れた外国人たちが一様に感嘆していることを客観的な観察資料として提示している。

続けて以下、「はしがき」から引用する。「子供たちのしつけの中で重要視されたのは、この清潔にして貧乏にまけない意欲であった。だから貧乏さえが美徳であった」「外から見る日本の庶民の歴史は陰惨であったかもわからないが、中に入り込んでみる世界は、陰惨にたえ、これを克服するものをもっていた。そしてすべてを未来にかけていた。……日本人にとっての未来は子供であった。自らの志がおこなえなければ、子供にこれを具現してもらおうとする意欲があった。子供たちにも、またけなげな心構えと努力があった」。

### 伝承的祭りの中に見る子どもの姿

柳田國男（1875～1962）は『こども風土記』[3]の中で、「鹿・鹿・角・何本」「あてもの遊び」「かごめ・かごめ」「中の中の小仏」「ベロベロの神」「地蔵あそび」「おもちゃの起り（御宮笥）」「弓太郎と念者」「大人から子どもへ」「小児の役目」「祝い棒の力」「力あることば」「公認の悪戯」「こども組」「女児のままごと」「盆と成女式」「くばりごと」「おきゃく遊び」「鬼事言葉」「子買お問答」「国語と子ども」「遊戯の進化」「児童文芸」「ネンガラの鉤」「鹿遊びの分布」など、41項目にわたって、遊び方や遊び唄の全国分布、地域ごとの遊びの名称とルールの変遷、また子どもの活動の来歴などを簡潔にまとめて編んでいる。

それによると「あてもの遊び」の多くが、その起源をさかのぼると神の信仰の占いから出て来ており、しかも、各地の遊びの方法と遊び道具の諸形態を比較検討していくことで、その歴史のあとを辿ることが出来ると述べている。「大人から子どもへ」の項では、子どもの遊びを考えて一緒に遊ぶというようなことは昔の親たちはあまりしなかった。それは、第１に、小学校の年齢別制度と比べて、年上の子どもたちがよく年下の子どもの世話を焼いたこと、一方で小さい方も早くその仲間に加わろうとして意気ごんでいたこと。第２に、それは子どもたちの自治、自分たちで考え出した遊びに面白いものが多かったこと。第３に、今日はあまり喜ばれない大人の真似、子どもは盛んな成長力からことのほか熱心に真似をしたし、昔の大人は単純で隠し事も少なく、それに遠からず彼らにもやらせることだから、見せておこうという気風もあったこと、などが考えられるとしている。

### 貧しき中でも「子は宝」

明治５（1872）年の壬申戸籍によると、日本の人口は約3,000万人、農業従事者は約８割（79.2%）、となっている。ただ、この農業従事者の実態は多様なものを含んでいる。古代においては「百姓」と書いて「おおみたから」とか「みたみ」と読まれており、逆に言えばその大和言葉に「百姓」という漢字が当てられた[4]。つまり百姓とは、官人との対で官職につかない民間人の語義であった。百姓イコール農民ではない。百は多いという意味であり、昔の姓は職業を表した。ゆえに百姓とは、農作物の生産者にとどまらず、あらゆる職種を含んでいる。

また、原始の時代から近代に至るまで乳幼児死亡率は極めて高く、徳川将軍家においても第11代徳川家斉（1773〜1841）は正室と側室16人との間に55人の子をなしたが約6割にあたる32人が5歳までに亡くなっている[5]。こういった成育環境にあって、親の目は絶えず子どもを気に留めていた。それでも病気にはかかるし事故にも遭う。そのような状況下で、子どもたちは世間と神のご加護を得るための通過儀礼を経ながら祝福され（第2節第3項日本の子育て文化、参照）、家の中心的存在として家族に見守られながら育っていった。

宮本は前掲書で、享保17（1732）年の飢饉についてその惨状の調査を試みて、子どもに比べ大人の死者が断然多いことを寺の過去帳から知る。この年に疫病の流行はないので死の原因は餓死である。親たちは自分が食べなくても、子どもにだけは食べさせたことがよくわかる。「子は宝」という考え方は、日本の隅々までゆきわたっていたようだ、という。

### 子ども本位家族呼称法

宮本の前掲書の「まつりと子供」から、いわゆる子供本位家族呼称法について引用する。

「これは昭和16〜17年ごろ、河村只雄[6]氏が問題にしたことがある。日本の村落社会では、人をよぶのに、その姓や屋号をいうこともあり、また名をよぶこともあるが、それ以外にその家の小さい子供を中心にしてよぶ呼び方がある。……つまり子供を中心にして人をよぶ呼び方が、家庭の中にも外にもあるわけである。

むろん大きな町の中で、相手の家庭のようすもわからぬようなところには、子供本位の呼称法はない。が村落社会では子供の名を冠して相手をよぶことによって、家族的なあたたかさをお互いの間に感じたのである。こうした呼び方は、とくに女の間にひろくおこなわれたのであるが、これは家の中では、ほんらい子供本位に生活がうちたてられていたことを物語るものである」。

その一方で、昭和８（1933）年に「児童虐待防止法」が制定された当時、保護された子どもたちが年間５万人内外もいたということは、その周辺に多くの不幸な子どもたちがいたことが想像される。宮本は、「それらはまた、家庭の犠牲にされた子供たちであったのである。すなわち、多くはまずしさのために、親がその子を売り、また工場などにはたらかせていた。明治大正にかけての工場には、たいてい少年工がいたのである」と述べ、「この法（「児童虐待防止法」）ができるまで、町には子供の夕刊うりなど街頭にあふれており角兵衛獅子、門づけをして歩く子どもの数は少なくなかった」、という。「したがって、いちがいに子供がたいせつにされたとはいえないが、本質的には、子供はたいせつにされるべきものとの考えはあった。……。さてもともと子供が神聖視され、尊ばれたものであることは、子供とまつり行事の関係を見てゆくと明らかになる」と結んでいる。

## （2）外国人の見た日本の子どもたち

### 新紀元の目撃者たち

過去が現在に影響を与えるように、未来も現在に影響を与える。現代を形作った者は、近代の文化を受け継いだ者たちであり、近代を変革した者は、近世（江戸時代）の教育・文化を受け継いだ者たちである。日本では近世から明治維新を経て近代に移行した。維新の英訳にはrestoration（復古）と、revolution（革命）がある。「維新」という単語の最古の用例は中国の詩編『詩経』にあるという。日本では『日本書紀』の大化改新の詔にある用例が最古とされている。和訓では「これあらたなり」と読む。明治維新は革命であった。明治維新は、王政復古という新たな価値観への転換と、江戸時代の制度・文物・常識を覆して近代化へ歩を進めた。当時の外国人たちの著作にふれると、私たちは何か大切なものを忘れて走り来たような気がする。

**（1）日本を訪れた外国人の先駆け**

アジアと日本を初めて西欧に知らしめた人物は、マルコ・ポーロ（1254～1324）[7] である。しかし、記録に残る彼の旅程に日本は含まれておらず、元寇についてもふれているが、日本兵が奇跡の石を武器にしたとか、元軍が日本の首都まで攻め込んだとか、日本に関する記述は伝聞であることが実証されている。

史実に残る日本を訪れた外国人は、キリスト教の布教のために度々日本にやってきた西欧の宣教師たちである。イエズス会創設メンバーでスペイン人のフランシスコ・ザビエル（1506～1552）[8] は天文18（1549）年に来日して、初めてキリスト教の伝道をした。彼は日本人を「此の國民は、私が遭遇した國民の中では一番傑出してゐる。私には、どの不信者國民も、日本人より優れてゐる者は無いと考へられる。日本人は、總體的に、良い素質を有し、悪意がなく、交つて頗る感じがよい。彼等の名誉心は、特別に強烈で、彼等に取つては、名誉が凡てである」と、高評価をしており、それがイエズス会を通じて世界に広まった。

『日本史』を残したポルトガル人のルイス・フロイス（1532～1597）[9] は永禄6（1563）年に来日して、永禄12（1569）年、織田信長と、二条城の建築現場で初めて謁見した。フロイスは「われわれの間では普通鞭で打って息子を懲罰する。日本ではそういうことは滅多におこなわれない。ただ言葉によって譴責するだけである」と言う。

医師で博物学者のドイツ人エンゲルベルト・ケンペル（1651～1716）[10] は元禄3（1690）年に入国して第5代将軍徳川綱吉に謁見している。後に『日本誌』『鎖国論』を著わし、綱吉の治世の対外政策を肯定し、「鎖国」という言葉の生みの親とされている。ドゥニ・ディドロの『百科全書』[11] の日本関連項目の記述が、ほぼ全てケンペルの『日本誌』を典拠としている。いずれにしても、三者三様に著書や論文や書簡の中で、日本の風物、国民性、治安の良好、街道の整備と始終盛んな人馬の往来、貧しいけれども名誉を重んじる人々であると記述している。

### （2）ある文明の伴走者

世界に門戸を開き、近代化へ歩み始めた幕末・明治の時代になると欧米から多くの外国人が日本を訪れ、滞在し、各地を旅して歩くようになった。彼らは全国各地で日本と日本人の姿にふれている。好奇の眼があったこともうかがえる一方で、日本を見下すのではなく、日本の自然の美しさや工作物の見事さ、貧しくも清潔で心豊かな人々の生活や文化、日本人の精神性に対する驚きや敬意も強く感じ取ったことがうかがえる。日本人自らが旧弊として棄て去った日本の姿の中に、外国人たちは、西洋とも、また中国・朝鮮や他のアジアの国々とも異なる価値を発見している。こうした外国人たちは、主に宣教師や外交官、様々な分野のお雇い外国人教師、旅行家、ジャーナリストであり、彼らは日本での活動記録を日記に残し、旅行記として本国で出版し、論文として発表するなどしていくつもの日本見聞記を残して、未知の国であった日本の姿を世界に発信してきた。彼らは後々、彼ら各々の専門分野においても母国で高い評価を得た人々である。[12]

渡辺京二（1930～）は、「滅んだ古い日本文明の在りし日の姿を偲ぶには、私たちは異邦人の証言に頼らねばならない。なぜなら、私たちの祖先があまりにも当然のこととして記述しなかったこと、いや記述以前に自覚すらしなかった自国の文明の特質が、文化人類学の定石通り、異邦人によって記録されているからである」として『逝きし世の面影』[13]を著して、その文明を読み解いた。この書を参考にしながら、彼らの代表的な著書から外国人のまなざしを通して写し出された日本の子どもたちの姿の一端を、紹介する。

## 美しい国、消えゆく文明

日本の近代が、前代の文明の滅亡の上にうち立てられたのだという事実を早くから認識していたのは、むしろ開国を迫って押し寄せた外国人たちであった。その嚆矢となるものは、初代駐日総領事タウンゼンド・ハリス（1804～78）が、安政３（1856）年に下田の玉泉寺に日本初の領事館旗を揚げたその日の日記に「厳粛な反省―変化の前兆―疑いもなく新しい時代がはじまる。敢て問う－日本の真の幸福となるだろうか？」[14]と記したものだろう。勝手に砲艦外交で門戸をこじ開けておいて、その言い草はないだろうと思うが、その立場とは裏腹な感慨があったのであろう。

貿易業者として環太平洋の国々を渡り歩いたハリスは、ケンペルの『日本誌』に記述されている花園のような地を探そうとして、下田近郊の散策をよくした。「柿崎は小さくて、貧寒な漁村であるが、住民の身なりはさっぱりしていて、態度も丁寧である。世界のあらゆる国で貧乏に何時も付き物になっている不潔さというものが、少しも見られない。彼らの家屋は、必要なだけの清潔さを保っている」と記し、翌年下田の南西方面を訪ねた時は「私はこれまで、容貌に窮乏をあらわしている一人の人間をも見ていない。子供たちの顔はみな『満月』のように丸々と肥えているし、男女ともにすこぶる肉づきがよい。彼らが十分に食べていないと想像することは些（いささ）かもできない」と書いている。

## ラザフォード・オールコック

医師で初代駐日英国公使ラザフォード・オールコック（1809～1897）は、安政６（1859）年に日本に着任した。主著『大君の都』[15]は、西洋キリスト教文明を背景に日本の後進性を厳しく指摘している文明批判書とも読めるが、当時の観察記録としての史料価値は高い。

### （1）子どもの楽園

オールコックは初めて長崎に上陸した時、「いたるところで、半身または全身はだかの子供の群れが、つまらぬことでわいわい騒いでいるのに出くわす。それに、ほとんどの女は、すくなくともひとりの子供を胸に、そして往々にしてもうひとりの子供を背中につれている。この人種が多産系であることは確実であって、まさしくここは子供の楽園だ」と、感じる。日本について「子どもの楽園」と表現したのは彼が最初である。

さらに続く、「幼い子供の守り役は、母親だけとはかぎらない。江戸の街頭や店内で、はだかのキューピッドが、これまたはだかに近い頑丈そうな父親の腕にだかれているのを見かけるが、これはごくありふれた光景である。父親はこの小さな荷物をだいて、見るからになれた手つきでやさしく器用にあやしながら、あちこちを歩きまわる。ここには捨て子の養育院は必要でないように思われるし、嬰児殺しもなさそうだ―だだし、例外はある―中国では、嬰児殺しがさかんであって、とくに女の子が犠牲に供されているが、日本のばあいにはそうではなかった。たしかな筋によると、未婚者間の堕胎はけっして珍しいことではなくて、女性の専門の技術者がいるとのことである」。

### （2）子どもの遊び

オールコックの観察は、日本の遊び文化にも及んでいる。「日本人は、あらゆる年齢の人物のための多くの遊戯をもっている。子供のための遊戯（すくなくともその多く）は、ヨーロッパの遊戯に似ている。輪回しも見たことがあるし、凧あげは大変よく行われているし、その他羽根つき・竹馬・球戯・大きな雪の球の遊びもある」とさし絵を挿入して説明している。

子どもの遊び文化について、「イギリスでは近代教育のために子供から奪われつつあるひとつの美点を、日本の子供たちはもっているとわたしはいいたい。すなわち日本の子供たちは、自然の子であり、かれらの年齢にふさわしい娯楽を十分に楽しみ、大人ぶることがない。かれらはひょうきんな猿を背負った旅芸人を追っかけてゆくし、そのような楽しみからえられるような幸福より重厚な幸福は望まない。大きい子供がやる遊びで広く行われているものについては、完全にのべることができるほど知っているとはわたしはいえない。かれらは、負けた者が詩をつくったり書いたりしなければならない遊戯をたくさんもっている。これらは、しばしばカードでやる。それからまた、きつねごっこがある。これは輪をくぐって菓子をとる遊びである」と、今を生きる私たちにも必要な考察をしている。

### バジル・ホール・チェンバレン

イギリス名家の出身であるバジル・ホール・チェンバレン（1850〜1935）は、明治6（1873）年に来日して海軍兵学校の英語教師を経て、明治19（1886）年に東京帝国大学の日本語学教授に就任し日本語の言語学を国語学として成立させた日本言語学の父といわれる人物である。明治23（1890）年に退官した後も明治38（1905）年まで38年間滞日して、『古事記』の英訳、俳句の英訳、琉球や蝦夷（えぞ）（北海道）の言語研究の論文を残した日本研究の第一人者である。

チェンバレンは各方面にわたる日本研究の成果を、「著者は日本のことについて、常によく質問を受ける。そこで、その返事を辞書の形にして－事物の辞書（事典）－本書をまとめたのである」として小百科事典『日本事物誌』[16]にまとめた。

チェンバレンは「子供」について次のように記述している。「日本は『赤ん坊の天国である』といわれてきた。実際、赤ん坊は普通とても善良なので、日本を天国にするために、大人を助けているほどである。彼らは揺籃（ゆりかご）の時代から行儀がよい。特に少年たちは内気なところがなく、全くのびのびとしている。英国の少年たちは内気なために、いっしょにいると、他人にも自分たちにも、ひどく苦悩を与えるのである。残念なことは、少し経つと彼らの質が悪くなりがちなことである。日本の若い男は、彼の八歳か十歳の弟よりも魅力的でなく、自意識が強くなり、いばりだし、ときにはずうずうしくなる。」……「いずれにせよ、子供たちのかわいらしい行儀作法と、子供たちの元気な遊戯が、日本人の生活の絵のような美しさを大いに増している。下層階級には変った習慣がある。下町の通りでは、子供たちは自分たちよりちょっと年下の赤ん坊の弟や妹を背におんぶしている。あたかも子供の世界は、新種のシャム双生児の一団かと思われるほどである。この風変わりな習慣ほど、下町の風景に独特な味を添えているものはあるまい」。

### エドワード・シルヴェスター・モース

アメリカ人のエドワード・モース（1838～1925）は、大森貝塚を発見したことや、日本にダーウィンの進化論を体系的に紹介したことで知られている。そのモースは、明治10（1877）年に、標本採集のために来日したが、請われて東京大学の初代動物学・生理学教授に就任して、日本の人類学・考古学の基礎をつくった。その一方で、モースは日本人の生活文化に深い関心を寄せ、多くの著作・スケッチ・写真を残している。モースの『日本その日その日』[17]『日本人の住まい』などを読むと、外国人の日本人論の先駆をなすものといえよう。

モースは誕生日の６月18日の夜、横浜に着岸すると翌朝すぐに町の見物に出かける。不思議な建物、最も清潔な陳列箱に似たのが多い見慣れぬ開け放した店、店員たちの礼譲、いろいろなこまかい物品の新奇さ、人々のたてる奇妙な物音、空気を充たす杉と茶の香り、などに酔いながら町中を見歩いている。その中から子どもについての記述を取り上げる。「老婆も子供も一緒になってやるのである。小さい子供達は赤坊を背中に負って見物人として田の畔にいるらしく見える。この、子供を背負うということは、至る処で見られる。婦人が５人いれば４人まで、子供が６人いれば５人までが、必ず赤坊を背負っていることは誠に著しく目につく。時としては、背負う者が両手を後ろに廻して赤坊を支え、又ある時には赤坊が両足を前につき出して馬に乗るような格好をしている。赤坊が泣き叫ぶのを聞くことは、めったになく、又私はいま迄の所、お母さんが赤坊に対して癇癪を起しているのを一度も見ていない。私は世界中に日本ほど赤坊のために尽す国はなく、また日本の赤坊ほどよい赤坊は世界中にないと確信する」。

さらにモースは言う。「いろいろな事柄の中で外国人の筆者達が一人残らず一致する事がある。それは日本が子供達の天国だということである。この国の子供達は親切に取扱われるばかりでなく、他のいずれの国の子供達よりも多くの自由を持ち、その自由を濫用することはより少く、気持のよい経験の、より多くの変化を持っている。赤坊時代にはしょっ中、お母さんなり他の人々なりの背に乗っている」。

「刑罰もなく、咎めることもなく、叱られることもなく、五月蠅（うるさ）く愚図愚図いわれることもない。日本の子供が受ける恩恵と特典とから考えると、彼等は如何にも甘やかされて増長して了（しま）いそうであるが、而（しか）も世界中で両親を敬愛し老年者を尊敬すること日本の子供に如（し）くものはない。爾（なんじ）の父と母とを尊敬せよ……これは日本人に深く浸み込んだ特性である」。

## イザベラ・バード

イザベラ・バード（1831～1904）は、イギリス人の冒険家・紀行作家で、後に女性初の英国地理学会特別会員に選任されている。西南戦争の１年後の明治11（1878）年、横浜港に降り立った。横浜滞在中にバードを訪ねたハリー・スミス・パークス駐日英国公使（前掲オールコックの後任）の立案により、前掲のチェンバレン、ドイツ人医師の高名なフォン・シーボルト[18]、英国公使館の通訳官から後に駐日公使になったアーネスト・サトウ[19]などの援助を受けつつ、公使館に１か月以上滞在して入念な準備をする。

バードは、江戸から日光を経て日本海側を縦断し、蝦夷に渡ってアイヌの人々とも交流する旅に発った。帰国後、明治初期の日本の住まいや暮らし、習俗、自然を詳細に書き留めて『日本奥地紀行』[20]を上梓した。

### (1) 子どものお楽しみ会

日光の入町村でバードが寄宿している金谷家［現・日光金谷ホテル］には、子どもたちのお祝いの会をする慣例があり、「この会のために、12歳の女の子はるの名前で正式の招待状が送られた。招かれた子供たちは午後３時頃に、たいていは御供の者に連れられてやってきた」と書いている。はるという名前の女の子は桃割れに髪を結い、顔から喉元にかけて白粉を塗って紅を引き、青地に花柄の絹の振袖に白足袋姿で、石段を上がった所でとてもしとやかなお辞儀をして、やはり振袖姿の招いた友達を迎える。

「彼女たちの遊びの一つは見ていてとてもおもしろかった。元気よく、とてももったいぶって行われていた。この遊び［ごっこ遊び］では、一人の子供が病人の真似をし、もう一人が医者の真似をする。医者役の子供の気取って威厳を装った感じ、患者役の子供の悩み苦しむ感じは真に迫っていた。医者が不幸にも患者を死なせてしまうと、白粉を顔に塗った患者は死の眠りにつくふりをする。実にうまく、そのあとは葬式と喪中の場面へと続いていった。こうして子供たちは結婚式や祝賀会その他生涯の主たる出来事の多くを演じていく。この子供たちのもったいぶった感じと役柄になりきった感じは見事である。実際のところ、子供たちは、しゃべることができるようになるとすぐに、日本の礼儀作法として一般的に求められるすべてのことを学び始めるのである。それで10歳にでもなれば、すでに、あらゆる状況の下で何をすべきか、何をしてはいけないかをきちんと判断できる」と詳しく記している。子供たちが帰る前にもう一度お茶とお菓子がふるまわれ、それをことわるのも、いただいたものを残していくのも非礼になるので、食べきれないお菓子を袖の中に忍ばせて丁重な挨拶をして別れて行く姿を見ていた。バードは子供たちの威厳と落ち着きに驚かされている。

また、この土地にも貸出し図書館（当時から、全国津々浦々にあった貸本屋）があって、晩になるとゆき（「はるの母」）もはるも恋愛小説や英雄物語を読んでいること、伊藤（「バードの通訳」）は10冊ほど小説を部屋に持ち込んで夜の大半を過ごすことを報告している。

### （2）庶民の子育て実相

同じく入町村での庶民の子育ての風景描写が続く、「私は、わが子をこれほどかわいがる人々、歩くときに抱っこしたり、おんぶしたり、手をつないだり、子供が遊ぶのを眺めたりその輪の中に入ったり、新しい玩具をしょっちゅう買ってやったり、遊山や祭に連れていったりする人々をこれまで見たことがない。彼らほど子供がいないと心満たされず、よその子供たちに対してさえそれなりの愛情と心づかいでもって接する人々も見たことがない。父親も母親もわが子を自慢にする。毎朝6時頃になると、12～14人の男たちが低い石垣に腰掛け、2歳にもならない子供を抱いてあやしながら、どんなに発育がよく利口かをひけらかしている。その様子は、見ていてこの上なくおもしろい」。

バードは青森県の碇ヶ関（いかりがせき）にて、子どもたちの遊びを見たり菓子を買い与えたりしている。「私は日本の子供たちがとても好きだ。私は今まで赤ん坊の泣くのを聞いたことがなく、子供がうるさかったり、言うことをきかなかったりするのを見たことがない。日本では孝行が何ものにも優先する美徳である。何も文句を言わずに従うことが何世紀にもわたる習慣となっている。英国の母親たちが、子供たちを脅したり、手練手管を使って騙したりして、いやいやながら服従させるような光景は、日本には見られない。私は、子供たちが自分たちだけで面白く遊べるように、うまく仕込まれているのに感心する。家庭教育の一つは、いろいろな遊戯の規則を覚えることである。規則は絶対であり、疑問が出たときには、口論して遊戯を中止するのではなく、年長の子の命令で問題を解決する。子供たちは自分たちだけで遊び、いつも大人の手を借りるようなことはない」。

「私はいつも菓子を持っていて、それを子供たちに与える。しかし彼らは、まず父か母の許しを得てからでないと、受け取るものは一人もいない。許しを得ると、彼らはにっこりして頭を深く下げ、自分で食べる前に、そこにいる他の子供たちに菓子を手渡す。子供たちは実におとなしい。しかし堅苦しすぎており、少しませている」と、バードは観察している。

バードは旅の締めくくりを、「日本人は『未開人』であるどころか、とても親切で、心優しく、礼儀正しい。それで、日本人の従者一人以外にはだれも伴わずとも、外国人がほとんど訪れない地域を、無礼な目にも強奪にも一度もあわないで旅することができる。私がこうして1200マイルにもわたって旅ができたように」と、結んでいる。

### (3) バードの紀行文と宮本民俗学

宮本は、講義録『イザベラ・バードの「日本奥地紀行」を読む』を著している。[21] その中で「当時の日本のことを書いたモースにしろ、アーネスト・サトウの日記にしても、日本のことを、とても賞めているのですが、じつは賞めているのではなくて、その人たちの目にうつっているものが、そのままの日本であったといってもいいのではないかと思うのです」「われわれは今まで習って来た歴史観で受けとめているから、非常に不安な世の中で、いろんな事件が起ったように思っているけれど、実際にはそれほどのことはなかったのではないか、と考えられます。それは日本以外の国と比較をしてみるとよくわかるのです」と記している。宮本は、比類ない観察眼とフィールドワーク調査に裏打ちされた該博な見識によって、バードの見聞した文化の背景を縦横無尽に紡ぎ出してみせているので、ぜひ一読をお勧めしたい。

## 重畳たる外国人の聲

### (1) コルネリス・カッテンディーケ

オランダの海軍軍人で、後にオランダ海軍大臣、外務大臣も一時兼任したコルネリス・カッテンディーケ(1816〜1866)[22]は、安政3(1856)年に徳川幕府が発注した軍艦ヤーパン号(後の咸臨丸)を長崎に回航し、長崎海軍伝習所の第2次教官として赴任した。

カッテンディーケは長崎に着いてからの見聞を綴っている。「一般に親たちはその幼児を非常に愛撫し、その愛情は身分の高下を問わず、どの家庭生活にもみなぎっている」。親は子どもの面倒をよく見るが、自由に遊ばせ、ほとんど裸で路上をかけ回らせる。子どもがどんなにヤンチャでも、叱ったり懲らしたりしている有様を見たことがない。その程度はほとんど「溺愛」であって「彼らほど愉快で楽しそうな子供たちは他所では見られない」と書いている。また、「日本の子供は恐らく世界中で一番厄介な子供であり、少年は最大の腕白小僧である」とほほえましく受け止めている。外国人の中には、そのような親の姿は甘やかしやネグレクトと見るものもいた。しかし、カッテンディーケには、ルソーが『エミール』[23]で主張したような自由教育として映ったようである。

### (2) ゴットフリード・ワーグナーとクルト・ネットー

ドイツ人で陶磁器やガラスの専門家として東大や東京工業大学教授に招聘されたゴットフリード・ワーグナー(1831〜1892)は明治元(1868)年に来日した。同じくドイツ人の採鉱冶金学者で東大教授のクルト・ネットー(1847〜1909)は明治6(1873)年に来日した。この2人は、共著で『日本のユーモア』[24]を出版した。

それには「日本の子供は、一日の大部分をその街上での運動に専心することができるのである。日本では、子供は交通のことなどすこしも構わずに、その遊びに没頭する。かれらは、歩行者や車を引いた人力車夫や、重い荷物を担いだ荷物運搬夫が、独楽を踏んだり、羽根つき遊びで羽根の飛ぶのを邪魔したり、紙鳶(たこ)の絲を紊したりしないために、すこしの迂(まが)り路は厭わないことを知っているのである。馬が疾駆して来ても、子供たちは、騎馬者(うまののりて)や馭者を絶望させ得るような落着きをもって眺めていて、その遊びを邪魔されない。かれらは、大人からだいじにされることに慣れている」「日本ほど子供が、下層社会の子供さえ、注意深く取り扱われている国は少なく、ここでは小さな、ませた、小髷をつけた子供が結構家族全体の暴君になっているのである」と書く。

### (3) ウィリアム・グリフィス

アメリカ合衆国出身のお雇い外国人で牧師、著述家にして日本学者、東洋学者のウィリアム・エリオット・グリフィス (1843～1928) [25] は、福井と東京で教鞭をとった。明治４ (1871) 年に日本に渡り、福井藩の藩校明新館で科学と物理を講じた。

明治７ (1874) 年、日本アジア協会で日本の子どもの遊戯と競技について講演を行った。

グリフィスは「日本ほど子供の喜ぶ物を売るおもちゃ屋や縁日の多い国はない」と言う。彼があげる大道芸やのぞき眼鏡や講釈、しんこ細工や見世物は、子どもどころかむしろ大人のものであるが、そのおもちゃ屋が多いことと、そのおもちゃのよくできていることなどを挙げて、グリフィスは「日本人が非常に愛情の深い父であり母であり、また非常におとなしくて無邪気な子供を持っていることに、他の何よりも大いに尊敬したくなってくる」と書いている。

## 「子どもの楽園」論に対する懐疑について

日本を見聞した外国人たちの「子どもの楽園」論に対しては、日本人からこれを疑問視する議論がある。

否定論の具体的なものの一つは、「子どもの楽園」などと外国人は誉めそやすが、宮本常一の『家郷の訓』[26]などの記述を見ても、明治・大正を通じて乳幼児死亡率は非常に高かったので、子ども楽園論にはあたらない、というものである。これに対して渡辺は、「近代初期にはヨーロッパとて乳幼児死亡率は高かった。……徳川期日本でも近世ヨーロッパでも乳幼児の死亡はいたしかたのない神の意志であって、そのことと子どもが幸せかどうかは関係のないことであったのだ」と事実に基づいて反論している。

二つには、渡辺が自ら取り上げている批判論で「妖精のように愛らしいムスメたちの笑いがさんざめく緑の都市エド（そして江戸時代）においても、まぎれもない児童虐待が日々演じられていた」として、少なくとも束の間の滞在、限られた体験の中で織り出したような「子どもの天国」などではなかった、というものである。これについて渡辺の反論を引用する。

「徳川期にさまざまな児童虐待の例がみられるというのはわれわれが承知しておいてよいことである。だが、そのことをもって日本は子どもの天国などではなかったというのは、『天国』という修辞にとらわれすぎた議論だろう……観察者がたとえば、日本人が子どもを打たないというとき、それは一般的事実について述べているのであって、そういう例が皆無だと述べているわけではなく、ましてや児童に対する犯罪が起らないと言っているのではない。彼らが述べているのは、日本では子育てがいちじるしく寛容な方法で行われるということと、社会全体に子どもを愛護し尊重する気風があるという二点にすぎない。……（外国人たちが）社会全体のマナーを対象とした彼らの議論に、特異例としての児童虐待犯罪を対置しても、それが何かの反証になるわけがなかろう」と、締めくくっている。

「温故知新」という言葉がある。明治維新によって前代の継承が断ち切られ、立ち枯れたものが多くあったとしても、散逸したかけら文化を一つひとつ拾い集め、子どもの笑顔を絶やさぬために、続く未来の人々に伝承を残すことが、私たちの一つの務めだと思う。

**【脚注　引用文献】はじめに**

「20世紀は児童の世紀になる」は、『エレン・ケイ（小野寺信・小野寺百合子　訳）『児童の世紀』（冨山房　原書初版1900年）P202

**1．日本における子育て文化**


1　児童福祉法研究会（編集）『児童福祉法成立資料集成　上』―「松崎芳伸日誌」ドメス出版　1978

2　宮本常一著作集８『日本の子供たち・海をひらいた人びと』未来社　1969

3　柳田國男『こども風土記・母の手毬歌』岩波文庫　1976

4　網野善彦『日本の歴史をよみなおす（全）』ちくま学芸文庫　2005

5　国史大辞典編集委員会著『国史大辞典（林述斎、成島司直「続〈徳川〉実紀-徳川家斉・家慶」）』吉川弘文館　1979

6　河村只雄『家族の起源　国民精神文化研究〈第13冊〉』国民精神文化研究所　1935

7　マルコ・ポーロ（愛宕松男　訳）『東方見聞録　１．２』平凡社東洋文庫　1988

8　フランシスコ・ザビエル（ペトロ・アルーペ　翻訳、井上郁二　訳）『聖フランシスコ・デ・サビエル書翰抄　上・下』岩波文庫　1949

9　ルイス・フロイス（岡田章雄　訳）『ヨーロッパ文化と日本文化』岩波文庫　1991

10　①B．M．ボダルト=ベイリー（中直一　訳）『ケンペルと徳川綱吉　ドイツ人医師と将軍の交流』中公新書　1994
②エンゲルベルト・ケンペル（志筑忠雄　訳）『鎖国論』八坂書房　2015

11　ディドロ、ダランベール編（桑原武夫　訳）『百科全書―序論および代表項目』岩波文庫　1995

12　芳賀　徹『外交官の文章　もう一つの近代日本比較文化史』筑摩書房　2020

13　渡辺京二『逝きし世の面影』葦書房　1998　平凡社ライブラリー　2005

14　タウンゼンド・ハリス（坂田精一　訳）『日本滞在記　全３巻』岩波文庫　1943

15　ラザフォード・オールコック（山口光朔　訳）『大君の都　幕末日本滞在記　全3巻』岩波文庫　1962
16　バジル・ホール・チェンバレン（高梨健吉　訳）『日本事物誌　1．2』平凡社東洋文庫　1969
17　エドワード・シルヴェスター・モース（石川欣一　訳）『日本その日その日　全3巻』平凡社東洋文庫　1970・1971
18　フィリップ・フランツ・バルタザール・フォン・シーボルト（栗原福也　訳）『シーボルトの日本報告』平凡社東洋文庫　2009
19　アーネスト・メイスン・サトウ（坂田精一　訳）『一外交官の見た明治維新　上・下』岩波文庫　1960
20　イザベラ・バード（金坂清則　訳）『完訳　日本奥地紀行　全4巻』平凡社東洋文庫　2012・2013
21　宮本常一『イザベラ・バードの「日本奥地紀行」を読む』平凡社ライブラリー　2002
22　ウィレム・ヨハン・コルネリス・リデル・ホイセン・ファン・カッテンディーケ（水田信利　訳）『長崎海軍伝習所の日々　日本滞在記抄』平凡社東洋文庫　1964
23　ジャン・ジャック・ルソー（今野一雄訳）『エミール　全3巻』岩波文庫　1962・1963・1964
24　クルト・ネットー、ゴットフリード・ワーグナー（高山洋吉　訳）『日本のユーモア』刀江書院　1971
25　①ウィリアム・エリオット・グリフィス（山下英一　訳）『明治日本体験記』平凡社東洋文庫　1984
②ウィリアム・エリオット・グリフィス（亀井俊介　訳）『ミカド　日本の内なる力』岩波文庫　1995
26　宮本常一著作集6『家郷の訓・愛情は子供と共に』未来社　1967

# ２．子どもの発達理解

「子ども叱るな　来た道じゃ　年寄り笑うな　行く道じゃ」という名言がある。江戸時代の妙好人（仏教的な悟りに似た境地にある一般の熱心な信者）の作とされる。人の一生を見通した知恵を若者に伝承している。実は続きがあって「来た道行く道二人旅　これから通る今日の道　通り直しのできぬ道」と続く。成人期の伴侶や職業の選択など、まさに人生の来し方行く末を見通している。昔から人々は自分の内面を検索しつつ、目標となるような成長の度量衡を求め続けてきたことが推察される。そうであれば、人間発達の段階や課題についての研究の歴史的な道筋を知り、現在に至ることは、未来を生きる子ども（人間）理解の基礎知識である。本節ではそれを辿っていくことにする。

## （１）発達とは

発達とは、受精から死に至るまでの個体の一生の「質的・量的な変化の過程」と定義される。発達という日本語も、「発してから達するまで」という意味である。要するに、生まれてから死ぬまで人はどのような変化を辿るのか、ということである。発達の研究者は長らく青年期までの発達段階を問題にしてきたが、発達は青年期に至る特定の時期までに限定される現象ではなく、人間の生涯にわたって生じる継続する現象との視点から考えられるようになってきた。しかし、それは発達の初期の子ども時代における経験や課題が軽んじられるわけではない。今までの経験や役割に枠づけられたものに、新たな社会的経験や役割が積み重なっていくことによって、人間の発達は徐々に成っていくのである。

すでに大人になった私たちから見れば「子ども時代」は、過ぎ去った過去ではあるが、古いアルバムの色褪せた写真を懐かしむように、折にふれて想い出す「人生の一時期」である。生涯発達の中での子ども時代の意味を考えるとき、大人の心の中に入れ子のように存在するもう一人の「子ども」の姿についての考察であろう。一つ前の発達段階において達成されるべき課題がうまくいかないと、その上を覆い重なる入れ子も内側の入れ子の形をなぞる形で発達していくことになる。このように考えてみると、子ども時代の遊び体験は、好奇心を伸ばし、集中力を高め、心身の発達を促すがゆえに大切であるという功利的な視点からのみ尊ぶのではなく、生涯のあらゆる局面で回想され、回帰される「心の故郷、心の母港」としての大切な意味を持つという視点が拓かれてくる。それゆえ、子ども時代は土台作りの形成であり、それまでに形成された社会的経験や役割の達成度が、その後の発達段階である青年期や成人期において、どのように影響を与えたのか、あるいは以後の発達過程にどのような影響を及ぼしているのかが、むしろ重要視されるようになってきた。

近年の生涯発達の心理学では、老人になると記憶力や知能は衰退の一途を辿ると考えられてきた従来の知見に対して、ポール・バルテス（1939〜2006）[1]などにより必ずしも有能さは衰えず、生涯を通じて発達し続ける人間像が提示されるようになった。しかし、この生涯にわたるという発達の意味は、「生涯発達し続けなければならない」という有能さの獲得と進歩だけに目を向ける発達課題と捉えずに、やまだようこ（1948〜）[2]の見方のように、年齢を重ねると共に進む衰退や喪失にも積極的な価値を求める、デュアル（同時並行的）モデルとして捉えていきたい。

ロバート・ジェームズ・ハヴィガースト（1900〜1991）[3]は発達課題を、「発達課題は、個人の生涯にめぐりくるいろいろの時期に生ずるもので、その課題をりっぱに成就すれば個人は幸福になり、その後の課題も成功するが、失敗すれば個人は不幸になり、社会で認められず、その後の課題の達成も困難になってくる」と説明している。アルノルト・ファン・ヘネップ（1873～1957）は、年齢・身分・状態・場所などの変化や移行に伴って、これまでの位置からの「分離期」、中間の境界上にある「過渡期」、新しい位置への「統合期」を表す一連の儀式が世界中の諸民族に見られることを、「通過儀礼」[4]としては提唱・定義した。この実証の背景には、古今東西あらゆる民衆の生活の中で永年育まれ伝承・定着されてきた、素朴なライフサイクル（人生循環）というべき、誕生から死に至る変化の様相が人生の周期区分として多くの文献（経典・文学等）、絵画に残されている（下記参照）。

1．学生期、家住期、林住期、遊行期〈古代インド、バラモン教〉

2．青春、朱夏、白秋、玄冬〈中国紀元前一世紀、春秋戦国時代―陰陽五行説〉

3．吾十有五而志乎学、三十而立、四十而不惑、五十而知天命、六十而耳順、七十而従心所欲不踰〈孔子『論語』[5]〉

4．子ども、若者、成人、老人〈古代ローマ一世紀初頭、マクロ・コスモス　図式〉

5．誕生から死まで人生七段階〈４世紀ミラノの司教アンブローズ〉

6．乳児→若者（１～12歳）、成人期（13～24歳）、人生の全盛期（25～36歳）、平穏中年（37～48歳）、老年（49～60歳）、衰退（61～72歳）、もうろく（73～84歳）と12年毎に７区分
〈ジョージ期・ヴィクトリア期の卓上人生ゲーム〉

7．人生の発達段階を加齢により７幕１場（Life　stage）と表現した。
〈ウィリアム・シェイクスピア『お気に召すまま』[6]〉

8．乳児から青年期まで五段階に区切り、それぞれの段階に五編をあてる。〈ジャン・ジャック・ルソー『エミール』[7]〉

9．年老いたる人の、一事すぐれたる才（ざえ）のありて、「この人の後には、誰

にか問はん」など言はるゝは、老の方人(かたうど)にて、生けるも徒らならず。さはあれど、それも廃れたる所なきは、一生この事にて暮れにけりと、拙く見ゆ。「今は忘れにけり」と言ひてありなん。〈鎌倉時代末、吉田兼好『徒然草』第168段[8]〉

10. 人界の部分は虹の橋のような中に描かれ、乳児・幼児・児童・成人男女の衣冠姿が６態、急に老人となる10段階。〈室町時代末～江戸時代初期、大圓寺十界図〉

11. 母（幼児期）、児童期（三猿―見ざる言わざる聞かざる）、思春期、青年前期、青年後期、成人期（恋愛）、成人期（結婚）、成人期（出産）、再び子育て、という８段階の循環図で構成される猿に仮託された人生サイクル。〈日光東照宮・神厩舎壁画の長押の彫刻〉

12. 幼児期から年長に至るまで、望ましい水路づけされるように周囲の者が心がける必要がある。子どもの意思や好みをくじくアプローチではなく、社会が望ましいと定めた方向へ導くという方法をとる。最終的には自己指南が可能な人間に育てることが、子どもを導く原理である。〈貝原益軒『和俗童子訓』[9]〉

13. 25の若盛りより油断なく、35の男盛りにかせぎ、50の分別さかりに家を納め、総領に万事わたし、60の前半より楽隠居して…〈井原西鶴『世間胸算用』[10]〉

14. 出生から生殖能力をもつに至る女子13歳、男子15歳（共に数え年）までの心理学的側面の経年的変化と課題を細かく説明。〈大原幽学『微味幽玄考』[11]〉

15. 三つ心、六つ躾、九つ言葉、文十二、理十五で末決まる。〈江戸時代の寺子屋における師匠心得〉

これらの宗教的・世俗的教訓、宗教的疑似科学概念図、哲学、文学、絵画、育児書、に現れる区分には人生の途上で次々に現れる問題に対処しつつ、人間の生涯にわたる営みに意味づけしたい個人、そして自己と深く相互作用を持つ人の発達を見守り促したい人々（親・教師・友人）、その両方の人たちにとって、人間の一生の変遷は大きな関心ごとであったに違いない。〈４、５、６、11は小嶋秀夫『子育ての伝統を訪ねて』[12]より〉

## （２）近年の一般的な発達段階

医学者R．E．スキャモン（1883〜1952）の「身体各部の発達」研究で、55〜60歳を終末期とした（1942年）。A．R．ジェンセン（1923〜2012）の「環境閾値説」、A．L．ゲゼル（1880〜1961）の「成熟優位説」、J．B．ワトソン（1878〜1958）「環境要因説」、W．シュテルン（1888〜1969）の「輻輳説」などがあり、D．J．レヴィンソン（1920〜1994）は、中年期の男性40人を面接し生活史を聞いて調査し発達図式にまとめた。

生涯発達の段階のなかで児童期の重要性について特に強調したのは、アメリカの精神医学者ハリー・スタック・サリヴァン（1892〜1949）である。サリヴァンは『精神医学は対人関係論である』[13]において、人格とは、その人がその中で生きて存在の根を張っている対人関係の輪から切り離して考えることはできないとして、人格発達における対人関係の役割を重視した。人格は、対人関係において個人が他者に接する個別・特徴的な関係性のあり方から構成されているとする。

子どもの時代といっても発達段階から言えば、乳児期、幼児期、児童期、青年期の各段階があるので一様にはあつかえない。中でも児童期は、子どもが一人で家庭の外へと足を踏み出し始めて、行動範囲は拡大して一日の多くを家庭外で過ごすようになる。児童期とはサリヴァンの説くように、「世界に自分以外の人間が本当に棲みはじめる時期」なのである。この時、仲間との対人関係を通して子どもは、それ以前の家庭という小さな世界で愛情に包まれて育て上げてきた人格を、家庭外の地域社会でも適応できるように自ら修正し矯正していかねばならない。

## (3) 子どもの発見

### 欧米の子育て文化

ヨーロッパでは長い間、子どもは小さな大人として扱われてきたとされる。フィリップ・アリエス (1914～1984) は著作『〈子供〉の誕生』[14]で、今に残る絵画や墓碑彫像、記録や日誌などの検証から中世ヨーロッパには子ども時代という概念はなく、子どもと大人の一線を当然視する現代の子ども観に疑義を呈している。7～8歳になれば徒弟修業に出され、大人と同等に飲酒も性愛も自由であったそうで、ルイ13世の御用医師エロアールの日誌から、幼児期からの性教育とも、卑猥な遊びの対象ともされていたともみえる記述がある。社会全体の子どもに対する育児観には驚かされる。7～8歳になると言語コミュニケーションが可能なので、大人と区分けしたという。また、乳幼児死亡率が高く5歳までは人間としての頭数に入らなかったことなど、子ども全般、学校生活、家庭教育などにわたり詳細に論述している。

エリザベート・バダンテール (1944～) は『母性という神話』[15]を著わし、自然主義や生物学的決定論のルソー (1712～1778) やフロイト (1856～1939) の考え方に反対した。その論拠として彼女は、17～18世紀のフランスにおいて広く見られた、誕生後すぐに幼い子どもを乳母に預けるとか、里子に出す文化的習慣を詳述した。

「一七八〇年。パリ警察庁長官ルノワールは、しぶしぶ、次のような事実を認めている。毎年パリに生まれる二万一千人の子どものうち、母親の手で育てられるものはたかだか千人にすぎない。他の千人は、一特権階級であるが―住み込みの乳母に育てられる。その他の子どもはすべて、母親の乳房を離れ、多かれ少なかれ遠くはなれた、雇われ乳母のもとに里子に出されるのである。多くの子は自分の母親の眼差しに一度も浴することなく死ぬことであろう。何年か後に家族のもとに帰った子どもたちは、見たこともない女に出会うだろう。それが彼らを生んだ女なのだ。そうした再会が歓びにみたされていたという証拠はどこにもないし、母親が、今日では自然だと思われている、愛に飢えた子どもの欲求をすぐにみたしたという保証もまったくない」との記述から始まる。

そこでは授乳が大きなポイントになっており、女性たちは出産をしても自分の乳で、あるいは自分の手で子どもを育てることを自明の理とは考えていなかった。そして、18世紀末から台頭する、女性には子どもに対する本能的な愛情、すなわち「母性愛」が備わっているものだという考え方を、真実に反して流布され続けたものとしている。

このことは、モーリス・ルブラン（1864～1941）『怪盗ルパン』[16]の作中で、ルパンの弱点が乳母であることをシャーロック・ホームズに見破られる逸話や、マルセル・プルースト（1871～1922）『失われた時を求めて』[17]の語り手の「私」が、母と一緒に居られる時の少しでも長からんことを切望した幼年時代の切ない思い、等々の文学作品からも読み取れる。

ルソーは『エミール』の中で、フランスのルイ王朝を中心にヨーロッパに広がっていった、自分の子どもを他人に任せる育児習慣を批判し、子どもは家庭で育つべきであることを主張した。また育児について、子どもの人格、自由の尊重を主張し、子どもにおける心身の発達に応じて、各時期に適応した教育を行うべきことを明らかにしたことは、大きな啓発になり、その後、徐々に子ども特有の「子ども時代」の必要性と重要性が認められてきた。そこでは①どこが子どもは大人と違うのか、②どのような過程を経て大人になっていくのか、ということに発達心理学が大いに貢献した。

発達を規定するものは「遺伝か環境か」の論争や、親子関係や遊び体験が人間の発達に作用することなどを、レフ・S. ヴィゴツキー[18]、ジャン・ピアジェ[19]、エリザベス・B. ハーロック[20]、エリク・ホーンブルガー・エリクソン（1902～1994）[21]、ロジェ・カイヨワ、グレゴリー・ベイトソン[22]、ジャック・アンリオ[23]、ニューソン&ニューソン[24]、ミハイ・チクセントミハイ[25]、マイケル・J. エリス[26]、ロバート・エムディ[27]、中村五六・和田實[28]、高橋たまき[29]、佐々木正美[30、31]、小川博久[32]、西村清和[33]などの高名な教育学、心理学、児童精神医学、文化人類学、脳科学、社会学などの専門家が主張してきた。

## 日本の子育て文化

民俗学者の宮本常一（1907～1981以下、宮本と表記）は、『日本の子供たち』[34]の中で「昔の通過儀礼は今日ではずっとうすれてきつつあるけれども、通過儀礼のもつ年齢的な意義はあたらしい社会へもうけつがれて、あたらしい衣粧がえをされているのである」として古い日本の通過儀礼を詳細に調査している。それによると、古来、子どもが生まれるということは重大な意味をもっていた。それは自分たちの血の継続であり、子々孫々の繁栄の基本であり、また時代をさかのぼるほど、祖先の祭りを絶やさぬことこそ重要であって、何よりも寿ぐべきことであった。それにもかかわらず、天候不順や自然災害、疫病や事故などの巡り合わせによっては、厳しい貧しさのために、生まれ出るものも育たず、制限もしなければならなかったことは想像に難くない。だからこそ、身ごもった子どもを産めるとなれば、その子の出生は、大いに祝福されるものでなければならず、周囲の人々もその成長をこぞって祝うべきものであった。

日本では、妊娠５か月目の「帯祝」、そのあとの産屋入り・産湯・産飯・

初着・髪垂・名付け・宮参りなどの多くの儀礼を行なって子どもの健康で幸せな生活を前祝する習慣がある。

特に出生後は五十日（イカ）・百日（モモカ）ともいわれるおも湯に餅を入れて汁を含ませる「お食い初め（箸揃え）」があり、生後初めて迎える節句や正月は「初節句」「初正月」として華やかな祝いがおこなわれる。続く「誕生祝」は、「一升（一生）餅（誕生餅）」を背負わせるとか、地域によっては餅を踏ませて、後でこれを切って親類や近所の子どもに配った。「七（帯解）五（袴着）三（髪置）」は中国から伝来し、平安時代を経て明治時代に盛んになった。山口県では13歳になると「ヘコ祝」がある。ヘコとは男の場合は褌であり、女の場合は腰巻である。名付け親からこれをおくられて小若衆となり、子ども仲間で一番幅が利くようになる。京阪地方では13歳は大人になるときとされ、虚空蔵尊へ参って知恵を授かるという「十三参り」として祝った。15歳になると男の子は、前髪を剃って髷に結び「元服」をした。女の子は「カネ親」を頼んだ。カネとは歯を黒くそめる鉄漿のことで、後に嫁入りの時か、出産した後でカネ親に歯を黒く染めてもらった。元服すると男はどこでも一人前人格として待遇された。

宮本が明らかにしたように、乳児期、幼児期、児童期、成人期にわたる通過儀礼も生活文化習慣として存置され国民に浸透しており、人生を課題で分節するという学問体系にむしろ貢献してきたともいえる。そのため欧米から科学的に浸透してきた発達理論にも抵抗感はなかったのではなかろうか。

## （4）人間の生涯発達（life cycle）

### 発達段階（developmental stage）に応じた発達課題（developmental task）

一般的に、生涯にわたって有能さを保つためには下の３つの要件があるとされる。

①何らかのエキスパートであること。つまり好きなことを長年積み重ねて、それに基づく豊かで構造化された知識を持つこと。

②健康であること。中高年以上になって能力が低下するのは死の直前であることが多い。

③社会的サポートがあること。家族、友人など周囲の人間関係に恵まれること。

以上を概観すると、何かに打ち込む習慣から形成される自己達成感・自己効力感・自尊感情、心身の健康を維持・増進する活動、円満な人間関係を構築する能力などが大切な課題として浮かびあがる。それはまた、児童館の健全育成活動の具体的な指標として重要な要素になる。

### 子どもから老人への発達の様相

エリク・H．エリクソン（1902〜1994）は「心理社会的」検討から発達段階を８つに分け、これをライフサイクル（人生周期）と呼んだ。各発達段階には各々発達させるべき自我の発達課題があるとした。そして、人はこの課題を、人間関係を通して克服しながら自らの性格を発達させていくものとした。以下は、エリクソン理論に学びながら筆者がまとめたものである。

**（1）乳児期（信頼対不信）＝母性的人物による無条件の愛を得て、社会へ愛を返せるようになる。**

長い間、人間の新生児は大変無力な存在と信じられてきたが、乳児研究が進むにつれて、人の顔を好んで見つめ、話しかけに手足を動かして応え、声を発し、微笑し、泣いて欲求を訴えるなど、かなりの知覚能力を備え、能動的に周囲に反応している乳児の姿が明らかにされてきた。一方、母親も意識的にせよ、乳児からの信号を敏感に感じ、世話をするなどしてやり取りを楽しむ。このような母子の相互作用を通して母子間の愛着（アタッチメント）がしっかり形成されることが、乳児期には重要である。ジョン・ボウルビィ（1907～1990）[35]はイタリアの孤児院での研究から「愛着理論」としてこれを報告した。母親の適切な応答性は、乳児の信頼感・安心感を生むが、乳児が放置されるなら不信感・不安感へとつながっていくと考えた。近年の研究によると子どもと養育者間のアタッチメントは文化によって多様であり、母子という二者関係に限定されず、母親（母性的人物）を含む５～６人の範囲で成り立つとされる[36]。

### （2）早期児童期（自律性対恥・疑惑）＝父性的人物により自由には限界があることを学習する。

早期児童期は、一般的には幼児期と呼称する。幼児期を２分化する立場では、幼児前期というのが通例である。幼児前期には運動能力が目覚ましく発達する。言語も急速に進歩し、幼児期の終わりに話し言葉は一応の完成をみて、文字に興味を示すようになる。

幼児前期は自立の時期である。母親は２歳頃から排泄・食事・清潔など一連の仕付けを開始する。それまで、ひたすら要求を満たしてくれていた好ましい母親が、自分の行動を禁止するとか、やりたくないことを強要する好ましくない母親としての側面をみせるようになる。これによって何でもしてもらうことで味わえていた自己万能感が崩れ去る。幼児はこの母親に対するアンヴィバレントな感情を乗り越え、現実の自分の能力に根ざした自信に裏打ちされた自立的存在にならねばならない。自分の身の回りのことが自分で処理できるようになることは、幼児前期の重要な発達課題である。

**(3) 遊戯期（積極性対罪悪感）＝家族の関係性の中で、小集団の理想的な標準型を知り、模倣する。**

エリクソンは幼児後期を、その遊び経験の重要さの課題から遊戯期と呼んでいる。

両親にとっては、子どもが何でも自分一人でやりたがり、我を通そうとして扱いに苦労する時期である。第一反抗期といわれるこの現象は、子どもが自己を明確に意識し主張する、自我の発達上重要な意味をもつ。親の力で子どもを押さえつけるのではなく、全体に温かい見守りの姿勢と命や大怪我につながるような行動は厳しく制限していく姿勢で臨みたい。

母子分離ができた幼児後期には、保育所や幼稚園などで集団保育を受けるが、家族以外の人々と接して共に過ごすことは、この年齢の子どもの発達には望ましい経験である。社会性や自主性や基本的な生活習慣の形成といった面が強調されがちであるが、同年齢の友だちと力一杯遊ぶことで得られる活き活きとした経験が、自己存在感や充実感をしっかりと育み、児童期以降の物事に取り組む姿勢へと発展していく礎を築く。

**(4) 学齢期（生産性対劣等感）＝近隣・学校の仲間や大人、教師から新たな刺激と技術を学ぶ。**

6～12歳ぐらいの小学生の時期を一般には児童期という。小学校入学は、それまで主として家庭内で生活してきた子どもにとって、画期的な出来事である。知識の基礎的学習、課題を遂行する態度、教師と同年代の仲間からなる学級集団、さらに学校生活の文化に適応する技術も求められる。その背景には、児童期になると思考の客観化が進み、物事を自己中心の見方や立場から離れて、多側面から考えることが可能になるような発達（脱中心化）があるからである。

友人関係は、年齢が上がるにつれて重みを増していく。価値判断も親や教師よりも友達の影響を強く受け、仲間集団内での個人の位置は自己認知に深く関わる。近年「集団社会化論」を提唱したジュディス・リッチ・ハリス（1938～2018）[37]は、子どもが親に似ているのは遺伝子を共有しているからであり、子どもの個性や能力の大部分は、子育て家庭の影響（共有環境）ではなくて、遺伝子と子ども個人の個別経験（非共有環境）の相互作用によることを証明した。家庭や親の子どもへの影響は、①味覚、②宗教的情操、③言語（可変性あり）以外には、ほとんど残らない。ハリスは、子どもにとって「世界」とは仲間関係のことだと断言し、①重要な友達に認められること、②仲間集団の文化・規範を尊重すること、③それらの体験によって、大人になって役立つ社会的役割能力を身につけていくという。

小学校中・高学年では同性の仲間と徒党を組んで活動的な遊びを展開し多くを学ぶが、近年ギャングエイジと呼ばれるこの集団の形成が不全であることが憂慮される。

### （5）青年期（同一性対同一性拡散）＝仲間集団や身近に憧れの成長モデルをもてることが望ましい。

エリクソンは、青年期を自我同一性の確立へ向けての試行錯誤の時期と捉えた。つまり子どもは乳児期より、親や人々のもつ思考、態度、行動様式などを無意識の同一化により身につけてきている。自分自身に鋭い目を向けた青年は「それは本当の自分か」という疑問の声に応えるために、今まで身につけたバラバラな特性を再検討し、統合し、本当の自分らしい自分に再構成していかなければならない。その過程で「本当の自分が無い」という虚無の状態（同一性拡散）に陥ることもある。最終的に自己を確立した青年は、客観的に自己を把握できるので、自己嫌悪や過度な劣等感に振り回されることなく情緒的にも安定してくる。乳児期から堆積としての青年期の目標である、自立と周囲の人々との調和を果たしながら、現実の様々な制約の中で主体的に自己の生き方を選択し、責任をもって行動することが可能になる。

### （6）初期成人期（親密と連帯対孤立）

友情・性・競争・協力の相手との交わりを通して社会は成り立っている。そのような他者との関係性において自分を見失い、また発見する。

### （7）成人期（生産性対自己停滞）＝分業と共同の家庭を営み、若手の教育と伝統の継承をしていく。

職業を持ち経済的に自立したとき、結婚し新しい家庭を築き始めたとき、第一子の誕生で親としての役割を担ったとき、人は一般に「本当の意味で大人になった」と感ずることが多い。成人期は職業人として社会で活動するとともに、家庭では子どもを養育する時期である。青年期に安定した自我を形成することができた者は、現実の社会・現実の自己を受け入れ、自分以外にも興味を向け、自信をもって現実的な活動を行っていける。このことは対人関係においても顕著となる。相手に対する単なる好悪にとらわれることなく、相手の人格を認め、適切な距離をもった対人関係を築いていくことができる。親としての自分の子どもに対する態度も、溺愛・過干渉や放任・拒否に傾くことなく、愛情をもって子どもを一個の独立人格として認めつつ養育にあたり、社会的規範を伝達する親としての役割を果たしていける。

### （8）成熟期（統合性対絶望）＝人類・同朋の叡智に貢献しつつ、体力の衰えを自覚して死を受容する。

成熟期は、心身の機能が衰え、社会的活動の第一線から退くとともに、死が近づきつつある不安を覚える時期であると考えられている。確かに、身体運動能力が落ちたり、目や耳の機能が低下したり、病気に対する抵抗力が減退したり、記憶力の衰えを感じたりといった生物学的事実はある。バルテスは、高齢者は新規の事物に対応する「流動性知能」は衰えていくが、今までの経験が生かされる分野や創造力・推理力、そしてなによりも深く考える力などの「結晶性知能」は発達し続けると述べている。

子どもの発達を理解するための基礎的な教養について、己の来た道を振り返りながら鳥瞰してきた。筆者も、「七五三参り」「厄払い」を経て「還暦祝い」と、伝承によってきた人生の様相の変化の意味は、エリクソンを学んで腑に落ちた。

すべての大人が子どもと接触をもつことを児童福祉法は期待している。それを現実のものとしていくためには、人間の生涯発達について己のこととして万人に理解してほしいと思う。特に子どもの発達支援を志す者は、子どもの発達理解の最新の知見だけを覚えてすませるのではなく、そのような知見に辿り着いた経験や、その中での課題などについても、学ぶ努力を続けていただきたい。

また、働き盛りの若い人は価値が高く、高齢者は価値が低いかのように考える近代文明社会が、高齢者の悲観的状況を作り出している。高齢者が「若者と同じに」ではなく、個々の特性に沿った充実した生き方を求めるという視点が大切であると思う。このことは子どもにとっても同じであって、一人ひとり発達の筋道は異なることを知る視点こそが大切である。

**【脚注　引用文献】2．子どもの発達理解**

1　ポール・B．バルテス（東　洋、柏木恵子、高橋恵子篇、唐澤真弓・監訳）『生涯発達の心理学 1巻　認知・知能・知恵』新曜社　1993《絶版》

2　無藤　隆、やまだようこ『講座　生涯発達心理学　第１巻　生涯発達心理学とは何か　理論と方法』金子書房　1995

3　ロバート・J．ハヴィガースト（荘司雅子訳）『人間の発達課題と教育　幼年期より更年期まで』牧書店　1958《絶版》

4　アルノルト・ファン・ヘネップ（綾部恒雄・綾部裕子訳）『通過儀礼』岩波文庫　2012

5　孔子（貝塚茂樹訳）『論語　為政編』中公文庫　1973

6　ウィリアム・シェイクスピア（福田恆存訳）『お気に召すまま』新潮文庫　1981

7　ジャン・ジャック・ルソー（今野一雄訳）『エミール　全３巻』岩波文庫　1962

8　吉田兼好『方丈記・徒然草』（日本古典文學大系30）岩波書店　1957

9　貝原益軒『貝原益軒』（日本の名著14）中央公論社　1969

10　井原西鶴『西鶴集　下』（日本古典文學体系48）岩波書店　1960

11　大原幽学『二宮尊徳・大原幽学』（日本思想体系52）岩波書店　1973

12　小嶋秀夫『子育ての伝統を訪ねて』新曜社　1989《絶版》

13　ハリー・スタック・サリヴァン（中井久夫、宮崎隆吉、高木敬三、鑪幹八郎訳　『精神医学は対人関係論である』みすず書房　1990

14　フィリップ・アリエス（杉山光信・杉山恵美子訳）『〈子供〉の誕生』みすず書房　1980

15　エリザベート・バダンテール（鈴木　晶訳）『母性という神話』ちくま学芸文庫　1998

16　モーリス・ルブラン（榊原晃三訳）『怪盗ルパン』岩波少年文庫　1983

17　マルセル・プルースト（鈴木道彦訳）『失われた時を求めて』集英社　1996

18　レフ・S．ヴィゴツキー（柴田義松、他3訳）『新　児童心理学講義』新読書社　2002

19　ジャン・ピアジェ（滝沢武久　訳）『思考の心理学』みすず書房　1968

20　エリザベス・B．ハーロック（小林芳郎、相田貞夫、加賀秀夫訳）『児童の発達心理学　上・下〈10章〉』誠信書房　1971～72《絶版》

21　エリク・H．エリクソン（仁科弥生訳）『幼児期と社会1』みすず書房　1977

22　グレゴリー・ベイトソン（佐藤良明訳）『精神の生態学』新思索社　2000

23　ジャック・アンリオ（佐藤信夫訳）『遊び』白水社　1986

24　J．ニューソン、E．ニューソン（三輪弘道、他4訳）『おもちゃと遊具の心理学』黎明書房　2000

25　ミハイ・チクセントミハイ（今村浩明訳）『楽しみの社会学』新思索社　2000

26　マイケル・J．エリス（森　楙、大塚忠剛、田中亨胤訳）『心理学選書②人間はなぜ遊ぶか遊びの総合理論』黎明書房　2000

27　ロバート・N．エムディ（小此木啓吾、他6訳）『早期関係性障害』岩崎学術出版社　2003

28　中村五六・和田　實『幼兒教育法』（フレーベル会　1908）・復刻版学校法人和田実学園 2007

29　高橋たまき『遊びの発達学〈基礎編〉』培風館　1996

30　佐々木正美『子どもへのまなざし』福音館書店　1998

31　佐々木正美『あなたは人生に感謝ができますか？』講談社　2012

32　小川博久『「遊び」の探求』生活ジャーナル　2001

33　西村清和『遊びの現象学』勁草書房　1989

34　宮本常一著作集8『日本の子供たち・海をひらいた人びと』未来社　1969

35　ジョン・ボウルビィ（黒田実郎、大羽　蓁、岡田洋子、黒田聖一訳）『母子関係の理論』岩崎学術出版社　1991

36　明和政子『ヒトの発達の謎を解く　胎児期から人類の未来まで』ちくま新書　2019

37　ジュディス・リッチ・ハリス（石田理恵訳）『子育ての大誤解』早川書房　2000

## 3．子どもと遊び

「遊び」という言葉は時代によって様々に表現されてきた。遊戯〈ゆうぎ〉(遊び戯れること) と読み表されたのは明治時代以降である。それ以前は〈ゆげ〉あるいは〈ゆうげ〉と読んだ。もともと遊戯の字は、いっさいの束縛を脱して自由自在の境地にあることを意味する仏教用語として伝来したという。その意味では、神と交わることを原義とする遊び〈あそび〉と区別される。しかし、遊びも遊戯も日常用語としてその意味内容が区別されていたわけではなく、長く同じ意味あいの言葉として使用され今日に至っている。さらに、遊嬉〈ゆうき〉(遊び楽しむこと) と表記されることもあるが、遊戯との使い分けについて学問的に定まっているともいえず、遊びとほぼ同様の意味内容で使用されている。本書では、いずれも「遊び」とほぼ同義であることと、言語表現そのものが時代を反映するものであることから、引用文献における著者の表記を尊重した。その他の場合はすべて「遊び」と表記した。

### (1) 人類の進化と子どもの遊び

子どもの遊びは、子どもの生活そのものである。人類 (ホモ・サピエンス) の誕生以来、子どもは食事や睡眠を含む習慣的行動と、遊ぶことが生活のすべてであった。先人たちにとって「遊び」は子どもの生活の中における自明の活動であって、遊びの定義や価値などあえて検証しようとする意識すらなかったのではないだろうか。なぜならば、つい100年ほど前まで子どもの乳幼児死亡率は極めて高く、さらに子ども時代を経て無事に青年に成長すること自体を祈るような日々が平常の状態であったからである。そのためか人類は、遊びという人間活動を正面から扱った学問的研究を長らくもたなかった。哲学、医学、生物学、民俗学、経済学、社会学、教育学、心理学などで子どもの遊びを論じた専門家も、その固有領域との関連で遊びに言及したにすぎなかった。それでも、遊びの中には子どもを発達させる何らかの効能が隠れている、ということを経験的に確信していたことは世界に散在する文物からもうかがうことができる。遊びを、人間生活の基底をなすものとして探求しようとする歴史は、比較的に新しいといえる。

ひとつに、人類は「飢饉・疫病・戦争」という３つの厄災によって多くの命を奪われ、何回も存亡の危機に直面してきた。持続可能な世界を構築していくためには、この３つの厄災をいかに克服していくのかが、人類に突きつけられた課題である。

ユヴァル・ノア・ハラリ（1976〜）[1] は、現生人類（ホモ・サピエンス）が１種だけ生き続けた理由を「想像力」と「言語」だと断言した。この２つにより架空の事物である「虚構」を信じる力を得て、人類の生存戦略は大きく前進したという。しかしながら、21世紀の現在も、食糧生産と消費の偏在、2020年の新型コロナウイルスのパンデミック、2022年のロシアのウクライナ侵略にみられるように、人類は３つの厄災をまだまだ克服していない。

そのような現状であればこそ、「遊び」が子どもの想像力・創造力の源泉であり、虚構を生み出して子どもを発達させ、人類を発展させるものであることを、多くの人々に思い至ってほしい。

## (2)「遊び」の沿革

古来人類は村落共同体を形成し、成員が連帯し続けることを成員相互に確認し合い守り続けてきたにちがいない。子どもには、その社会の中で自分に期待されている役割や分担すべき責任を認知させるために、共同体の成員が自ら子どもの年齢に応じて、遊ばせて模倣させながら様々な技を伝授してきた。そこでは子どもとは、役割遂行の準備時期にある人間の事と捉えられてきている。いわばモラトリアム（完全役割達成に至る猶予期間）であり、遊びの中では失敗が許された。さらにその前段階には、遊びに参加はするが主要な役割は与えられずに責任も負わない「みそっかす」「おみそ」という先輩たちを観察しながら学習する幼児期があった。学童期の子どもたちの社会的ネットワークへの参画はその延長線上にあった。それらの一連の流れが遊びの社会化の第一歩であろう。

その村落共同体の人々の暮らしの安寧秩序をはかるために、過酷・単調・退屈な労働に明け暮れる日々の営みと、共同体を守護してくれる神をもてなし、神仏と共に狂乱・蕩尽・解放を謳歌する祭日などを挟み、起伏のある時間をつくって共同体を維持し生き続けてきたことは、民俗学がこれを実証している。

柳田國男は『明治大正史　世相篇』[2]で、これを「晴れ<ハレ>」（非日常）と「褻<ケ>」（日常）で分節化した。ちなみに、日常生活<ケ>のエネルギーが枯渇するのが「ケガレ（褻枯れ、気枯れ）」である。ハレの日には日常の分別や常識を逸脱して、老若男女の別なく踊り狂い、悦楽と危険に陶酔し、身をゆだねた。大人と子どもを隔てる日常の常識は消滅し、大人も子どもも享楽に身をゆだねる共行動者であった。ここでは、「遊び」の意味を問う必要もなく大人も遊んだのである。遊びは人生の自明の活動であった。

近代に入り、「産業化社会」は生産重視に大きく傾き、キリスト教の道徳観を底流に、大人たちは禁欲的労働者に、子どもたちは勤勉な学校生徒へと導かれていった。労働や勉学のご褒美としての娯楽や、能率を上げるための余暇は与えられたが、「仕事」や「まじめ」を阻害する「遊び」は考えるに値しないこととされた。先進社会では、経済成長に資する効率だけが関心事になった。

明治期の学制改革に伴い、幼稚園の幼児教育について議論が興った時、和田實（1876〜1954）は『幼児教育法』[3]を著わして、幼児教育の内容は「遊び」によって成り立つと力説した。和田は、プラトン、シラー、フレーベルを引用しつつ、幼児の生活は、習慣的行動（休息・衣食・交際）と遊嬉的行動（遊び楽しむ）の２つに要約できると見定めた。そして、生活の活力が充満した結果、自然に発露してくる力が溢れ出たようなものが遊戯であると考え、幼児の心理特性は、自分の好奇心のおもむくものに興味関心を向けることであるとした。そして、そのような幼児を教育しようとして、知識を与える教授法が可能であろうか、と疑問を呈する。「もし大人がその幼児の好むところを押さえつけて、他の興味ない事物を与えたならば、その結果はどうなるかと言うと、幼児は自己の興味が殺がれたために、不愉快になってその内部の自発的な活動は大変弱くなる。このようなことが度々繰り返されると、遂には、その心の活動や発達が阻害されるようになる」と指摘した。そして和田は、「幼児の自発的活動によって振るい起こす興味は、極めて多方向に発達する性質があるので、これを十分に発揮させ満足させるときに、後々の教授や訓練に必要な完全な素地を作ることが出来るのである」と力説した。

その遊びを論じる嚆矢とされるものは、フランス革命（1789〜1799）にゆれる時代にあったフリードリヒ・フォン・シラー（1759〜1805）の「人間はまったく文字どおり人間であるときだけ遊んでいるので、彼が遊んでいるところでだけ彼は真の人間なのです」[4]という言葉である。フランス革命は、キリスト教会専横（聖職者は第一身分、貴族が第二身分、庶民は第三身分）に対する反感にも端を発しており、強く理性万能を主張する時代でもあった。その空気の中でシラーは、果敢にも理性や感性の追求だけでは真の人間性は育たず、自由な自己活動こそ人間を真に人間らしくすると説いた。

それにも触発されたとされるヨハン・ホイジンガ（1872〜1945）は、歴史的名著『ホモ・ルーデンス』[5]を著し、豊富な資料を縦横に駆使して遊びの文化的創造力を明らかにした。ホイジンガは、遊戯がまじめ（本気）さと単純に対立するものではなく、完全に両立しうるものであることを指摘するとともに、文化が遊びを創り出したのではなく、「文化は遊びの形式の中に成立したこと、文化は原初から遊ばれるものであったこと」を明らかにすることに取り組み、近代的遊び研究の扉を開いた。

ホイジンガの遊びの定義をまとめると、以下のようになろうか。

①自由な活動⇒他人に強制されず自ら能動的・発散的に求める活動。

②非日常的活動⇒日常生活や普段と違うことを行為者が意識している。

③完結性（時間的）と限定性（空間的）⇒限られた時間と場所で展開。

④固有の規則⇒自分たちでルールを決めるため拘束力が強く作用する。

⑤没利害⇒楽しむことそれ自体が目的のため、経済的利益を含まない。

そのホイジンガを継承したロジェ・カイヨワ（1913～1978）は、『遊びと人間』[6]を出版した。カイヨワは、古今東西の遊び資料を収集し理論的に、競争（アゴーン）、偶然（アレア）、模擬（ミミクリー）、眩暈（イリンクス）という４つに分類し、幾何学的に整理した。また、彼は模擬、眩暈の支配する社会から、競争、偶然の支配する社会を進歩と考えた。

わが国では、12世紀（平安時代末）に成立した『梁塵秘抄』[7]における「遊びをせんとや生れけむ　戯れせんとや生まれけん　遊ぶ子どもの声聞けば　我が身さへこそ動がるれ」に、日本人の昔からの遊びに対する価値観の原形が留められているといわれている。

また、明治43年発行の「尋常小学修身書　巻一」の第１頁はイラストを用いて「ヨク　マナビ　ヨク　アソベ」の文言を説き起こしにおいている。

それでも遊びは、仕事や勉強といった「まじめ」という生活に役立つものの対極にあるものとして無駄ととらえられることが多い。発達における「遊び」の研究も、その成果は生産を重視する教育効果に資するためという要素が大きい。それは国民が高い教養と高い生産技術をもつことで個人と社会の幸福につながると考えられるからであろう。

しかし、発達を生涯にわたって考えるべきものとする生涯発達心理学の立場から、ロバート・J．ハヴィガースト[8]、エリク・H．エリクソン[9]、ユリー・ブロンフェンブレンナー[10]、ジャック・アンリオ[11]、ポール・B．バルテス[12]らによって、学校の教室で行われる勉強は、与えられた条件を基に正解を導くとか、評価の定まっている事象を記憶することには適しているが、この能力が知的有能さ一般の指標とはいえない、という指摘がされ始めた。生涯を通した発達という視点から考えると、せいぜい20代前半までしか通わない学校で獲得したもので、人生100年以上を有効に送れるとすることには無理がある。それは、好きで打ちこんでいる仕事や使命感をもって日常繰り返し続けた作業において、生涯にわたって有能さを失わない人々を、私たちはいつの時代でも見てきているからである。

### (3) 遊びの指導という矛盾

遊びは本来、その人が楽しむことを目的にした自発的な活動である。そのため、遊びが子どもの成長・発達に有効だから大人が遊びを教育的に指導しようという立場をとる人々は、指導すること自体が遊びの自発性の本質と矛盾するから結果として大人の指導によっては子どもは何も学ばない、という批判を受けてきた。

しかしながら近年、高度経済成長により様変わりした日本社会の生活文化の変化を背景に、遊びを伝承してきた地域の子ども生活グループ（ギャングエイジ）が崩壊し、小学校高学年の子どもたちが低学年の子どもや幼児たちに遊びを伝えるという伝承は廃（すた）れてしまった。そこで、子どもたちが遊びを知らないのであれば教えなくてはならない、という文化伝承の視点から教育的配慮を再検討する必要が出てきた。

レフ・S．ヴィゴツキー（1896～1934）は「発達の最近接領域」[13]という理論を考え出した。それは、ひと言で言えば「子どもが他人の助けを借りて今日なし得ることは、明日には一人でできるようになる」というものである。つまり、子どもが一人で問題を解くことができる水準は、「現下の発達水準」であり、他人との共同の中で問題を解く場合に到達する水準は「明日の発達水準」である。この間の発達を子どもの「発達の最近接領域」として、これを決定するのが大人の教授の効果であると主張したのである。これは教育についての理論であるが、発達という視点で考えれば、知らない遊びを他人の助力で成し遂げれば、明日には子どもだけで遊べるようになれるという理路が導き出せる。そうであれば、自発的にという遊びの本質を保ちながら、子どもの遊びに大人がどのように関わるかということが重要な課題になる。

### (4) 遊びの何が子どもの発達に役立つのか

子どもは生来「遊ぶ」ものとされているが、「遊び」の要素の何が子どもの発達に欠かせないものなのであろうか。知悉(ちしつ)しておく必要があろう。

1．エリザベス・B．ハーロック（1898～1988）は、著書『児童の発達心理学』[14] の中で、遊びの効用について言及している。以下にハーロックの挙げている効用を要約した。

①身体的価値—活発な運動を伴う遊びは、子どもの筋肉を正しく発達させ身体の各部を鍛える。それは余剰エネルギーの発散につながる。子どもは訓練の重要性がわからないので、気乗りのしない訓練の効果は情緒的緊張によって消されてしまう。

②治療的価値—遊びは子どもの鬱積したエネルギーを社会的容認下で除くカタルシスとなる。活発な遊びは活動欲求を満たし、本や映画、テレビなどに登場する人物と自分を同一視して、恐れや怒りや不安、爽快感や喜びを表して満足し、それらの

情緒を共有し取り除く。ふり遊び、ごっこ遊びも緊張のはけ口として役立つ。漫画やテレビのマスメディアも子どもの攻撃性のはけ口となる。

③教育的価値―玩具は形態や色や手触りを知る。運動遊びは競技を通してルールを身につける。読書や映画は、楽しみと知識を広げ、映画やテレビの映像は言語化が難しい事物を一見で認知することが出来て、対象に対する興味・関心を持続させる。

④社会的価値―子ども同士の遊びから、初対面の人との関係作りや人間関係がもたらす問題への対面の仕方と解決の仕方を覚える。しかも、大人は子どもの攻撃面やわがままなどを許容しやすいが、仲間はルール違反や失敗を容赦しない。協調は子ども同士の葛藤関係の中から学ぶものである。

⑤道徳的価値―遊びの一員として受け入れられるためには、公平で、正直で、誠実で、自己を抑制し、そして良い奴であり、勝っておごらず負けても悪びれない奴、でいることの重要性を学ぶ。弱者を助けることが強者の義務であることを知る。

2．佐々木正美（1935～2017）は、その著書『子どもへのまなざし』[15]の中で次のように記している。

「子どもたちは、仲間といっしょに遊べるようになると、まずルールをつくる、かならず規則をつくります。そして、その規則を守れる子どもだけが、原則として遊びに参加する資格がある、……そして、つぎに役割を分担し合う、どんな遊びにもまったくおなじ役割というものはなくて、みんなにそれぞれの役割があるのです。さらに、それぞれがなにかの役割をするときには、自分はこの役割をやるぞということで、仲間の承認を得なければなりません。仲間の承認を得て、はじめてその役割を演じることになるわけです。……そして、みんながその役割にともなう責任を果たし合う。そうすることが遊びなのです。そして、自分の行動が、みんなから期待されている行動になっているのかどうかということも、子どもたちは自分で自分をチェックしながら、その範囲で自分が思いきりやりたいことを、やりたいようにふるまうのです。子どもは仲間といっしょに遊ぶということは、自分がやりたいことはなにか、しかし、どこまで抑制しなければいけないのか、がまんしなければいけないのか、制限しなければいけないのかということも、ちゃんとわきまえることであるということを知っているのです。子どもたちは遊びのなかで、そういう機能や能力を身につけていくのです。しかも、そういう力を習得していく過程が、遊びの喜びでもあるのです」

佐々木はさらに、ヴィゴツキー（児童心理学）、エリクソン（ライフサイクル）、ロバート・エムディ（ソーシャル・レファレンシング）[16]を引用して、人間が発達段階をまっとうするために乗り越えねばならない危機的な問題（発達課題）の解決には、遊び活動を通じて親や仲間を信頼し、参照・模倣し、主張し、譲るという体験の繰り返しのみが大きく貢献する、という論を展開している。

## (5) なぜ人間は遊ぶのか

### そもそも、なぜ子どもは遊ぶのか

遊びは、かつて「子どもだから遊ぶのだ」とか、「子どもは遊ぶのが好きだから遊ぶのだ」とか、「動物の仔どもも遊ぶし、それは成長した時の狩りの練習になる」と説明されてきた。しかし、多くの人々はこれらの説では満足してこなかった。なぜなら、子ども以上に大人も大いに遊ぶからである。

そこで、そもそも人間はなぜ遊ぶのか、という問いを立て直す必要が生まれる。そして、

①遊びの至近要因（遊びが引き起こされる直接の理由）は何か、
②遊びの究極要因（遊びが進展してきた理由）は何か、というような疑問を実証的、論理的に解明していく必要がある。

「人間はなぜ遊ぶのだろうか」、という問いには、K．グロースが『動物の遊び』(1898年)、『人間の遊び』(1901年）を公刊してから今日に至るまで、多くの研究者がそのテーマに取り組んできた。

マイケル・J．エリスは、1970年代頃までの200名を超える研究者による遊び理論や見解を分析・整理して、『人間はなぜ遊ぶか』[17]を著わしてまとめている。それは古典理論①～⑤、近代理論⑥～⑪、現代理論⑫⑬に分けた13種類である。

① 生存に必要以上の剰余エネルギーが引き起こすとする説
①－２身体の反応剥奪期の後に増大した反応傾向が引き起こす剰余エネルギー第Ⅱ説
② 遊びをする生得的能力の遺伝とする本能説
③ 成人期の生活の準備として種の本能的反応とする準備説
④ 種の発展の歴史をその成長期間中に反復するとする反復説
⑤ 元気を回復するために労働とは別の反応とする気晴らし説
⑥ 労働において報酬を受けた経験が遊びにもちいられるとする般化説
⑦ 労働によって満たせない心的欲求を満たすとする代償説
⑧ 乱れた情動を社会的に無害な方法で表出する欲求が引き起こすとする浄化説
⑨ 不快な経験を遊びの形で繰り返して軽減するという精神分析説
⑨－２不快な経験を他者支配を通じて役割転嫁し不快を浄化するという精神分析第Ⅱ説
⑩ 子どもの知的能力の成長に応じて惹き起こされるという発達説
⑪ 遊びは楽しさを生み出すことを学習したからという学習説

⑫　覚醒追求としての遊び説（後述）

⑬　能力・効力説（後述）

これを見ると、学者の人数と同じ数の理論が存在する、といっても過言ではない。

現代の遊び理論で注目されているものに、メタ・コミュニケーション理論がある。提唱者グレゴリー・ベイトソン（1904～1980）は動物園でサルの「けんか遊び」を観察して、遊びとは「これは遊びだ」というサインの交換のもとになされる行為と定義した[18]。故に、遊びの基本的な要素は、遊び手が何をしているのかではなく、サインを受け取り合っているか、その結果、遊びの枠組みを共有しているかなのだという。この理論に依って子どもを観察することによって、人間は乳児であっても、表情、手の動き、音声などの非言語的手段を使って、サルよりもはるかに意味ある表現を伝え合えることが分かってきている。今後はメタ・コミュニケーションを成立させるものは何か、それはどのように発達と関わっていくのか、という原因の解明がまたれる。

なお、現代の遊び理論には次のものもある。

（1）人間は心身の最適な状態を目指す動物であり、興味や刺激の水準を覚醒させておこうという欲求が存在するという覚醒・追求としての遊び説（D. O. ヘッブ〈1966年〉、D. E. バーライン〈1968年〉）。

（2）環境の中で効果的でありたいという欲求で惹き出された遊びは、能力の証明と効力感を生み出すという能力・効力説（R. W. ホワイト〈1959年〉）。

## 遊びにおもちゃは必要か

J.ニューソン（1925～2010）、E.ニューソン（1929～2014）夫妻は『おもちゃと遊具の心理学』[19]を著わして、遊びの成立におもちゃは欠かせないものであるのか否かを論じた。それによると、「われわれは、おもちゃをもっていることの結果として遊ぶわけではない。おもちゃは単に、われわれの遊びを続けさせるための一つの小道具にすぎない。しいていえば、おもちゃは必要ないのである。すなわち、想像によってほしいものがすべて手に入れば、子どもは空想の世界の中を楽しく歩き回ることができるであろう。しかしたぶん、人間の想像力が非常にはてしなく、複雑なものであるからこそ、いわばものとして触れることができ、それだけ自由に動き回るための準拠点を子どもたちは求めているように思われる。ちょうど言語が、微妙で複雑な思考を可能にするのと同じように、おもちゃも遊びにとって同様な役割を果たすのであろう。いわゆるおもちゃをもたない子どもは、『遊びの小道具となるもの』を自分で作り出すようになる」

さらにニューソン夫妻は「もしかすると、赤ん坊の最良のおもちゃは自分自身の母親かもしれない。赤ん坊が母親の目をじっと見つめ、母親の指で遊び、母親の声に注意深くなり、母親の顔をいじり、母親の口をまさぐるのを眺めてみなさい。よく見慣れているが、変化している、ある点では融通がきくが他の点では融通のきかない、時には自分をおどろかせるようなこともしたりする。赤ん坊の要求にこたえて、勇気を与え、そして力強く励ましてくれることもあり、やさしいときも、ときには厳しいときもある。生き生きしているときも、また精彩を欠くこともある。赤ん坊をぴょんぴょん飛び上がらせたり、揺すったり、なだめたりと、いろいろなことをあとからあとからしてくれる機械。非常に複雑な音声装置を持ち、赤ん坊はそれを何とかコントロールできて魅力的なものだとわかるが、うんざりさせられるほどではない。この機械こそ、万能のおもちゃである」と、刮目すべき分析をしてみせた。

このようにみてくると、初めて母親と父親になった時の最初の役割は、わが子のおもちゃになることかもしれない。最初に「もの」としてのおもちゃに出合うまでの「橋渡し」として重要な役回りである。これがそれ以後順調に遊べるようになる筋道であり、一人遊びがこなせると、一緒に遊ぶ友人に強く関心が向くようになる。母親・父親の助けがなくても、おもちゃを通して友人と遊ぶ楽しさに気づくようになるにつれて、親は徐々に身を引いていくべきである。自立への早道は、乳幼児期に子どもの要求を十分に満たすところにあるといえる。

## 遊びの核を成す楽しさとは何か（遊ばないとどうなるのか）

チクセントミハイ（1934〜2021）は「遊び」と「仕事」「まじめ」を対極に置くことに疑義を唱えた。仕事の中にも楽しさがあり、まじめな活動にも人を熱中させる喜びがある。人間がその活動に没入して、完全に浸り、精力的に集中している精神的な状態を「フロー」という[20]。1975年の被験者インタビューにおいて、幾人かが彼らが熱中している体験を、ずっと彼らを運んでいる流れという隠喩を使って描写したために名付けられた。

チクセントミハイは、フロー体験が発生する構成要素を８つ挙げている。

①明確な目的（予想と法則が認識できる）
②専念と集中、注意力の限定された分野への高度な集中（活動に従事する人が、それに深く集中し探求する機会を持つ）
③自己に対する意識感覚の低下、活動と意識の融合
④時間感覚のゆがみ。時間への我々の主体的な経験の変更
⑤直接的で即座な反応（活動の過程における成功と失敗が明確で、動きが必要に応じて調整される）
⑥能力の水準と難易度とのバランス（活動が易しすぎず、難しすぎず）
⑦状況や活動を自分で制御している感覚
⑧活動に本質的に価値がある。だから活動が苦にならない

フロー体験をするために、これらの要素がすべて必要というわけではな

い。ただ、フロー状態に入るためには、電話が鳴るとか第三者の妨害があると、フロー体験から醒めることになる。また対象が、自分の能力より難易度が高いと不安になり、難易度が低いと退屈になる。むしろ、自分が状況や活動を完全に制御しうるときにおきる感覚が遊びの本質だとする。

さらに、チクセントミハイは日常生活に挿入される空想や雑談や鼻歌やペン回しを、単純な軽いマイクロフロー活動と呼ぶ、これを禁止した実験により、被験者に統合失調症の初期症状が見られたことを報告している。人間は遊びをしないとどうなるのか、遊びが生活の当為であるというホイジンガの主張の正当性が実証されたといえよう。

### (6) 遊びへの大人の関わり方

小川博久（1936～2019）は、自著『「遊び」の探求』[21]の終章で、遊びに関する保育者の役割の要点をまとめているので、以下に要約する。なお小川は、ここでいう保育者は児童厚生員を含む子ども支援者すべてに当てはまるとしている。

（1）保育者の役割は、原則として幼児の自発性や自己達成感を阻害しないこと。保育者は幼児の遊びのリーダーであって、教授者ではないことを認識する。

（2）保育者の行動は、幼児の観察学習の対象として、観て真似たいという気持ちを起こさせるモデルの役割をもつ必要がある。これは教授者としてのリーダーシップではない。言葉で教えるというより幼児自らの注視行動を通して選び取り、実践させるべきである。

（3）しかし、幼児が課題解決のために、保育者に援助を求めたりした時は、解決の手がかりを保育者自身がもち、それを幼児に提供する準備が必要である。

（4）忘れてならないのは、保育者は一時的なプレイリーダーにしかなりえないということである。保育者の援助なしですまされる方向をめざして援助はなされるべきである。重要なのは、保育者が幼児たちの遊び世界から、いつ、どう抜けるかである。

小川は、子どもの自己形成力の養成が遊びの教育的価値という視点から、幼児たちの遊びを持続させ発展させるために、保育者は集団的雰囲気を活性化したり、観察学習の対象になったり、課題解決のための手立てを提供したり、対話の相手になったりすることで、幼児の遊びは変わるだろうが、幼児集団が常にそうした役割を保育者に期待するとしたら、遊びの教育的価値は消滅すると主張する。

すべての子ども支援者には、これらの指摘を深く理解し、子どもと関わる大人としての能力を身につけることが求められている。

## (7) 文化財と遊び

### 文化財（映像）活用法

### (1) ワーグナーとポニョ

のったりとした海。陽が燦々と輝き、おもちゃのような貨物船が行き交う。その海の中ではクラゲが漂い、さらに深海には触手の生えたような潜水艇の舳先にクラゲを増殖している男がいる。宮崎駿監督が「アンデルセンの『人魚姫』を今日の日本を舞台にキリスト教色を払拭、幼い子どもたちの愛と冒険を描く…」と平成20（2008）年に制作したアニメ映画『崖の上のポニョ』[22]の冒頭である。

家出した魚の子ポニョは、ガラス瓶にはまって浜に打ち上げられるが、海辺の崖の上に住む５歳の宗介に助けられる。ガラスで指にケガをした宗介の傷をポニョは舐めて癒す。人間の血を舐めた人面魚は半魚人となる。ポニョを気遣う宗介と、宗介をすっかり気に入ったポニョ。父（ポニョの母と結婚した元人間）に連れ戻され眠らされたポニョは、妹達の力を借りて父の魔法を盗み出し「宗介んとこイクー」と一目散。危険な命の水がまき散らされた海の世界は大混乱。大津波は宗介たちの町を丸呑みにする。

ポニョの宗介への想いが爆発し、一気に海底から海上に躍り出て波の上をひた走るシーンの高揚感はなんとも爽快である。バックに高鳴る音楽（久石譲）は「ポニョの飛行」。モチーフはまさにリヒャルト・ワーグナー「ワルキューレの騎行」。そう言えばポニョの本名はブリュンヒルデ。神々の長ヴォータン（魔法で娘を眠らせる）の９人の娘達と同名である。ワーグナーの楽劇『ニーベルングの指輪』の世界観は終末を迎える神々の世界が舞台であり、ヴォータンと海の秩序を守ろうとするポニョの父の姿がダブる。

**（2）ポニョの一念**

宮崎監督は、「…海を背景ではなく主要な登場人物としてアニメートする。少年と少女、愛と責任、海と生命、これ等初源に属するものをためらわず描いて、神経症と不安の時代に立ち向かおうというものである」と企画意図を結んでいる。

海を登場人物としてアニメートするとは、どういうことだろう。波を水魚という巨大な魚のように描くという表現上の問題に留まるはずはない。「初源に属するものを…」という言葉と重ね合わせると、古代人の自然観を導入するという意味ではないだろうか。筆者は映画を観てそのように読み取った。

文化人類学者ジェイムズ・G.フレイザー（1854～1941）[23]によれば、太古の人々は自然と超自然の区別を理解していないという。山や海、太陽や風雨は自分と同じように命があり、衝動や動機によって行動する人的な存在、自分同様に希望や恐怖に訴えれば心動かされる存在とみなしていた。いわゆるアニミズム信仰である。だから、祈祷や威嚇によって、天候の恵と豊富な穀物を神々から得ることができると考えていた。その責任者に選ばれた者が、祭司にして王であり人間神となる。ポニョの棲む海の世界も、その神々の黄昏の時代である。

実は科学的現代を生きていると自負している私たちも、古代人の感覚を内包しているのではないか。怪談話やゲン担ぎ、開運グッズから口寄せ、テレビ番組に登場する霊能者など、超自然は大人気だ。フロイト[24]に始まる精神分析学は、その臨床経験を基に、文化遺産の中から既成の物語を活用することで、人生の問題の本質を議論できるとした。これらの中の悲劇的物語が、患者の悲劇的体験を映し出すからである。

神経症と不安の時代に立ち向かうために宮崎は、自分の気持ちをてらいなく表わすこと。ポニョの一念岩をも徹す、がむしゃらさも時に必要だと苛立っているようだ。

### (3) 見畏(かしこ)みて逃げず

動物が人間に化けて嫁にくるが、正体が明かされて去るという異類婚説話がある。鶴の恩返しや蛇女房が有名だが、ヒロインたちは優しい女性の生産性 (国生み・織物) と、傷つきやすい動物や死という二面性をもっている。ポニョもこの話だ。関敬吾 (1899～1990) [25]によると、一般的な異類婚説話は6つの要素で構成されている。

①援助―動物を助ける。②来訪―動物が人間に化けて訪れる。

③共棲―守るべき約束がある (見るなのタブー)。

④労働―富をもたらされる。⑤破局―正体を知ってしまう。

⑥別離―動物の姿で去る。

さて問題は、なぜ彼女たちはそこまで献身的に尽くすのかということである。精神科医北山修 (1946～) [26]は、「さまざまな禁止とか精神分析で抑圧や隔離と呼ばれているもの」を「見るなの禁止」として、異類婚説話を素材とした精神分析を行っている。

その中で、「素朴な感想として、これだけ恥じる側の心理が日本文化のなかで際立っているのにもかかわらず、それに対応するはずの暴露して嫌悪する側の自覚やその『恥をかかせる目』の問題をとりあげている議論が多くないとすれば、少なくとも治療技法論としては不完全であると考えていた。イザナミ・イザナギ神話（「古事記」筆者注）においても『見るなの禁止』を破ったイザナギの罪は不問にされて、水に流されてしまう。そして『見られるなの禁止』を破ったイザナミのみが『恥ずかしい』と言って怒り、悪の象徴として隔離されるのである。このとき、恥をかかせた側に自分のやったことについての否認が機能している。異類女房説話（「異類婚説話の分類」筆者注）においても、女房たちは恥をかいて去ってゆき、覗いた者たちは無傷で生き残る。こうして、実際に『見るなの禁止』に違反した者の罪がとりあげられずに、見られて恥じる者だけがとりあげられるところが、日本的なのかもしれない。『見るなの禁止』を犯したことについては、その物語を読んだり聞いたりする読者も共犯であるにもかかわらず、その《覗き見》の可能性が問われないのは、それを見るだけで誰にも見られない立場に身をおく読者がその覗き見を否認するからであろう」「かつて筆者は『乙姫の禁止』をとりあげた論文で次のように述べた。『乙姫や女房たちは私たちの投影をひきうけたまま《禁忌の干犯→正体の露呈→離別》という公式を残して、一方的に追放されるのだが、これ以上の追求主人公の《覗き見ようとする》好奇心や《恐いもの見たさ》の分析の後に行われるべきである』これらをさらに展開した筆者は本論文で、覗き見ようとする男性主人公の好奇心が決して無邪気なものではないことを示すことができたと思う。……見る者の責任は重い」と北山は言う。

宗介は、ポニョの実体を知って逃げない。これが「愛と責任」ということであろう。グランマンマーレ（ポニョの母）は、「人間になると魔法は使えなくなるけど、いいのね」とポニョの気持ちを確認する。続いて、宗介に「ポニョはお魚だったんだけど、宗介君、それでもいいの？」と覚悟を問う。「うん」力強くうなずく宗介。ここが圧巻。なんてったって、まだ神の領域にいる５歳の宗介なのである。しかし私たちは幼児２人に、人を愛するとは、良い所だけではなく欠点も「丸抱え」すること、と、自分の一部を封印する決意も必要であることを教わる。

### 文化財（映像）は観察学習

「子ども文化」といっても、人類の精神的所産（学問・思想・芸術等）としての文化一般と遊離した特別な文化があるわけではなくて、その中で子どもの発達に寄り添って分かりやすいものが「子ども文化」であろう。それを物質化（CD、DVD、書籍等）した文化財を活用して、児童館などの児童福祉施設では子どもの健全な発達に有効に活用するべきである。

とりわけ映像は、文学と音楽と美術（写真・絵画）の三位一体の近代集合総合芸術である。一瞬のうちに、現実を時間的に凝縮して、虚実皮膜の間の誇張により物事の実相を明らかにする。

塩野七生（1937〜）は、『人びとのかたち』[27]の中で「……創作に一度でもかかわった人ならば賛同してくれると思うが、創作という行為は、ほんの少しにしても誇張することなしには成立しえないものである。なぜなら、誇張することによってはじめて浮かびあがらせる、つまり印象づけることができるようになるからだ。ただし、誇張は、ほんの少し、でなければならない。誇張しすぎると現実から離れてしまって、人々を魅了することが不可能になる。人々の心をつかむことなしには、メッセージは絶対に伝わらない」という。

銀幕に息づく英雄伝説の誕生に立ち会い、ヒロインのささやかな幸せに心躍らせて、主人公に気持ちを仮託して深く感情移入して没入するから、多様な人の生き様をわが身のいとしさと重ねて消化することができる。いい映画を観るということは、ありえたかもしれないもう一つの人生を束の間に体験するということである。

遊びの中には、子どもを成長・発達させる重要な要素がある、ということを学んできた。『論語』に、「これを知る者はこれを好む者に如かず、これを好む者はこれを楽しむ者に如かず」[28]という孔子の言葉がある。これを好む者とは、心が惹かれている者であり、これを楽しむ者とはすでに身をゆだねて行動している者のことであると、筆者は解釈している。そのことに忘我状態になっているのが遊びの極致であり、それは生き甲斐と連動して、満足感、達成感を充たして人生を豊かにする。

子どもたちの生活実態をつぶさに捉えて、子どもの発達の誘引となる遊び心に満ちた児童館でありたいと思う。

## 【脚注　引用文献】3．子どもと遊び


1　ユヴァル・ノア・ハラリ（柴田裕之訳）『サピエンス全史　上・下』河出書房新社　2018

2　柳田國男『柳田國男「明治大正史　世相篇」』（日本の名著50）中央公論社　1970

3　中村五六・和田　實『幼兒教育法』（フレーベル会　1908）　復刻版・学校法人和田実学園 2007

4　フリードリヒ・F．シラー（小栗孝則　訳）『人間の美的教育について』叢書・ウニベルシタス　2011

5　ヨハン・ホイジンガ（高橋英夫　訳）『ホモ・ルーデンス』中公文庫　1973

6　ロジェ・カイヨワ（清水幾太郎、霧生和夫　訳）『遊びと人間』岩波書店　1970《絶版》

7　『梁塵秘抄』植木直子編訳ちくま学芸文庫　2014

8　ロバート・J．ハヴィガースト（荘司雅子訳）『人間の発達課題と教育』牧書店　1958《絶版》

9　エリク・H．エリクソン（仁科弥生　訳）『幼児期と社会　1』みすず書房　1977

10　ユリー・ブロンフェンブレンナー（磯貝芳郎、福富　譲　訳）『人間発達の生態学』川島書店 1996

11　ジャック・アンリオ（佐藤信夫　訳）『遊び』白水社　1986

12　ポール・B.バルテス（東　洋、柏木恵子、高橋恵子篇・監訳）『生涯発達の心理学 1巻　認知・知能・知恵』新曜社　1993《絶版》

13　レフ・S．ヴィゴツキー（柴田義松　他3訳）『新　児童心理学講義』新読書社　2002

14　エリザベス・B．ハーロック（小林芳郎、相田貞夫、加賀秀夫　訳）『児童の発達心理学　上・下〈10章〉』誠信書房1971・72《絶版》

15　佐々木正美『子どもへのまなざし』福音館書店　1998

16　ロバート・N．エムディ（小此木啓吾、他6名　訳）『早期関係性障害』岩崎学術出版社 2003

17　マイケル・J．エリス（森楙、大塚忠剛、田中亨胤　訳）『人間はなぜ遊ぶか』黎明書房 2000

18　グレゴリー・ベイトソン（佐藤良明　訳）『精神の生態学』新思索社　2000

19　J．ニューソン、E．ニューソン（三輪弘道、他4訳）『おもちゃと遊具の心理学』黎明書房 2000

20　ミハイ・チクセントミハイ（今村浩明　訳）『楽しみの社会学』新思索社　2000

21　小川博久『「遊び」の探求』生活ジャーナル　2001

22　映画パンフレット『崖の上のポニョ』東宝㈱出版　2008

23　サー・ジェイムス・ジョージ・フレイザー（吉川　信　訳）『初版　金枝篇　上・下巻』ちくま学芸文庫　2003

24　ジークムント・フロイト（小此木啓吾訳）『快感原則の彼岸』（フロイト著作集6）人文書院　1970

25　關　敬吾（著）、小澤俊夫（補訂）『日本昔話の型　モティーフ・話型・分類』小澤昔ばなし研究所　2013

26　北山　修　北山修著作集『日本語臨床の深層　第１巻　見るなの禁止』岩崎学術出版社　1993

27　塩野七生『人びとのかたち』新潮社　1995

28　孔子『論語』岩波文庫　1963

## 4．子どもと地域

筆者は地方都市の街はずれで育った。当時、玄関を一歩出ると舗装された県道があり、ときどき大八車を引く馬も通った。その道路端で作業をする畳屋さん、魚屋さんの仕事ぶりを飽かず眺めていた。朝は納豆売りや煮豆売り、夏の昼は金魚の棒手降りやリヤカーの心太屋たちも売り声高らかに町中を闊歩していた。小学校の校庭に「爆弾屋」が来ると米を持って駆けつけた。大音響と共に爆発して桜色の霰菓子に変わる。口に釘を含む大工さんの技に驚き、子どもは、石蹴り、メンコ、かくれんぼなどをしてどの路地にもあふれていた。駄菓子屋には毎日通った。４、５人でチンドン屋さんの後をついてとなり町まで行った。映画を見てはチャンバラごっこに明け暮れ、学校の裏山の隠れ家は少年探偵団を結成した仲間との秘密基地だった。西岸良平『三丁目の夕日』[1]や、浦沢直樹『20世紀少年』[2]のその頃である。

当時、子どもが見ていた町の大人たちもまた、大人たちのまなざしで子どもを見ていた。ある時は面白がられ、ある時は五月蠅がられ、ある時はほめられ、ある時は叱られた。

筆者にとって地域は、生活の場であり遊び場だった。またそれらを通して友達や大人たちとのつき合い方を会得する舞台であり、親族の冠婚葬祭なども当事者として大人の末席に連なり、見よう見まねで社会のしきたりを身につける機会だった。地域は家庭や学校を内包した総合学習の場であった。

## (1) 子ども時代

日本では、戦後の混乱を経て昭和30年代から顕著になった経済の高度成長化により、食糧をはじめ生活物資は豊かになり、個人の活動は自由度を増し、生活環境は便利になり、社会資本も充実してきた。しかしその反面、工業化、都市化、それに伴う過疎・過密地域の出現、核家族化、地域社会の血縁・地縁関係の希薄化、有子夫婦の離婚が増えて単親家庭も増加する傾向になった。その社会環境の継続の中で、実体から大幅に遊離して高騰した経済は破綻し低成長時代が今に続いている。近年は「一億総中流時代」から「格差拡大社会」に移行して、新たな課題も含め更なる社会的変化をわが国にもたらしつつある。

これらの変化は、これまでの日本の文化的枠組みの解体を促進し、子どもの養育に関して、家庭や地域社会が担っていた機能を急速に衰弱させていった。加えて、阪神淡路大震災や東日本大震災、さらには新型コロナウイルス感染症（COVID-19）のパンデミックは、無制限なグローバル化に新たな秩序の構築を認識させ、「遠い親戚より、近くの他人」の教訓が現実感をもってよみがえり、改めて共同体としての地域社会内での共助の重要性を再認識させる契機になった。近年、各地の自治体も地域社会を連帯の意味を含ませてか「コミュニティ」と言いかえて、その機能・役割を再構成しようとしているが、子どもにとっては「多様な人間を参与観察できる」成育環境こそが、望まれる地域社会の姿であろう。そのため児童館には、子どもと地域の隣人をつなぐ役割が期待されている。

子ども時代は、発達の土台であり将来に亘って人格形成に大きな影響を与える。この子ども時代を支える親子、家庭、その存在の基盤である地域環境は成長過程のすべてにおいて、人格の陶冶、対人関係の構築能力、社会性について、多大な影響を与え続ける。

特に、児童期の開始は、子どもが仲間を欲しがる頃であり、この仲間との対人関係を通して子どもは、それまで小さな家庭の中で形成してきた人格を見直していくことになる。愛情で結びついた人間関係が、そのままの形で家庭外でも通用するわけではないからである。これは仲間外れを恐れる不安と、仲間から認められることで自らの自尊心を保持するため、ということを動機づけとしている。こうした仲間との対人関係を重ねながら、子どもは競争と妥協という力を発達させていく。まさに地域社会は、子どもにとっての苗床なのである。

## (2) 地域社会と子ども

### 子どもと地域住民

子どもは児童期になると、家庭の外へと足を踏み出し、家族以外の人々と交流を深めていく。そしてこの家族以外の人たちこそが地域社会の人々なのである。住田正樹 (1944～) は『地域社会と教育』[3] の中でサリヴァンに依りながら、子どもにとっての地域の重要性を説いている。

住田の説を要約すると、親に無条件に愛されていると実感している子どもは、自己受容感、自己肯定感、自己効力感をつくり上げることができる。それがあってこそ、他者に対して信頼感や安心感を抱くことができるのである。そのようにして人間は自分についてのイメージをつくり上げながら成長していくのであるが、その自己概念は地域社会の人々に笑いかけられたり、ほめられたりすることで、強い自信と気持ちの安定につながっていく。地域にはいろいろな人が住んでいて、いろいろな人間関係が混在している。それゆえに、そこからの学びは大きいものがある。しかも、私たちの日常生活は地域を抜きにしては考えることが出来ない。子どもが家庭の外へ出ていくということは、その地域の人々の日常生活を垣間見て、その背後の様々な社会生活全体について知っていくことである。しかし、他人といっても、同一地域に住んでいる以上、地域に適した文化を共有しており、「共に生きている」という親近感が底流には存在している、同じ土俵の上での生活である。

子どもの発達の視点から、見知った境界内での社会体験の必要性を強調した指摘である。

**地域住民は多様で異質**

住田は、隣人を同一地域に住んでいる多様で異質な存在として、子どもの発達に重要な役割を担っていることを次のように指摘している。

「隣人と子どもとの対人関係といっても隣人の関わり方は、その地域の子どもと直接関わる職業活動・教育活動を担っている職業人・社会人としての関わり方から単に同一地域に居住しているという隣人としての関わり方まで多様である」「子どもに対する隣人のパースペクティブも行動もそれぞれに異なり、したがって隣人と子どもとの対人関係も、その種類、性質、内容、頻度はそれぞれに異なり、多様性と異質性を示している。……この多様性と異質性こそが子どもの発達にとっての地域社会の独自性なのである」「(隣人は) 第三者的な立場から客観的に子どもを評価する」「さらに親とは異なる隣人の評価を経験することによって子どもは、……親自身を客観的に見ることができるようになる」だから「児童期になると……親の評価をそのままに信じることができず、仲間の評価を気に懸けるようになるのである」

「児童期は対人関係の比重が家庭内から地域社会へと移行する転換期であり、地域社会のなかで『見慣れた他人』である仲間や隣人と多様な、そして相互に異質的な対人関係を取り結ぶ時期である」「児童期の発達は地域社会のなかでの仲間と隣人という他人との相互作用を通しての、とりわけ同世代の仲間との相互作用を通しての社会化なのだといってよい」

だとすれば、地域社会の顔見知りの他人同士が、すべての子どもが健全な発達をするように、その親と共に子どもを見守り協働して育てていくという意識をもたなければ、自らの地域社会の継続も発展も成り立たない。筆者はここに、児童福祉法第２条が国民に対して「すべての子どもがあらゆる面で健全に育成されるよう努める義務がある」と、謳っている根拠を見出している。

## （3）地域とは何か

### どんな地域に住みたいか

日本では、昭和60（1985）年頃から平成２（1990）年頃にかけて、北米から発生したニューアーバニズム（新都市主義）、という都市計画手法が興ってきた[4、5、6]。その際、日本の伝統的な町の形態も参考の一つにされたというが、日本でもコンパクトシティ[7]という持続可能な社会の都市づくりを目指して、国や国土交通省が政策転換を進めてきている。しかし、平成10（1998）年に制定した、まちづくり三法（改正都市計画法、大規模小売店舗立地法、中心市街地活性化法）は十分に機能するには至らず、中心市街地の衰退に歯止めがかかっていないことから見直しが行われ、そのうち都市計画法と中心市街地活性化法が平成18（2006）年に改正された。

アーバンは都市という意味であるから、都市の便利さ、人の流れ、活気を取り戻すために、市街地のスケールを小さく保ち、歩いて動ける範囲を生活圏と捉え、コミュニティの再生を目指そうとするのがコンパクトシティの発想である。大量生産的、画一的な郊外開発、車社会に対する反省が背景であるから、①自動車より電車・自転車を利用し、②子どもやお年寄りが歩ける人間的なスケールであり、③複合的な施設や公共空間を重視すること、などが目玉になっている。何のことはない、昔、日本各地にあった町の姿ではないか。

私たちは消費と私有を追求し、工業、商業、官庁、教育、住宅といった機能別に町を分類してきた。郊外住宅地で人々は自分の家族とだけつき合い消費を楽しんできたが、そこには、多様な人間同士の関係がないという意味で健全な公共性がない。健全な公共性の欠如した地域で、子どもが社会化されるのは難しいことである。

### 地域と人についての考察

新海誠（1973～）監督のアニメ映画『君の名は。』[8] は、地域性というものが実によく描かれていた。

物語は、千年ぶりとなる彗星の来訪が、１か月後に迫る日本。山深い田舎の糸守町に暮らす女子高生の宮水三葉は、町長である父の選挙運動や、家系の神社の風習などに憂鬱な毎日を過ごしている。ある日彼女は自分が都会に暮らしている少年になった夢を見る。一方、東京渋谷に暮らす男子高校生・立花瀧も自分が田舎町に生活する少女になった夢を見る。やがて、その奇妙な夢を通じて彼らは引き合うようになっていくが……。という話である。

地域における人間集団の営みという視点でこの物語を見ていくと、三葉の住む岐阜県の糸守町は人口約1,500人、父は町長であり母の家系は神社の神官である。ほとんどの人が顔見知りであり、職業や人間関係による側面を優先した大人世代の隣人と同世代の親しい隣人仲間に囲まれて、心やすいが彼らからの評価は日々に息苦しい。ちなみに筆者は、団塊の世代で、中学校は１クラス55～56人で18クラスあり、同級生約1,000人。

一方、瀧が父と住む東京都渋谷区は人口約343,000人である。まさに、顔見知りの大人世代も、同年代の仲間も限られている。気楽である反面、何かあれば孤独に陥りやすい。まさに両極端な成育環境の２人である。

ここで、地域との関係を含めて人間の集団の種類や集団に関する理論を提唱した高名なドイツの社会学者フェルディナント・テンニース（1855～

1936年)『ゲマインシャフトとゲゼルシャフト』[9]に依って、地域と人間集団について考えてみたい。

テンニースは、人間の意志を本質意志(自然発生で本能的)と選択意志(自己決定で理性的)に区分する。以下、『岩波哲学・思想事典』[10]から引用する。

「ゲマインシャフトは、本質意志に基づく、実在的・有機的な生命体のごとき関係態であり、そこでは、人々は経験的なあらゆる分離にもかかわらず本質的に結合しているとされる。これに対して、ゲゼルシャフトは、選択意志(形成意志)に基づく、観念的・機械的な形成物のごとき関係態であり、そこでは、人々はあらゆる結合にもかかわらず本質的には依然として分離しているとされる。

ゲマインシャフトは、相互に親密な者たちの間の信頼に満ちた共同生活である。植物的・動物的・人間的と形容される生命発展の三段階のそれぞれに対応して、ゲマインシャフトは、①家族(血縁社会)、②村落(地縁社会)、③中世的な都市共同体(友情社会)という順で発展する、とテニエス(本書では「テンニース」筆者注)は論じる。それぞれの段階に対応する複合社会的本質意志は、①一体性、②慣習、③宗教であり、これらを担う本来的な主体は、①民族、②自治共同体、③教会である。

ゲゼルシャフトは、相互に独立している諸個人の並存を基礎にした、機械的集合態であり人工物である。ゲゼルシャフトは、植物的・動物的・人間的な生命発展の段階に対応して、①大都市、②国民、③世界の順に発展する。各段階に対応する複合社会的本質意志は、①協約、②政治、③世論であり、その本来的な主体は、①ゲゼルシャフトそのもの、②国家、③学者共同体であるとされる。

テニエスは、偉大な文化発展は、ゲマインシャフトが支配的な段階からゲゼルシャフトが支配的な段階へと発展するとし、現在は後者の段階に属すると診断した。さらにテニエスは、やがて再びゲマインシャフトの時代へと発展する可能性を示唆している」

『君の名は。』で言えば、三葉の住む糸守町での生活は、家族と親族と親密な仲間や親しい隣人に囲まれた、まさにゲマインシャフトの地域共同体である。瀧の住む渋谷での生活は、父と二人暮らし。学校の友人はいるだろうが近所づきあいはなさそうである。好意を寄せるバイト先の先輩とデートらしいことはするが、他に親密な人間関係はなそうである。

ゲマインシャフトは職住接近の伝統的な生活集団であり、歴史的にも都市の構築と共にゲゼルシャフトの機能集団が興ってきた。歴史的にゲゼルシャフトに移行する必然の中で、対人関係が構築できず、お年寄りや子どもの中から人間性にほころびが見え始めた昨今、コンパクトシティへの模索も歴史の必然であると思える。

これらの事を心にとめて、自分の勤務する児童館・放課後児童クラブの地域環境はどちらの集団に属するのか考えてみることも意義深いと思う。

### (4) 地域文化の継承－文化がヒトを人に育てた－

文化は、辞書では「人間が自然に手を加えて形成してきた物心両面の成果」(『広辞苑』第７版岩波書店）とされる。

菊池寛（1888～1948）は、「文化とは　学問（科学が主だ）と藝術とが生活に應用されている姿」[11]と書いた。三島由紀夫（1925～1970）は、日本人の文化概念を「体を通してきて、行動様式を学んで、そこではじめて自分のオリジナルをつかむという日本人の文化概念、というよりも、文化と行動を一致させる思考形式」[12]とした。

人類進化生物学のジョセフ・ヘンリック（1968～）は、文化の内容を、『文化がヒトを進化させた』[13]で次のように説明している。「『文化』には、習慣、技術、経験則、道具、動機、価値観、信念など、成長過程で他者から学ぶなどして後天的に獲得されるあらゆるものが含まれる」それは、長い時間をかけて、その集団全体が蓄積し受け継ぎ改良してきた知恵の集大成である。一個人が一生をかけても考え出せないほど優れた集団の知性であり、集団が情報を共有して試行錯誤して作り出すこの力を、ヘンリックは「集団脳」と呼んで次のように説明している。

「人類の成功の秘密は、個々人の頭脳の力にあるものではなく、共同体のもつ集団の脳（集団的知性）にある。この集団脳は、ヒトの文化性と社会性とが合わさって生まれる。つまり、進んで他者から学ぼうとする性質をもっており（文化性）、しかも、適切な規範によって社会的なつながりが保たれた大規模な集団で生きることができる（社会性）からこそ、集団脳が生まれるのである」

ヘンリックは、人間には、心理学でいう社会的参照のように、お手本となる人の表情や行為を観察してまねをする能力が備わっていて、幼児は父母兄姉など身近な人たちをまねて学び、思春期になると最も実績や人気のある年上者のまねをすることを文化を受け取るために必要な能力としている。そして、手本とすべき相手を選ぶ目安は、年齢、成功体験、信望の３つをあげている。そう、それは（2）地域社会と子どもで述べた、地域に居住する異世代の権威ある隣人である。

では、このような能力が備わったのはなぜなのか。

ヘンリックは、このような能力が人間に備わった理由を「私たち人類が生きてこられたのは、食物や住居を見つける本能的な能力があるからでもなく、環境から突きつけられた課題を『そのつどその場』で解決する力が個々人に備わっているからでもないということだ。それは、幾世代にもわたる文化進化の選択プロセスを通して、生存と繁殖に有利な文化が生み出され、蓄積されてきたからなのである」としている。

これは、蓋し、大災害で生き残った人達の行動は、東日本大震災の時の「津波てんでんこ」[14]など、先祖代々の伝承を信じて従った事例が多いことに気づく。自分の直感や体験を重んじる個体は排除され、祖先伝来の習慣や信念など蓄積された知恵を信じて従った個体が生き残ってきたということでもある。変化に適応するためには、先祖代々の生活習慣や知恵をよく身につけて臨機応変に対応することであろう。

## （５）地域を拓く児童館

### 児童館は地域福祉施設

学校が遊び場の一つとして開放されることは大変良いことであるが、子どもの生活の場が学校だけに終始して良いと考えることはまちがっている。なぜなら、子どもを犯罪被害から守ることや、塾やお稽古ごとの費用が軽減されることや、施設整備や人件費削減というような、費用対効果や対処療法のみに目が向いて、本来の子どもの福祉増進が置き去りになっていると思えるからである。

たとえば、家庭環境などに問題を抱えている子どもや、発達障害のある子どもたちは、保護者と共に支援することが必要ではないだろうか。学校でいじめられている子どもたちは、対人環境を変えなければ苦しさから逃れられないであろう。それらを、日替わりボランティアの善意だけで達成できるのだろうか。何より、今の学校の多くは地域社会にひらかれていない。大人にたとえれば、「仕事が終わっても会社にとどまって、お酒も社内で飲むように……」と言われるに等しいことである。

現在国が進めている「放課後子どもプラン」にも、このような視点を取り入れてほしいものである。

地域社会は、戦後の荒廃から経済の復興にともなって激しく変転をしてきた、昭和40年代に入ると、それまでに考える必要がなかったような多くの問題が生じてきた。すなわち、都市・農村各地域を問わず都市化のいちじるしい進展は、家族やそれをとりまく地域社会の機能に大きな影響を及ぼし、都会的生活にあこがれる傾向が全国に浸透して住民の生活意識や生活態度も大きく変わってきた。特に急速な都市への人口移動に基づいて、過疎、過密による各種の社会問題が表面化し、また経済圏の拡大や公害・交通禍の急増がみられ、さらに産業社会化による就業構造の変化や教育水準の向上などのため地域社会の様相は一変し、その社会関係もまた新たな状況を生み出した。古くから地域社会に大きな力をもってきた共同体に基盤をおく住民団体は衰退し、指導者交代が進む一方で、諸般の生活問題に根ざした市民運動が各地で活発に起こり、新しい住民組織が生まれてきた。それはやがて平成10(1998)年の特定非営利活動(ＮＰＯ)促進法の成立につながっていく。

昭和50年代に高度経済成長の終息期に入り、国際的な市場経済の停滞から、わが国の経済は低成長の時代に入り、深刻な不況にさらされた。国や地方公共団体の財政は危機的状態に落ち込み、その影響として財政面からの「福祉見直し論」が浮上してきた。

この頃、すでに予測されていた高齢者の課題も顕在化し始めて、福祉の分野か援助技術かの争いを経て「地域福祉」たる概念の創設が論じられ始めた。なお、この流れについては、昭和40年代から引き続いて進行していた。社会福祉ニーズの変化、高度化、多様化が進むにつれて、社会福祉サービスの拡大が求められはじめて、その具体策として老人、障害者、児童・母子などに関する在宅サービスの進行とその体系化・政策化が、国・地方公共団体を通じてしだいに切実な課題となってきた。そして、これを受けて社会福祉施設の拡充と、その施設機能・設備や専門的スキルを地域に開放する、施設社会化が公私を問わず求められてきた。

永田幹夫(1922〜)は『地域福祉論』[15]は、こうした流れを「地域福祉」と表現し、この頃から地域福祉論を福祉分野として導入する方向性が起こり定まってきたと述べている。

これはまた世界的な潮流であり、国際社会福祉会議（第１回1928年パリ、第３回ロンドン以降２年毎開催）のテーマをみても1960年代以降、社会福祉が新たな道を模索しなければならない状況下にあったことは知ることができる。中でもわが国の社会福祉におけるイギリスの影響は他の諸国に比べて大きなものがあった。そのイギリスにおいて、コミュニティケアと呼称して政策的に展開する一連の動きが興り、これが我が国の地域福祉論の形成に大きく影響を及ぼしたとされている。それは昭和34（1959）年の「ヤングハズバンド報告」、昭和43（1968）年の「シーボーム委員会報告」[16]から、後に1980年代当初の「バークレイ報告（総括的）」[17]につながることになる社会福祉の見直し論である。永田はシーボム報告について、「わが国社会福祉研究者にもっとも多くの示唆をもたらしたのはシーボム報告であろうか、……当時のイギリス地方自治体の社会福祉業務の欠陥をつぎの６点指摘している。

①サービスの量的不十分さ　②サービスの範囲の不十分さ
③サービスの質的不十分さ　④諸サービスの調整の欠如
⑤サービスへの接近の困難さ　⑥諸サービスの柔軟性の欠如」。

こうした指摘は、児童館・放課後児童クラブにとって、今でもあてはまるものであり、昨今の児童館ガイドラインの改正につながる古くて新しい課題である。児童福祉の分野においても普遍的合理的処遇への議論を促し、処遇の量的拡大、質的向上を図って、対等な対人関係を主流とする改革の方向を示すと共に、地域福祉論の導入につながることになる。

## 地域福祉の内容と児童館

コミュニティケア（community care）とは、あらゆる問題を抱える各人が、施設に入居するのではなく地域で暮らすことができるように予防を含む福祉サービスを提供することである。住宅と所得保障はコミュニティケアの前提条件であり、就労支援や教育や移動を保障するサービス、電話などの通信手段、レクリエーションなどの、コミュニティケアを支えるサービスも重要となる。

子どもに即して考えれば、子どもや保護者のニーズと、児童福祉の制度・施策、並びに地域住民や地域の他の児童館を含む福祉施設を結びつけ、子ども自らの力で問題解決の過程に臨み、自己実現するように援助する実践活動が、子ども地域福祉活動である。そこで展開される、児童福祉援助技術とは子どものための福祉を有効に機能させるための方法である。

例えば、家庭とは家族によって維持される小集団であるが、その家庭の機能とは何であろうか。大正大学名誉教授吉澤英子（1929～）は以下のように言う（聴講記録による）。

①生殖・性的充足→夫婦相互の愛情を基盤とした生殖の単位、社会の永続性の基礎をなす場である。

②経済的相互保障→所得の継続的・安定的な相互依存による保障関係。生産力の無い家族を養う。家計を一にする。

③身体的相互依存→子どもの保護と育成、家族相互に病傷時の看護、心身の衰えや障害時の介護。面倒を見合う。

④教育・文化伝承→子どもに社会的準則や文化を継承し、その適応力を涵養する。家庭の教育力。

⑤精神的相互安定→愛情と信頼を本質として、人格形成や倫理の醸成に最重要な居場所。もっともくつろげる居場所。

筆者は、家庭の機能の中で、子どもにとっては⑤が一番重要であり、②③は欠かせないと考える。ある子どもに、この機能が欠けている場合は、これを補完していけるような支援の輪が必要となる。

それでは、児童期の子どもが家庭の外へ足を踏み出したときに、この子どもを受けとめる地域社会の機能とは何か。吉澤はそのことは「家庭との関りの中で考える必要がある」ということを強調して、地域社会の機能を以下のようにまとめた。

①家庭では味わえない諸人間関係の体験→地域の仲間と隣人たちの縦・横・斜めの人間関係とその隣人たちが従事する、地域社会での多様な仕事を見聞きすることができる。

②家庭の延長線上にある地域社会→家庭の常識が地域社会でも受け入れられたり、補強されたり、拒否されたりして自己を再構築する。近年この近隣関係が衰退して、地域関係が形骸化しているため、子どもの育成に機能していない。

③社会的ルールの練習場→お祭り、地域行事、地域防災、防犯など、集団協力体験の場である。

筆者が思うに、地域社会の機能とは、同世代の仲間や異世代の隣人との関りがもたらす、子どもの無意図的文化化ではなかろうか。

永田は、「地域福祉とは、社会福祉サービスを必要とする個人、家族の自立を地域社会の場において図ることを目的とし、それを可能とする地域社会の統合化および生活基盤形成に必要な生活・居住条件整備のための環境改善サービスの開発と、対人的福祉サービス体系の創設、改善、動員、運用、およびこれら実現のためにすすめる組織化活動の総体をいう」と、説明している。

その構成要素は、子どもの視点から児童館に置き換えると以下のようになろう。

①在宅福祉サービス＝児童館は家庭にいる子どもに対する活動である。家庭が緊張の場となっていたり、学校の対人関係に困惑していたり、同世代の友人がいないような子どもにとっても、家庭以外の地域の居場所となる。

②環境改善サービス＝少産良育思想による、親の過干渉や親の敷いた

レールの上をひた走らされるライフデザイン、偏差値重視の受験過熱からくる希薄な人間関係や、運動遊びや自然体験の減少など、地域の保護者と住民に、子どもの発達における遊びの重要性を啓発する。特に遊び時間、遊び仲間、遊び場の必要性を訴えていく。

③地域組織活動＝子どものための住民の参加・協力、意識の変容を図り、福祉コミュニティづくりを推進する。地域の子ども関連施設、児童館相互や放課後児童クラブの組織化・調整、効果的運営などに注力する。児童館は町全体をフィールドとする、子どもの生活と遊びの基地であり、子どもの駆け込み寺にもなるべき施設である。

………………………………………………………………………………

まだ、児童館がない地域の方々は「児童館をつくろう」という声もぜひあげてみるといい。地域で子どもは育つ、という日本社会が培ってきた伝統文化を失わないように子育て家庭支援を進めていきたいものである。

---

**【脚注　引用文献】4．子どもと地域**


1　西岸良平『三丁目の夕日』小学館　2006

2　浦沢直樹『20世紀少年　全24巻』小学館　2000~2008

3　住田正樹『地域社会と教育-子どもの発達と地域社会-』九州大学出版会　2001

4　ジェイン・ジェイコブズ（山形浩生　訳）『アメリカ大都市の死と生』新版　鹿島出版会　2010

5　久繁哲之介『日本版スローシティ』学陽書房　2008

6　三浦　展『ファスト風土化する日本』洋泉社新書y　2004

7　鈴木　浩『日本版コンパクトシティ 地域循環型都市の構築』学陽書房　2007

8　新海　誠（原作・脚本・監督）『君の名は。』「君の名は。」製作委員会　2016

9　フェルディナント・テンニエス（杉之原寿一　訳）『ゲマインシャフトとゲゼルシャフト　上・下』岩波文庫　1957

10　廣松　渉、子安宣邦、三島憲一、宮本久雄、佐々木力、野家啓一、末木文美士（編）『岩波哲学・思想事典』岩波書店　1998

11　菊池　寛『別冊太陽　近代文学百人』平凡社　1975

12　三島由紀夫『文化防衛論』新潮社　1969
13　ジョセフ・ヘンリック（今西康子　訳）『文化がヒトを進化させた』白揚社　2019
14　山下文男『津波てんでんこ』新日本出版社　2008
15　永田幹夫『地域福祉論』全国社会福祉協議会　1988
16　津崎哲雄（訳）『現代地方自治体社会福祉の展開』海声社　1986
17　英国バークレイ委員会報告、小田兼三（訳）『ソーシャル・ワーカー＝役割と任務』全国社会福祉協議会　1984

# おわりに

ポール・ゴーギャンの遺書ともいわれる名画「我々はどこから来たのか 我々は何者か 我々はどこへ行くのか」は、娘を亡くし、借金に追われ、健康も損なった、ゴーギャンの晩年の死生観が読むように描かれている。

それにならって、日本人がどこから来たのかということを考えると、最新のＤＮＡ分析によれば、日本列島に４万年前頃から旧石器時代人の流入が続いて、由来の異なる人々との混合によって列島内で縄文人になったと想定される。しかも、現在に至る時代区分の約７割を縄文時代が占めている。そして、今の私たちは終着点ではなくて歴史の通過点にいるだけなのである。この日本列島にはこれからも人の営みが続いていく。本章で、子ども育成の文化、発達論の推移、遊びの考察、地域の意味などを概観してきたのは、過去を振り返って未来を考える、という視点を持ち続けることの重要性に思い至ったからである。

縄文の昔からこの国土で営んできた生活を源にして、我々は時によって和魂漢才、和魂洋才と日本の核心を失わないように努め、中国や西欧の学問や芸術を消化して活用してきた。美味しければ、中華料理もイタリアンもフレンチもハンバーガーも食べる。宗教戦争を避けて神仏混交し、楽しければクリスマスもハロウィーンも真似る。明治以降の西欧崇拝と敗戦が重なり、一時日本の過去の文化はすべて棄て去るべきという風潮にも何とか耐えてきた。

子育てに於いても然り、日本国憲法、子どもの権利宣言、児童の権利に関する条約等々が出来たから、子どもが大切にされ始めたわけではない。日本文化の土壌に合わせて子は宝とされてきた。日本では、子どもたちの遊びや祭り、親の手伝いをくり返す中で、親と子、大人と子ども、子ども同士のつながりなどを通して、子ども自身の発達課題を達成してきた。これらの日本における習俗・慣習には深い含意があった。故きを温ねて新しきを知り、子どもたちの夢を実現化するための根城、児童館の興隆に筆者も微力を尽くしていきたい。

# 第３章

# 児童館の施策と健全育成

# 児童館の施策

野中　賢治

（一般財団法人児童健全育成推進財団）

児童館が児童福祉施設として定められた児童福祉法（昭和22年12月12日公布）成立当時の状況と、その後児童館ガイドライン（平成23年３月31日）発出までの施策等の経緯を、当時の資料によって簡潔に素描する。なお、引用は当時の時代背景を考慮して原文のままとした。

## 1．児童福祉法成立当時

### （1）『児童福祉』（厚生省児童局監修）

『児童福祉』は、児童福祉法が発出されてから６か月後の昭和23（1948）年５月に刊行されたものである。「はしがき」に、「日本の次の時代を背負う者は、児童である。この児童の福祉を念願し、実行するところに、明るい再建日本の光明もみられるのである。児童福祉法は、この様な考え方を基本として、第一回国会で可決制定されたのであった。（略）われわれは、この法律の企図する所を完全に運用したいと念願している。そのためには、この法律の内容を多くの人に、特に社会各層の指導的立場にある人々に、先ず知って貰うことが先決問題だと考えている」と記されている。児童厚生施設の説明は、２か所にある。

○児童厚生施設は、「児童遊園、児童館等児童に健全な遊びを与えて、その健康を増進し、又は情操をゆたかにすることを目的とする施設」である（第四十条）。児童の成長の場は、学校と家庭のみにあるのでなく、むしろその大部分は、学校と家庭以外にある。そしてこの学校と家庭以外の場は、長期の戦争の惨禍によって、自動車の疾駆する道路に、混乱した大人の世相がそのまま吹きつける場所に追いやられてしまった。児童厚生施設は、これらの児童のいこいの場として屋外の児童遊園、屋内の児童館を構想し、新しい児童文化をここに成育させ、文化国家日本をここから発芽させようとしている。(『児童福祉』P19、以下ページのみ)

○児童厚生施設は、住居を中心とした都市及び国土の計量的な建設の中に求められる。今日日本の社会問題として大きく浮び上つて来た児童問題は、戦災孤児、引揚孤児、浮浪児等の保護対策、不良児の救護対策、要保護母子に対する保護対策、精神薄弱児の保護対策等所謂保護対策のみでも山積しているのであるがこれ等はあくまでも一部特定児童に対する保護、救護対策なのであって、すべての児童に対する、児童福祉的な対策ではない。児童厚生施設本来の意味は、児童福祉法の「すべて児童はひとしくその生活を保障され、又心身ともに健やかに生れ、育成されねばならない」ことを原理として、その目的達成のために考慮せられる、方法と手段である。(P277)

児童厚生施設への国庫補助については、「児童厚生施設については、国庫、都道府県からの補助を考えていない。これは児童厚生施設の如きは、単位コムミュニテイ自体の責任において設置すべきものだという思想からきている」(P19) との説明と「児童厚生施設と言うのが、すべての児童を対象としたものであって、決して一部特定児童のみを対象としていないことは判然としているにもかかわらず、児童福祉法は、この施設設置に関してのみ国庫及び地方公共団体は積極的に補助を与えることを明記していない、これは児童福祉法の原理に対する矛盾であると思う」(『児童福祉』P279) の意見が記されている。なお、このことに関して児童福祉法制定のために行われた国会審議[1] では、次のような討議も行われていた。

○武田委員「(児童厚生施設は) 児童福祉という言葉から申しまして、児童が最も望んでおるものはここではないかと思うのでございます。児童をほんとうに幸福にする。子供たちがああありたい、こうありたいというようなよろこびをもってくることは、私はここにあるのではないかと思うのでございますが、児童遊園、児童館などに関してどのくらいの計画をもっておいでになりますか（略）」。

米澤政府委員「（児童厚生施設に対して）国庫から相当の助成をすることは多少困難な点もありますので、（略）できるだけ地方においてやっていただきたいと考えております。しかしこれを奨励と申しますか、誘い水というふうな意味において、多少の費用はぜひ出したいとは考えておりますが、児童遊園、児童館等につきましては、そう多くの助成は今日の状態では、実は期待し得ないと考えておるのでございます」。

これらの資料からは、当時の関係者に、最良を求める意図と実際との葛藤が生じていることを読み取ることができる。児童福祉法成立当時（昭和22年度）の児童館数は44（公立１・私立43、厚生省社会福祉施設等調査。以下児童館数はこの調査による）であった。

### （２）『児童厚生施設運営要綱』（厚生省児童局）

児童福祉法の発出から２年３か月後の昭和25（1950）年３月に、現在の「児童館ガイドライン」の前身でもある『児童厚生施設運営要綱』が発出されている。この要綱は、その序に「児童厚生施設は、児童福祉法にはじめてとり上げられ、児童福祉施設最低基準に包括的な規定があるが、その実体は地方の実情に即して、いろいろな型の施設が、いろいろなやり方で運営されているのである。しかし、その根本理念は一つのものでなくてはならない。本書はそれを示すとともに、施設運営の基本的な事項について概説したものである」と記され、「一、児童厚生施設とは何か／二、児童厚生施設の設備／三、児童厚生施設の職員／四、指導の内容と方法／五、設置と運営」の章立てに沿って児童厚生施設の意義と運営の基本的な事項を網羅している。

ここでは「三、児童厚生施設の職員」から「指導者の任務」「子供組織と指導者」と「五、設置と運営」から「研究と連絡」を紹介する。

○指導者の任務

1、地域の状況を調べること―すべての仕事は、近隣の社会に関する理解がなければ、まことの効果を発揮することができない。子供の指導者も、子供たちのおかれている近隣社会の状態をよく理解することなしに仕事をするならば、それは単に与えるだけのことになり、眞に指導者としての使命を果すことはできない。(略)

2、子供を観察すること―社会調査においては、子供の生活環境その他、子供の生活のいろいろな条件を把握するのであるが、遊び場に現れた子供たちについては、できるだけ注意して一人々々観察することを怠ってはならない。子供の健康についても考えて、不審のある子供についてはとくにたずねて、具合の悪いものは保護者のところへ帰す。また、みんなと一緒に遊べない子供や、不幸なかげをもつような子供に対しては、個別に指導の手をのべて、みんなと一緒に遊ぶことができるようにしてやることが必要である。(略)

3、子供を見守ること―子供たちを安全に遊ばせるために、危険の起らないように、また子供たちの秩序をさまたげる者が侵入しないように、監視することが必要である。

4、指導すること―指導はひろい意味の指導であって、ゲームのやり方や運動具の使い方の指導のほかに、子供たちの集団生活、とくにクラブ活動の指導、保健衛生に関する注意等、遊び場の子供の活動のすべてについて、指導をするのであるが、その指導のやり方は、与える指導でなくて、子供の自主性を尊重した、うしろからの指導であることが望ましい。

5、記録をとること—遊び場における日々のプログラム、指導の効果とそれに対する反省、出来ごと、外部との連絡、その他、すべて施設の運営と子供の状態に関する記録を、できるだけ細かにとっておく。また社会調査の結果わかった事や、施設に対する援助、非難、協力、反対等のできごとについても、できるだけくわしく記録をしておくとよい。この記録は指導日誌として日々に記入する。必要があれば名簿、家庭調査票また子供たちの利用表（出席表）等の統計表も記録すること。

6、管理すること—設備の管理は指導者として特に注意しなければならない。比較的年の多い子供たちの集るところでは、それらの管理を子供たちの中から選ばれた自治委員にさせるように、仕向けてやることが望ましい。そのときどきの後始末は子供たちに手伝わせるようにし、小さい子にも、その子にできる程度のことはしてもらう。設備の保存と安全の維持のために、設備の検査と手入れを怠ってはならない。

7、家庭との連絡をはかること—子供に対する指導を徹底するには、子供の背後にある家庭を重視しなければならない。これは学校、保育所、幼稚園等、日々家庭から子供たちが集まってくる施設に共通のことであって、児童厚生施設もその例外ではない。ただ、広い範囲からくる不特定の子供たちを対象とする施設では、これを望むことはできないが、小さな地域内の子供のためにある施設は、保育所と同様に、その施設を利用する子供の状態について必要があれば、家庭との連絡をとるほか、その施設の運営が家庭の人々の関心の的となり、地域の人々の援助と協力によって行われるようにすることが望ましいことである。

○子供の組織と指導者

このような子供の組織に対する指導者の態度は、すでに度々のべたように、子供たちの自主的な活動を促し、子供たち自身で討議して妥当な結論に達するようにし、子供たちに頭から指導者の考えを押しつけるのではなくて、子供たちの相談相手となり、その力の足りないところを補ってやるというのでなければならない。指導者が自分ですべてのことをきめてしまい、子供たちはただ指導者の指示に従って活動するのであっては、子供の正しい育成は望まれない。

○研究と連絡

(一) 研究―児童厚生施設は、子供の生活の一つの場所であるから、施設の職員や関係者は、つねに子供の研究と子供の遊びの研究、レクリエーションの指導の技術の研究に心がける必要がある。単に新しいレクリエーションの方法や文化財をとり入れることばかりでなく、児童心理や児童文化の基本的な理論、児童に対する心理的な指導の実際(子供の心理にかなった取扱の理論と実際)についても、次第に深く研究し、また新しい学問上の意見に注意する必要がある。(略)

(二) 連絡―すべての児童厚生施設は、その根本理念は同じでなくてはならないが、実際の施設の設備や指導の内容は施設によって異ってくる。したがって、総ての施設を一つの標準でやらなければならないということがないかわりに、各施設は、その施設の所在の地域の子供たちのために、最もよく児童厚生施設としての使命を果すように、施設独自の運営を研究し、つねに向上しなければならない。それには、研究はただ自分だけで行うのではなく、(略) 他の施設のやり方の長所をとり入れるように努めることが必要である。そのために近くの児童厚生施設の相互の連絡はもちろん、他の児童文化関係や施設との連絡をはかり、共同で連絡研究協議会をもつことが必要である。(略)

これらの記述から、この運営要綱が児童館に何を期待していたのかを端的に読み取ることができる。また、これらのことから、児童福祉法成立時の第40条に込められた理念や構想は、70年以上前とは子どもの状況が大きく変化している今日においても大切にすべき視点・検討に値する事柄がたくさん含まれていて、児童館施策の検討や今後の児童館のあり方を考える上で決して軽視できないものであることを読み取っていただけると思う。

## 2．国庫補助の開始と自治体の児童館施策の発展

### （1）国庫補助の開始

昭和30年代、地元山形県で、道路を遊び場にしていて車に轢かれる、耕運機を追いかけて事故に巻き込まれる、などの子どもの事故を憂いた阿部千里[2] は、地域における子どもの安全な居場所を確保するために、官庁や国会への陳情を繰り返していた。阿部が人生をかけて取り組んだこの陳情は当時の社会状況を的確にとらえたものであった。陳情は数年に及んだが、この時の厚生省児童局長の理解と支援によって実を結び、昭和38（1963）年、児童館に待望の国庫補助[3] となる「児童館施設整備費」及び「児童館運営費」が一般会計に計上された。

### （2）自治体施策の発展

昭和38（1963）年には202だった児童館数は、国庫補助の開始によって、昭和40（1965）年には544、昭和45（1970）年には1,417と急増した。それに伴い、東京都をはじめとする都市部を中心に児童館施策の在り方の検討や児童館に関する研究運動が広がり、自治体施策はそれぞれの自治体の事情を踏まえて独自の発展を遂げていった。ここでは、東京都児童福祉審議会の意見具申「東京都における児童館のあり方について」（昭和47年）の中から「児童館の基本理念」を紹介する。

○児童館の基本理念―児童館は児童の健全育成を援助するための社会資源の一つであり、子どもの側から見ると児童が放課後や休日に、児童館で行なわれる諸活動に自主的に参加したり、児童館の施設や設備を主体的に利用して、ともに遊び、ともに学びあう経験を通して、自己の能力を自覚し、人間相互の信頼関係を体験する場である。したがって、児童館の役割は本来、子どもが持っている能力を認め、それを引き出し発展させるものである。児童福祉法は児童館の目的を「……児童に健全な遊びを与えて……」と規定している。これを皮相的一面的にとらえてはならない。子どもが本来持っている遊びを創造する能力を忘れてはならないのである。したがってこの目的がいう「……児童に健全な遊びを与えて……」はこの立場で読むべきであろう。

## ３．国庫補助開始以後の児童館施策

国は、昭和44年度からは運営費の補助単価の増額、昭和48年度には施設整備費単価を増額し、昭和51年度に構造別単価（鉄筋、ブロック、木造）を設定するなどを行い、補助単価の改善とともに運営費についても、毎年度補助額の増額を行った。

そして、この頃から国は、「一中学校区一児童館の建設」を目標に児童館の量的整備を推奨した（昭和50年の中学校数は10,751：文部省調べ）。

しかし、昭和48（1973）年を境とした日本の高度成長期の終わりと時を同じくして社会保障費の抑制が進められ、社会福祉の構造改革、少子化対策などが進行したこととあわせて国の児童館施策も変化した。昭和61年度には「児童館運営費」のうち人件費が一般財源化され、平成９年度には公設公営の児童館への運営費補助が廃止されるなど、児童館の補助金は事実上抑制された。そして、活動の停滞を防ぐため、民間活用・自助による地域連帯重視の方向性のもとに民間による整備促進、ボランティア活用などが提言され、子どもと高齢者のふれあいを推進する地域交流事業や自然体験活動事業等、多様な事業がメニュー方式で展開されるようになった。

この間、厚生省児童家庭局育成課と全国児童館連合会は、平成5(1993)年に「全国児童館連合会児童館研究委員会」[4] を設け、現状の分析と今後の児童館のあり方についての検討を進めて平成6(1994)年5月に以下の提言をおこなっている。

○「児童館活動の基本コンセプトと新たな活動の展開について」—近年の子どもや家庭の急激な変化と、児童館活動の歴史と現状を踏まえ、児童館活動の基本コンセプトを明らかにすることが今求められている。コンセプトを明確化することで児童館活動のアイデンティティの確立をはかり、もって、子どもや家庭の期待にこたえる児童館活動への抜本的な転換に資することが期待できよう。

**児童館の3つの基本機能**

1子ども育成機能　①遊びを通した援助機能／②子どもの生活の安定をはかるための援助機能

2子育て家庭支援機能

3地域活動(社会参加活動)促進機能

**10の重点活動**

乳幼児とその親への支援／思春期児童の育成／児童クラブの運営改善／相談・情報提供の推進／子ども会・母親クラブなど地域組織活動の推進／ボランティア活動の振興／子どもの文化活動の促進／子どもの体力増進活動の促進／自然体験活動の推進／交流活動の推進

**当面の緊急課題**—10の重点活動を推進し、今後の児童館活動を強化するための基本的事項、特に制度や運営などの基盤整備関連の課題のうち、(略)当面の緊急課題として、以下の6点を提言する。児童館に関する法制上の位置づけを再検討するとともに、その具体化がはかれるよう、速やかな計画的改善を強く期待したい。

①法人立児童館の設置促進／②児童館の設置促進／③児童厚生員の身分資格の確立／④児童クラブの児童館事業としての位置づけと内容改善／⑤ボランティアコーナー（活動拠点）の設置／⑥相談機能の強化

その後、平成15（2003）年の地方自治法の改正によって平成18年度から「公の施設」に指定管理者制度が導入され、児童館にも適用されることになった。この制度は、①指定管理者になれる団体にほぼ制約がない（営利企業でもよい）、②自治体と指定管理者との関係は委託ではなく代行であるため、指定管理者の裁量の範囲が広がる、③指定期間を定めて指定管理者に代行させる、などが定められていることから、児童館の運営に大きな変化をもたらすこととなった。

これらのことを含めて、昭和60年代から平成以後の児童館の施策や提言にはめまぐるしいものがある。そのなかで児童館は、子育て家庭の支援、子どもの貧困対策、虐待の予防と早期発見などの様々な要請にも直面しながら、時代に即応した児童館のあり方を模索し続けてきた。

## ４．児童館ガイドラインの作成に向けて

平成18年度からの３年間、「これからの児童館のあり方についての調査研究」が行われた[5]。この調査では、「今後の児童館のあり方の参考とすることを目的として、『児童館の活性化を図る、児童館建設を進める、安定した児童館活動を進めている』等の取組をしている自治体とその所管児童館への実地踏査及びヒアリング」と、「児童福祉法制定時の理念と児童厚生施設の位置づけ／児童福祉法制定後の児童館施策の経緯／児童館の現状及び課題の分析／子どもの遊びと発達及び遊びと大人の関わりについて／児童館職員の役割／児童館に関する過去の調査研究と文献調査」の分析を行い、その研究成果を元にして「これからの児童館のあり方」を提言にまと

めた。

**これからの児童館のあり方に関わる施策への提言**

**①当面の緊急施策として**

（ア）提言：**地域における子どもの遊び・生活と子育て支援の拠点としての児童館の機能を明確にした、国の「児童館ガイドライン」を作成する。**

説明 i 市町村の施策の中に児童館を積極的に位置づける。(略)

ii「老朽化」・「耐震構造」の問題に対応する。(略)

iii 市町村への権限移譲による自治体間格差を防ぐため、国が児童健全育成の筋道を示す。(略)

iv 国がガイドラインを示すことによって、より有効で創造的な活動を展開させ、整備を図る。(略)

（イ）提言：**現在児童館で進められている乳幼児と保護者を対象とした活動を、「地域子育て支援拠点事業」として位置づける。**

説明 i 児童館が現在行っている活動の実態を的確に施策に反映させる。

ii 地域との協働を促進する。(略)

iii 乳幼児・年長児・保護者それぞれにとって有効な活動であるという利点を促進させる。(略)

（ウ）提言：**次世代育成支援対策における後期行動計画の策定に当たって、児童館の設置促進の方針を示すとともに、「放課後子どもプラン」の遂行において児童館を積極的に活用できるようにする。**

説明ｉ次世代育成支援対策後期行動計画に児童館を積極的に活用させる。(略)

ⅱ「放課後子どもプラン」に児童館の活用を図る。(略)

**② 児童館の発展を図るために、児童福祉法第40条（児童厚生施設）を、今後果たすべき児童館の機能を適切に表現したものに改正する。**

(ア) 子育て家庭支援を包含する―０歳から18歳までのすべての子どもが利用でき、異年齢の子ども集団の中での遊びを体験できるとともに、子どもにとって安全・安心な居場所としても機能することができる児童館は、地域における子どもの健全育成にとって重要な役割を担うと考えられる。また、これまで取り組まれてきている児童館活動には、放課後児童クラブや発達障害児への支援、保護者支援と虐待への対応等も含まれており、今後これらのことは一層重要性を増すと予想される。これらのことを含めた総合的な活動を進める児童福祉施設であることを明確にして、児童館の機能を充実させていく必要がある。

(イ) 地域の児童福祉施設として明確化を図る―国が児童館についてのガイドラインを策定し、今後の児童館活動の展望を示すことができれば、それをもとに児童福祉法第40条の見直しが可能となる。

(ウ) 児童館と児童遊園のあり方を明確にする―児童館と児童遊園は当初一体のものとして運営・活用されるべきものとされてきたが、児童館建設時における立地条件の問題等もあって、現在では別々に運営・活用されているところが多くなってきている。児童厚生施設としての児童館・児童遊園それぞれの役割を区分して明記し、より効果的な活用を図っていくことが求められている。

**（参考）児童福祉法第40条（児童厚生施設）の改正試案の例**

（例１）第40条【児童厚生施設】児童館は、地域における児童の遊び及び生活を援助し、その心身の健康増進と情操を豊かにすることを目的とする。

②児童遊園は、児童に健全な遊び場を提供し、もってその健やかな育成を図ることを目的とする。

（例２）第40条【児童厚生施設】児童館は、児童の遊び及び生活の援助と地域における子育て支援を行い、もって児童を心身ともに健やかに育成することを目的とする。

②児童遊園は、児童に健全な遊び場を提供し、その心身の健康を増進することを目的とする。

この提言を契機にして、平成22年度に児童館をめぐる環境の変化や時代の要請に適切に対応する児童館の機能・役割を明確化することを目的とした「児童館ガイドライン検討委員会」(委員長：柏女霊峰)が設置された。

検討委員会を通して明らかにされた児童館ガイドラインの必要性には、「①地域の児童館が本来の機能・役割を十分に発揮していないことや自治体の財政のひっ迫による廃止・転用が散見されるようになった」「② 指定管理者制度の浸透により児童館の民営化が進み、児童館の福祉的機能・役割の再確認が重要となった」「③ 子どもたちの集団での遊びや地域での多様な体験活動の機会が減少し、子ども時代に遊びを通して獲得すべき自主性や社会性、創造性等発達課題が十分に得られない状況があった」等が挙げられている[6]。「児童館ガイドライン」は、平成23（2011）年３月31日に発出された。この後改訂された現在の「児童館ガイドライン」（平成30年10月１日）策定までの経過については、本書第１章を参照していただきたい。

以下に、児童福祉法制定以後現在までの児童館数の推移を図示した。

**児童館数の推移**

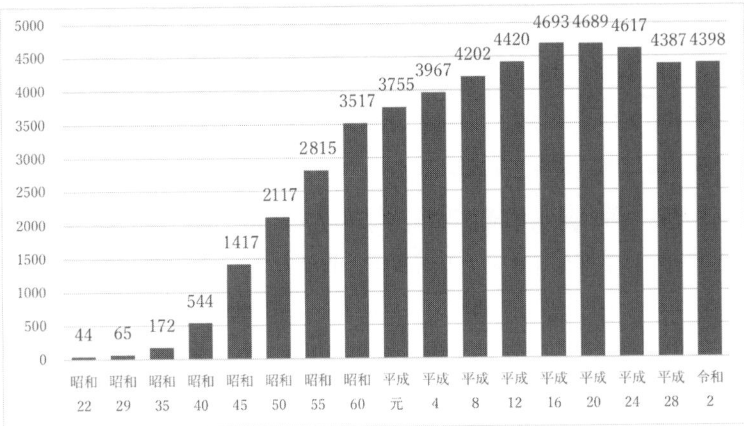


厚生労働省社会福祉施設等調査（前半は「厚生省」）より児童健全育成推進財団が作成

**【脚注】児童館の施策**

1　第一回国会衆議院厚生委員会議事録第二十一号　昭和二十二年十月九日、児童福祉法成立資料集成下巻P80

2　阿部千里（1924-2016）元財団法人児童健全育成推進財団理事長　その生涯は、『単騎、千里を走る―児童館を拓いた男―』（鈴木一光2017年４月）に詳しい。

3　「国庫補助による児童館の設置運営」昭和38年7月11日厚生省児発第140号

4　「全国児童館連合会児童館研究委員会」1993～94年。委員は大泉博子厚生省児童家庭局育成課長、阿部千里全国児童館連合会理事長他9名（肩書は委員会時）。なお、全国児童館連合会は現在の一般財団法人児童健全育成推進財団の前身。

5　「これからの児童館のあり方についての調査研究」平成19・20・21年度児童関連サービス調査研究等事業（財団法人こども未来財団）、主任研究者鈴木一光

6　「児童館のあり方及び児童館ガイドラインの見直し等に係る検討課題について」社会保障審議会児童部会第10回遊びのプログラム等に関する専門委員会資料6、平成29年11月13日より

# 児童館ガイドラインと健全育成

植木　信一
（新潟県立大学人間生活学部子ども学科　教授）

## 1．健全育成という用語

児童館における健全育成とはいったい何を意味するのだろうか。

そもそも、戦後日本の健全育成施策は、すべての児童を対象とする児童福祉法の理念を具体化するために、児童厚生施設を活用してきたと言われている[1]。そして、その主たる場は児童館であり[2]、「地域に密着した児童の健全育成の活動拠点」[3]とされてきた。

児童福祉法（昭和22年）には、「全て国民は、児童が良好な環境において生まれ、かつ、社会のあらゆる分野において、児童の年齢及び発達の程度に応じて、その意見が尊重され、その最善の利益が優先して考慮され、心身ともに健やかに育成されるよう努めなければならない」（第２条第１項）とある。

戦後すぐに法制化された児童福祉法は、「これまで児童政策を一貫して支配してきた要保護児童の保護のみを問題とする思想に終止符をうち、それをこえて次代の社会の担い手たる児童一般の健全な育成、全児童の福祉の積極的増進を基本精神とする児童についての根本的総合的法律であり、わが国にかつてその例をみない画期的な社会立法である」[4]とされていることから、児童福祉法における健全育成という用語は、戦後日本の新たな価値として認識されていることがわかる。

そして、これらの内容が、「現在児童の育成環境の整備全般にかかわる施策範囲を示す用語として用いられる『健全育成』の語源となっている」[5]とされている。

しかし、これまで、健全育成という用語の実際の用い方には、「乳幼児には保育・小学生からは健全育成」のように行政施策の領域を指すことに用いられたり子どもを対象としながら、大人だけが決めた健全なイメージに向けて子どもを育成する意図を含んでいると指摘されたりすることもあった[6]。

平成15年の内閣府「青少年の育成に関する有識者懇談会」においては、「健全育成」の捉え方に関して、従来から国が使用してきた「健全育成」の捉え方と子どもの実態との間に違和感のあることが指摘され、子どもを受け身的な保護の対象とするのではなく積極的に権利の主体とする事の重要性を指摘したうえで、現在の子どもをどう見るかという現状認識と、「健全育成」に関する基本的考え方は別立てにすることを提案している[7]。

なお、WHO（世界保健機関）の「健全育成」に該当する用語については、“Healthy Development”（健全な発達）という使われ方がされている[8]。しかし、日本（法務省）[9] においては、“bringing up Children ”（子どもたちを育てること）もしくは、“Upbringing of Children”（子どもたちの躾）と翻訳されて使われてきた。このように、日本における「健全育成」用語の意味合いについては、国際的に使用される普遍的な用語の意味合いと一致しない面もみられた。

柏女（平成23）[10]は、児童福祉の観点から、「健全育成」の理念は不明確であるとし、「昭和30年代後半に目的概念としての『健全育成』が明確化されたが、それ以降、この分野について十分な検討がされてこなかった」ことを指摘してきた。

## ２．子どもの権利と健全育成

このように、これまでさまざまに議論されてきた「健全育成」は、平成28（2016）年に児童福祉法が改正されて「子どもの権利」が明記されることによって、より明確に理解されるようになってきた。

昭和22（1947）年に公布された児童福祉法は、これまで幾度となく改正を繰り返してきたが、第１条（児童福祉の理念）および第２条（児童育成の責任）については、一度も改正されることはなかった。しかし、平成28（2016）年６月に抜本的な改正がされ、とくに、児童の権利に関する条約の精神が児童福祉法に含まれ、児童福祉法が「子どもの権利」を保障するための法律として明確に規定されることになった。

児童福祉法第１条の「児童の権利に関する条約の精神にのつとり、適切に養育されること」とは、児童の権利に関する条約に規定する、子どもの主体性（能動性）や権利性が、児童福祉法に具体的に反映されることを意味しており、児童福祉法が、「子どもの権利」を保障するための法律であることを明確にしている。

また、児童福祉法第２条第１項では、（子どもの）「最善の利益」が「優先して考慮」されることが規定されている。これは、児童の権利に関する条約第３条の「児童の最善の利益」を踏まえた規定である。条文が、「全て国民は」という主語で始まっていることからも、子どもを取り巻くすべての大人の義務として規定されていることがわかる。それは、子どもの保護者としての国民という意味と、社会の構成員としてのすべての国民という両方の意味をもつものと考えられる。

「心身ともに健やかに育成されるよう努めなければならない」とは、子どもが心身ともに健やかに生まれ育つために、私たちすべての国民が努力しなければならないということを意味する「健全育成」のことであり、環境条件によって、子どもの「心身ともに健やか」である状態が阻害されないように、児童福祉法に規定される児童館が、「子どもの権利」を保障する一翼を担うことになる。

## 3．児童館ガイドラインと健全育成

児童館（児童厚生施設）は、児童福祉法に規定する児童福祉施設なので、児童館は児童福祉法における児童福祉の理念を具現化したものといえる。平成28（2016）年の児童福祉法改正によって、子どもの権利性が明確にされるなか、「健全育成」に関する法律との整合性や、児童館の運営や活動が、地域の期待に応えるための基本的事項を示し望ましい方向を目指すものとするために平成23年に発出されていた旧児童館ガイドラインの見直しが、厚生労働省の専門委員会において検討された。

具体的には、厚生労働省社会保障審議会児童部会「遊びのプログラム等に関する専門委員会」[11] 及び同委員会に設置された「今後の地域の児童館等のあり方検討ワーキンググループ」[12] において、児童館ガイドラインの見直しについて検討が行われ、平成30（2018）年10月に、現在の改正児童館ガイドラインが発出された。

そのなかに、総則（理念）として、児童福祉法改正及び児童の権利に関する条約の精神にのっとり、「健全育成」が進められ、子どもの意見を尊重し、子どもの最善の利益が優先されること等について明記された。また、児童館が、児童福祉施設としての役割に基づいて、児童館の施設特性として拠点性、多機能性、地域性の３点を保有することなども整理された。

これらの改正によって、児童館の役割が、児童福祉法に基づく子どもの権利保障であることや、児童館が「健全育成」を地域社会のなかで具現化する児童福祉施設であることなどがより明確にされ、今日的な福祉的な課題にも対応する多機能性を備えた福祉施設であることも明記された。さらに、地域における子どもの健全育成は、児童館だけで完結するわけではないので、地域住民とともに活動し、また、子どもに関わる関係機関等と連携することによって、地域における子どもの健全育成の環境づくりを進めることも明記された。

なお、児童福祉法第１条(児童福祉の理念)及び第２条第１項(児童育成の責任)と改訂児童館ガイドライン第１章総則については、本誌巻末の資料に掲載してあるので参照されたい。

児童館における「健全育成」とは、子どもたちの心身の健康と福祉を増進し、自己実現を図ることであり、それは国家や企業、保護者やおとなのためでなく、あくまで子ども自身の主体的な育ちそのために実施されるものである。

また、子どもが心身ともに健やかに生まれ育つためには、私たちすべての大人が努力することが必要で、環境条件によって、子どもの心身ともに健やかである状態が阻害されないように、その役割を果たすことが必要である。

そのために児童館は、拠点性、多機能性、地域性を発揮しながら、地域社会のなかで地域住民とともに健全育成を果たしていくのである。

**【脚注】児童館ガイドラインと健全育成**

1　厚生省児童局（1948）『児童福祉』においては、「児童厚生施設本来の意味は、児童福祉法の『すべて児童はひとしくその生活を保障され、又心身ともに健やかに生れ、育成されねばならない』ことを原理として、その目的達成のために考慮せられる、方法と手段である。」（p277）と解説されている。

2　児童福祉法第40条において、「児童厚生施設は、児童遊園、児童館等児童に健全な遊びを与えて、その健康を増進し、又は情操をゆたかにすることを目的とする施設とする。」と規定されるすべての児童を対象とする児童福祉施設である。このうち児童館には、児童厚生施設の任用資格である「児童の遊びを指導する者（児童厚生員）」の有資格者が常時配置されるため、児童厚生施設の中核をなす。

3　児童福祉法規研究会（1999）『最新・児童福祉法母子及び寡婦福祉法母子保健法の解説』には、「児童厚生施設は、母親クラブ、青年ボランティア等の地域組織活動を支援し、連携を保ち、地域に密着した児童の健全育成の活動拠点となることがのぞまれ、また期待されているところである。」（p300）と解説されている。

4　児童福祉法規研究会（1999）『最新・児童福祉法母子及び寡婦福祉法母子保健法の解説』P10

5　山本真実（2015）『新・社会福祉士養成講座15児童や家庭に対する支援と児童・家庭福祉制度（第５版）』中央法規、P126

6　『エンサイクロペディア社会福祉学』（2007）においては、「児童健全育成という用語は『児童』すなわち小学生を対象として、大人だけが決めた『健全』イメージに向けて大人が子どもを『育成』する意図を含んでいる」（p958）と解説されている。

7　「青少年の育成に関する有識者懇談会」第12回議事概要（2003年１月16日）。本田和子座長は、「子ども観を真正面から取り上げてはいないが、現在の青少年をどう見るかという現状認識をここではまとめているので、健全育成に関する基本的考え方は別立てにするということも考えられる。」と発言している。

8　Richter, L.The Importance of Caregiver-Child Interactions for The Survival and Healthy Development of Young Children A Review. Department of Child and Adolescent Health and Development, WHO. 2004.

9　日本法令外国語訳データベースシステム（法務省）によれば、児童福祉法第２条（児童の育成責任）では、“bringing up Children ”（子どもたちを育てること）、第21条の10（児童健全育成事業の促進）では、“Upbringing of Children”（子どもたちの躾）と翻訳されている。

10　柏女霊峰（2011）『子ども家庭福祉・保育の幕開け―緊急提言　平成期の改革はどうあるべきか―』誠信書房

11　2015（平成27）年５月設置、委員長：鈴木一光（一般財団法人児童健全育成推進財団）

12　2017（平成29）年２月設置、座長：植木信一（新潟県立大学）

# 第４章

# 児童館の運営と実践の基本

# 1．こどもの居場所としての児童館

仙田　満
(環境建築家・東京工業大学名誉教授)

## はじめに

筆者はこどもの成育環境の研究とデザインを50年余り続けてきた。その間の社会的変化、生活環境の変化に伴うこどものあそび環境の変化は極めて大きい。地域の生活拠点として、あそび拠点として、児童館の存在はますます重要となっている。

ここでは環境建築家として、日本のこどもの成育環境、あそび環境の変遷、現状について概観し、児童館の都市的、建築的役割について述べ、次代の児童館の重要な役割であるこどもの「居場所」の要件について述べ、我が国の児童館の可能性と、それを裏付けする学術的な研究の役割について述べたい。

## あそびの変容

日本のこどものあそび環境は戦後70年間で大きく変化してきた。筆者がこどものあそび環境の調査を始めたのは1970年代前半のことであるが、こどもはどのような所で、どのようなあそびをしているのかを、その地域に住み、生活する親の世代とこどもの世代の両方にヒアリングし、昭和50（1975）年頃と昭和30（1955）年頃のこどもの状況の違いを初めて明らかにしようとした。横浜ではその20年間にこどものあそび空間量は実に１/20に減少していた。さらに、全国39小学校区において同様の調査を行い、同じ20年間にあそび空間が平均して１/10近く減少していることを明らかにした。その後、平成２（1990）年頃に同様の全国調査を行うと、昭和50(1975)年頃の１/２～１/３に減少していた。さらに平成15（2003）年に全国調査をしたが、この頃になると防犯対策が厳しくなってきて路上や公園であそんでいるこどもに直接聞き取り調査をすることが難しくなってきた。そのため推論でしかないが、この50年間で１/100のオーダーであそび空間が減少していると考えられる。あそび時間についてみると、昭和40（1965）年頃を境にして、多くの時間が外あそびから内あそびに移行したが、それは1960年代のテレビと1980年代のテレビゲームの普及によって大きく加速されたといってもよい。1990年代以降のIT化によりその傾向はさらに進行し、ますます外であそぶ機会を失っている。こどもの放課後は極めて忙しい。塾、おけいこごとに多くの時間が割かれ、それはますます低年齢化している。こどもは友達とあそぶために、電話で予約しなければならない状況になっている。

### あそび環境

あそび環境はあそび時間、あそび空間（場）、あそび友達、あそび方法という４つの要素で構成されている。そのどれが欠けてもあそび環境は成立しない。この４つの要素は相互に影響し合う。

ITメディアとの接触時間が増えることにより、外あそびが減り、あそび時間がないから、あそべないこともまた事実である。４つのあそび環境要素のうち、あそび方法とあそび時間の影響は特に大きい。その要因はこどもを取り巻く生活形態の変化、自動車やITの普及が挙げられる。あそびの室内化もこの２つの生活の様式の変化による影響が大きい。テレビやテレビゲーム、スマホというITとの接触に時間を取られ、外であそぶ時間がなくなっている。小学５年生の平均外あそび時間は15分とも言われている。あそび時間がないからなかなか友達もつくることができない。あそびのコミュニティも縮小している。これらの要素は相互に影響しあいながら、悪化している。

こどもの環境がますます悪化している状況の中で、こどもの居場所として児童館というものを考える必要がある。こどもが児童館を利用する理由の多くは友達がいる、友達と会えるということである。

### 国際比較

国際的にみて日本のこどもの状況は極めて特異であるといえる。あそび時間は、欧米より１時間ほど短い。あそび時間全体が４時間ほどであるから、その25％も短いということは、極めて大きなことだ。帰国子女をヒアリング調査すると、日本の治安の良さとデパートなどでの買い物のしやすさを除けば、圧倒的に外国での生活の良さを強調していた。ゆっくりとあそべる、広いあそび場があるというような、時間的、空間的なゆとりと多様なあそび体験を述べている。事実、日本の大都市の１人当たりの公園面積は約５㎡で、欧米の１／４程度しかない。屋内型のあそび拠点という点で、日本の児童館はユニークである。児童館に近いものとして、アメリカにはチルドレンズミュージアムがある。こどものための博物館である。日本の特に大型児童館については、アメリカのこども博物館の影響は大きい。ドイツではこどものためのスポーツクラブが充実している。また、保育園にも学童、中学生のスペースが複合している例もみられる。日本においては児童館という地域の拠点が国際的にもユニークであり、その歴史をふまえて、より拡大していく必要があると思われる。

### 住宅の変化

日本の住宅も大きく変化した。筆者の調査によれば平成12（2000）年頃までの25年間で都市部の住宅の75％が建て替わり、その中でこどものあそびの空間であった縁側のある家は、50年前90％であったが、35％以下に減少していた。小学校高学年で自分の部屋をもつこどもは90％を超えた。外あそびへの住空間装置ともいえる縁側がなくなり、個室化が進んでいる。

かつて多くの住宅はこどもにとって物づくり、あそびのための工房であった。かくれんぼあそびとしての隠れ場、そして雨の日には室内野球もできた屋内運動場、そしておままごとができた劇場的な空間に変化する融通無碍な空間もあった。日本の住宅は伝統的な畳の生活空間から、リビング、ダイニング、個室という形にその機能を細分化され、こどものあそび場はこども部屋という狭い空間に押し込まれる形になったといえる。かつての伝統的な住宅が持っていたこどものあそび場機能は現代でも必要なのだが、それがなかなか実現できない傾向の中で、都市的、外部的に物づくり、あそびの工房、隠れ場、屋内運動場、こども劇場的空間を児童館が担うことが期待される。

### 少子化

日本は少子化社会に突入している。かつては家族の中にもこどものあそび集団があったが、いま家族内であそび集団は成立しにくい。こどもの数が少ないということがあそびの環境そのものを揺るがせている。

平成２（1990）年頃、山形県の小学校で調査したところ、すでに自然あそびができなくなっていた。横浜のこどもよりも外あそびをしておらず、もっぱらテレビゲームにのめり込んでいた。田舎のこどもにおいてもあそび集団が成立しなくなってしまったのである。少子化は都市のこどもよりも田舎のこどもに、より大きな影響を与えている。自然あそびはそもそも伝承あそびである。あそび集団によってそのあそびが受け継がれて来た。自然の中にはさまざまな危険が待ち受けている。それを避けながらあそぶためには、そのノウハウが伝承されなければならない。その伝承を担っていたこども集団が成立し得なくなったという状況に、田舎の状況もある。都市でも田舎でも、友達に出会え、異年齢の交流の場として児童館の役割は大きくなっている。

### 学校

こどもの生活の拠点としての学校も、現在、大きな問題を抱えている。日本のこどもの自殺率はEU諸国と比べ高い。この20年間、成年の自殺率は減少傾向にあるが、こどもの自殺率は高止まりしている。しかも４月10日頃、９月１日頃にそのピークがあると言われている。直接的な原因はいじめや学業の問題であっても、学校がこどもたちにとってわくわくする魅力的なものになっていない。学校という空間がどちらかというと管理的な場、極端に言えば収容所型のビルディングタイプになり、こどもの居場所になっていないことが危惧されている。地域児童館などの児童施設は、こどもの自由なあそびが展開でき、こどもの居場所となる可能性を持っているのではないかと思える。

### あそびによって開発されるもの

あそびによって開発されるこどもの能力として、創造性、社会性、感性、そして身体性があげられる。イギリスの動物学者デズモンド・モリスは「あそびは創造性の開発をボーナスとしてもたらす」と述べている。アメリカのロバート・フルガムは『人生に必要な知恵はすべて幼稚園の砂場で学んだ』(河出書房新社)と題するベストセラーを書いた。彼は人生にとって必要な知恵、人びとと仲良く仕事をしていく方法、仲違いしてもまた仲良くなる方法は大学や大学院で学ぶのではなく、幼稚園の砂場であそびながら学ぶのだと言っている。社会性の開発である。そしてあそびはこども達の非認知能力を開発すると言われている。

筆者はかつて児童公園のない小学校区と、隣接して30haもの大きな公園のある小学校区の高学年児童それぞれ20人ほどに「君たちの小学校がどこかに移転したとしたら、この校庭をどんなあそび場にしたいですか」という課題のワークショップをしたことがある。そのとき、大きな公園のある学校では、みんながそれぞれに楽しそうに明るく、鮮やかなアイディアを出してくれたのに対し、児童公園のない学校のこども達は隣を見、お互いを見合いながら、校庭の貧しい遊具体験の延長しか描けなかった。あそびの体験の優劣が感性にまで大きく影響しているのを実感した。

外あそびが運動能力や体力の発達を促すのはいまさらいう必要はない。身体性の開発はあそびの基本であるのかもしれない。昭和60 (1985) 年以降、日本のこどもの体力・運動能力は低下傾向にある。あそびを疎外されることによって、この４つの能力は開発されない。いま、日本のこどもは社会変化に伴って、あそびから疎外されている状況にあるといえる。こどものあそび環境の拠点というのが、現代の児童館に課せられた役割と言っても言い過ぎではない。

## ６つのあそび空間

外あそびの空間には６つの原空間があると筆者は考えている。自然スペース、オープンスペース、道スペース、アジトスペース、アナーキースペース、遊具のスペースである。

自然スペースは自然あそびの場である。自然あそびとは自然採集のあそびが基本である。魚を釣る、花をつむ、虫を捕る、栗を拾うというようなあそびでは生物がいることが極めて重要で、その点では他のあそびのスペースに代替することはできない。このスペースの特長は、そのあそびが伝承されねばならない事である。オープンスペースのあそびは、こどもの運動エネルギーを思いっきり発散させる場である。広がりのある空間で、広場、原っぱ、空き地といわれるスペースである。道のスペースはさまざまな出会いの場であり、社会的な集団のあそびの場でもある。アナーキースペースはうち捨てられた空間、建設中の空間で、アトリエや工房、実験室のような場にみられるこどもの創造力を刺激する空間である。アジトスペースは秘密の基地ともいうべきもので、大人から隠れたこどもだけのスペースである。この中でこども達の自主的なコミュニティを形成したりしている。遊具のスペースは遊具というあそびのきっかけをつくり出す装置がある空間である。それはこども達のあそびのシンボル、場を提供している。このような多様なあそび空間が、こどもの生活の身近なところにあることが望ましいと考えている。そして、６つの原空間が児童館の内外に用意されていることが望ましい。

## 低層と開放性

４階建ての校舎の４階にクラスルームがある小学校高学年のこどもは、短い休憩時間はもちろん、お昼休みでもグランドレベルの運動場や庭になかなか降りてこない。４階から階段を降り、昇降口で靴を履き替え、グランドに出る。帰りはこの逆をしなければならない。それで往復５分はかかってしまう。４階建ての校舎はこどもを押し込めてしまっているのではなかろうか。

閉鎖的空間ではいじめも発生しやすい。こどものエネルギーを解放するような空間をつくらなければならない。児童館はこどもが自由に溜まり、あそび活動ができる開放的な空間でなければならないし、内部の空間だけでなく、プレイグラウンドのような外部の空間にできるだけ接して、連動しやすい構造にするためにも、低層で開放的な建築である必要がある。

### あそびの発達段階

あそびには発達段階がある。例えば２歳のこどもがすべり台であそぶとき、ただ滑ることを何回も繰り返して上達する。３歳頃になると、ただ滑るだけでなく、すべり台の手摺越しに足をかけたり、手でこいだり、頭から逆さに滑ったりとすべり方を工夫するようになる。よりスリリングに、より速くという技術開発する。４歳頃になるとすべり台は追いかけ鬼ごっこなどの単なる背景になる集団あそびゲームの舞台へと変化する。このようにすべり台という遊具におけるあそびは、２歳頃の単純に滑るということを楽しむ機能的段階、より速く、よりスリリングにという技術的段階、そして鬼ごっこ的な集団あそびの社会的段階と、ステップアップしていく。すでに大きなこども達にとって、人気があるのはみんなであそべる遊具、社会的段階になりやすい遊具だ。児童館においても社会的段階が重要と思われる。集団あそびがしやすい装置と空間の形式が望まれる、大きな空間だけでなく、小さな空間を適切に配置したり、間仕切りや家具等の仮設的な仕切りで分節化し、さまざまな集団あそびゲームが発生するような空間構成にすべきである。

### 遊環構造

筆者は昭和48（1973）年から昭和57（1982）年までの遊具、児童公園、あそびの原風景、あそび場の調査などから、こどものあそびが成立するためには空間構造にいくつかの特徴があることに気がついた。それを遊環構造と名付けた。一方、あそびの原風景の調査で、町の中でこどもがあそび場としていたのは、街区が一回りでき、しかも抜け道といったショートカットがあり、それにこどもが集まる小さな広場がとりついているというような構造であることを発見した。遊具と都市という２つに共通したあそびやすい構造が、遊環構造である。

循環とショートサーキット、そしてそれにとりつく小さな広場という構造を、遊具、あそび場、建築、公園といろいろ調べていく中で、その循環の中に「めまい」の体験要素が不可欠だということが分かってきた。またシンボル性の高い空間、あるいは場、あるいは物も必要であり、さらに全体が柔らかな循環―いくつかの選択が許され、またさらに外に抜けることのできるような―で穴だらけの空間であることが要求されていると考えられる。鬼ごっこやかくれんぼというような、集団あそびゲームが発生しやすい空間構造である「遊環構造」の特徴を次の７つの条件として整理した。

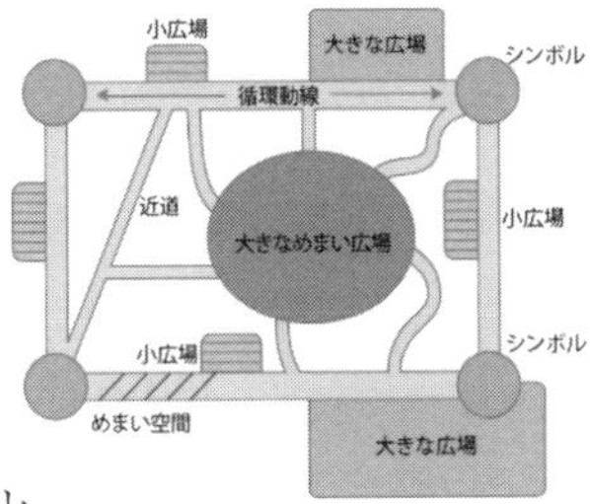

遊環構造のモデル図

＜遊環構造の７つの条件＞

1．循環機能があること
2．その循環（道）が安全で変化に富んでいること
3．その中にシンボル性の高い空間、場があること
4．その循環に“めまい”を体験できる部分があること
5．近道（ショートカット）ができること
6．循環に広場、小さな広場などがとりついていること
7．全体がポーラスな空間で構成されていること

あそびの活性化には時間や友達、そしてあそび方法を教えてくれるプレイリーダー、あるいはあそびのプログラムなど、空間以外の要素が非常に大きい。しかし、それでもなお、建築とそれを取り巻く環境があそびを活性化することが可能である。遊環構造というのは、一つの空間の原型としてとらえることができ、児童館の内外においても、十分に応用できると考えられる。

## 空間的条件

こどもを取り巻く社会的・都市的変化の中で、児童館は体力増進や健全育成などに関わる機能を越えて、すべてのこどものためのあそびと社会生活の拠点として、重要な役割を担うに至っている。

**あそびを誘発する建築空間、装置、そしてプログラム：** こどものあそび行動を活性化するような空間づくり、それらと一体となった遊具や体験展示装置などの計画、そして多くの楽しいプログラムが必要である。そこでの特長的な条件を次のようにかかげる事ができる。

**こどものスケールと五感への対応：** こどもは発達段階ごとにそのスケール感覚と五感の感覚が異なっている。特に小さなこどもに対しては、こうした発達段階ごとのスケールと五感への空間的対応が必要である。

**親子のふれあいの計画：** 従来、児童館はこどもを中心に計画されてきたが、少子化・核家族化など家庭環境の変化と心の教育などの必要性が叫ばれる中で、児童館における親子のふれあい活動の重要性が高まってきており、これに対応した親子のための空間づくりが重要である。

**あそびから創造と想像へ：** こどもにとってのあそびは、単なる娯楽ではなく体験活動である。あそびから創造性や想像力を育む活動へと展開してゆける施設計画が必要である。創造活動のための道具や材料が豊富に用意されている必要がある。

**成育に対応した活動機能：** こどもの興味の対象は成育に伴って変化する。乳幼児や小学生のみでなく、中学生・高校生まで想定した活動機能を備えることによって、一人のこどもが児童館とともに育ってゆくような施設づくりが重要である。個性にあわせ多様な居場所が必要である。

**児童文化の伝承と創造：** あそび集団の崩壊と近隣社会の希薄化の中で、地域性に根差したあそびや児童文化活動の衰退が問題となっている。伝統的な児童文化を知る高齢者の参加も得ながら、その伝承と新しい時代の児童文化を育んでゆく活動拠点としての役割が期待される。

**安全性への配慮：** こどもの不慮の事故は家族にとって大きな悲しみであるばかりでなく、社会的にも大きな損失である。施設や設備の安全性については、専門家による十分な検査と指導によって万全を期する必要がある。専門家を含めた安全委員会などの組織による定期的な点検が推奨される。これにより、過度な心配による禁止事項の見直しを可能にできる。

**子育てへの支援：** 育児期の母親の孤立が社会的に問題となっている中、児童館は子育てに関する相談や支援のための拠点として重要な役割を担うことが期待される。

### 近接性

児童館は、都市・地域において孤立的な存在ではなく、多様なコミュニティ施設に近接し、連携的に利用される形が望ましいと考える。そういう点では、複合化という形式も考えられる。

**学校との近接性：** 小型児童館では学校区単位での利用、放課後児童対策事業などに配慮して、小・中学校との近接が望ましい。

**公民館などコミュニティセンターとの近接性：** 大規模な集会や企画事業のための施設を共有できることから、公民館などコミュニティセンターと近接することは望ましい。

**公共文化施設との近接性：** 美術館、博物館、ホールなどについては、児童館機能の拡張として、専門家によるこどもに対するプログラムの提供が考えられることから、近接が望ましい。

**公園との近接性：** 遊具、オープンスペースの活用や、自然体験のスペースとしての活用などが考えられることから、公園との近接性が望ましい。

**商業施設との近接性：** 保育託児などの機能を有する児童館の場合、駅や商業施設との近接は働く親に対する子育て支援の観点から望ましい。

**自然環境との近接性：** 森、山、川、海などの自然や田畑など、こどもが安全に自然体験できる環境が周辺にあることが望ましい。あわせて安全な自然体験ができる方法を伝えるコミュニティの存在が不可欠である。

**歴史性・文化性など地域的特徴のある場との近接性：** 歴史性や文化性など地域的特徴のある場が近接していることは、こどもの地域学習の観点から望ましい。こども達にとってふるさと、地域愛を醸成する場として重要である。

### 交通環境

こどもの生活環境の中で、アクセシビリティの観点からもさまざまな安全な都市的ネットワーク形成がされる必要がある。歩道がない通学路での惨事が時折ニュースで報告されているが、こどもの成育環境の整備が町づくりの中でも優先的になされる必要がある。児童館の設置、建設においては次のような安全なアクセシビリティが図られる必要がある。

**あそび場ネットワークの整備：** こどもだけの来館が予想される児童館では、通学路と一体化した安全性の高いあそび道ネットワークを形成することが必要である。

**自転車アクセスの整備：** 中小規模の児童館では自転車利用が多く予想されるため、安全なアクセスと駐輪場の整備が必要である。自転車道の整備も重要な課題である。

**公共交通と車によるアクセスの整備：** 広域からの利用が想定される大型児童館においては公共交通の便への配慮が必要である。また自家用車による利用も多く予想されるため、道路及び駐車場の整備が必要である。

### 3種類のこどもの居場所

こどもの滞留する内部空間を観察調査してみると、「高所」「別所」「閉所」という場所が、好んで滞留する場となっているようである。高所は高く、視点が変わる所である。こどもは高いところが好きなのである。満足感を得られるのだろう。別所は区画され、畳、マット、カーペットなどで他の部分から差別化されたような所である。囲われた閉鎖的な場所、こどもが隠れることのできる場所が閉所だ。こどもは隠れられる場所が好きだ。こどもだけが入ることのできる小さな場所、こどもが隠れている場所が大人からは少し見えづらいが、こどもからは全体を見渡すことができるような隅っこ、はじっこというような物陰。それはまるで景観地理学者アプルトンが考える生物の生息地は相手からは見られず、こちらから見える場所に似ている。

高所、別所は、多人数の幼児による同時的な滞留が発生し、閉所は少人数ながら長時間の滞留があった。高所、別所は人数の変動が大きく、幼児の入れ替わりの滞留があったが、閉所では同じこどもが占拠する場合が多かった。

規模について検討してみると、別所は ６～７㎡ 、閉所は４㎡程度の広さが必要と思われた。ちなみに閉所は、全方位を閉鎖するのではなく、適切な格子や隙間があるところが望ましい。高所はこどもが乗ることを考え、安全に配慮し、崩れたり、落下したりすることを防がなければならない。

高所、別所、閉所という ３つの場所が、こどもの好きな居場所といえる。そのようなコーナーが多くある空間を児童館に設けていただきたい。

## 床の重要性

日本の伝統的な家はこどものためにつくられていたと、元愛知大学教授の佐野えんねさんは、日本の伝統的な住まいの良さを『日本に住むと日本のくらし』(樹心社)という本の中で解説している。当時の朝日新聞に次のように語っている。

「西洋の部屋を見てごらんなさい。家具も床もこどもの敵ですよ。どこにぶつかってもあぶない。日本の畳はどうでしょう。広い畳の家具のない家はこどものあそび場ですよ。うちの孫はそこで逆立ちしたり、寝転んだり、日本の家はこどもと一緒に暮らすために創られています」(1978年11月11日付。佐野えんねさんは帰化ドイツ人)

建築空間の中で一番大事なのは床だ。人間は空中に止まることはできないから、床の上に存在する。だから床が最も大切な建築の要素だということができる。

こどもの事故の多くは転倒だ。頭や顔を打ったりする。このときに床の硬度が高いと大きなダメージを受ける。

床の温度も重要である。冷たい床は夏には気持ちが良いが、冬には居心地が悪くなる。床暖房をすることで過ごしやすくなり、こどもの行動は活発になる。やわらかさ、清潔さ、適当な温度が床の条件として重要である。

児童館においても、床の弾力性と温度について十分な配慮が必要である。コンクリート直貼りのタイルや、板貼りは避けなければならない。こども達の快適な居場所づくりや活動しやすさは床から始まると考えても良い。

### 静的な空間と動的な空間

こどものあそび行動が常に運動を伴うとは限らない。物をつくったり、本を読んだりするためには静かな空間が必要である。こどものあそび行動には動的な、そして音が出る、少し騒がしい音環境の場合と、静かに集中し、没頭するやさしい音環境の両方が必要である。それが適切にまじりあっている状況が必要なのである。児童館においても、イベントや集団あそびが展開する場合と、個人的あるいは少人数で展開する場合では音環境が異なる。こどもが選択できる音環境が大切である。こどものあそび環境は一言でいえば多様であることが大切である。児童館においても音が十分に大きく出る室、でも周囲の住環境に影響を与えないようにすることも重要である。周辺環境をできるだけ乱さないこと、また多様なあそび行動を可能とする空間のあり方を考えねばならない。

### 放課後の居場所

学童保育は、今、日本のこどもの成育環境の最大の課題と思える。私達はこの問題に真剣に向き合う必要がある。学校に学童保育がある割合は、50% 以上を占めているが、こどもの立場になって考えると、同じ空間に長くいるということが、果たして良いことなのだろうか。

本来は学校ではなく、別に居場所を設けるべきだと考える。学校に空き教室や、多くの空間があるのだから、それを利用しないともったいないと考えた場合においても、こどもが「自分の場所だ」と感じるような居心地の良い空間にデザインすべきである。筆者は学校に設けられた学童保育の場を数多く見学したが、ほとんどが悲しくなるほど殺風景で、こどもが自分の場所と感じられるような温かみがあるところは少なかった。

今、日本では「学童保育難民」と呼ばれるこどもが実に１万3,000人いるといわれている。潜在的にはもっといるのではないかと思える。プレーパークのようなあそびの場、ドイツのスポーツクラブのような運動を主体とするもの等、もっと多様な形が用意されるべきである。こどもが、コミュニケーション、友達づくり等、多様な体験ができる学童保育の場の整備を早急に行わねばならない。児童館はその役割を果たす重要な場と考えられる。

## プレーパークと児童館

デンマークの造園学者、ソーレンセン教授が創始したアドベンチャープレイグラウンドは、廃材置き場から着想を得た冒険あそび場、こども自身がつくるあそび場である。それがスイス、イギリス、ドイツ等に影響を与え、1950年代、日本にもガラクタ公園として誕生した。その後発生したプレーパークは、1970年代、イギリスのアドベンチャープレイグラウンドの影響を受け、都市計画家の大村虔一、璋子夫妻が世田谷区で主導した住民運動から始まった。現在、国内には常設、仮設を含め200以上のプレーパークがあるといわれ、プレイリーダーによるあそびの支援が行われている。 ヨーロッパの冒険あそび場は1990年代に入り急速に衰退していく。多くの冒険あそび場が景観的なアナーキーさを隠すために塀で囲まれており、それがドラッグを始めとする犯罪の温床になったという批判的な意見が大きくなったためと考えられる。これに対し、日本のプレーパークは市民運動から始まり、開放的で、塀で囲うことをせず視覚的にも開かれたものであったことによって、衰退を防ぐことができたといえる。世田谷区だけではなく、川崎市の子ども夢パーク、名古屋市のてんぱくプレーパーク等、各地でプレーパーク活動が起こり、主に屋外のこどもの居場所として、その存在が世界的にも評価されるようになった。プレーパークの活動が学童保育や児童館とリンクしたものとなった例は多くはないが、アフタースクールの居場所としてはきわめて高く評価される。

### 学童保育と児童館

学童保育は、放課後に親が仕事などで家にいない小学生が支援員の見守りの中で学び、あそぶなどして過ごすものであるが、近年は少子化や地域のコミュニティの減少によって、親の就労如何に関わらず、放課後にこどもが孤立している場合が多くみられる。

テレビやテレビゲーム等に多くの時間を費やし、こども時代に獲得しなければならないさまざまな発達成長の機会を失っている。そのため全児童が学校以外に、異年齢交流、学習、あそび、運動等が多様にできる場が必要であると考えられる。そういう点において、プレーパーク型の学童保育や、保育園・幼稚園・こども園が学童保育の受け皿としてその機能を拡大していくことは重要と思える。児童館を中心とするものにしろ、屋内屋外の両方の活動が組み合わさった学童保育の空間形成が望ましい。

その中で、こどもが多様な体験と出会いを自主的に獲得できるように空間的、自然的な環境整備をすることが大切と思われる。そういう意味では、中高生が児童館における利用がなされ、学童の子どもたちの交流やジュニアリーダーとして中高生が役割を担う事はとても望ましい方向といえる。

### こども食堂

こどもの貧困が指摘されている。そして東日本大震災を機に始まった「こども食堂」の運動はいまや、国内約6,000か所近くまで広がっている。朝ごはんを食べられないこどもの増加が報じられ、所得格差やそれぞれの事情により、こどもの全体の環境がこの20年間悪化していくなかで、単にこどもに食事を提供するだけの場ではなく、みんなで食べる、コミュニティの中で食べることの重要性、こどもが地域住民と触れ合えるという意味を持つこども食堂が広がっているといえる。児童館にもこども食堂を運営しているところが現れている。従来、児童館は飲食の場ではなかった。しかし住宅において一番大切な場がキッチンや食堂であるように、一緒に食べる空間は多くの人をつなげる。そういう意味においても児童館の役割の中にこども食堂という機能を考えるべきと思われる。

### 挑戦するための安全安心基地

人生は困難との遭遇の歴史のようなところがある。それをいかに楽しさに変えていくことができるかが、重要な課題である。こどもの頃の安全安心基地が、人生を生きてゆくための原点であるように思われる。安全安心基地の空間から児童館の空間について考えてみたい。

アタッチメント理論（愛着理論）とは、1960年代、イギリスのジョン・ボウルビィが確立させた概念である。ボウルビィは「赤ちゃんは外界のあらゆる恐怖に対し、それを受け止め、安心する基地が必要だ」と述べ、それが失われたとき、健全な成育がもたらされないという仮説を立てた。 その後、さまざまな調査・研究によってこの理論が証明されてきている。

このアタッチメント理論の中心は母親に相当する、こどもに寄り添い、守る人の存在の重要性を述べているのだが、空間にもそのようなこどもの安全安心基地が重要であると考えている。スヌーピーの友達のライナスはいつも毛布を持っていた。あの毛布のような存在、困難に陥ったとき、心を立て直してくれる場所、空間が必要なのではないかと思える。そのような場として児童館という空間が存在すべきと考えている。赤ちゃん、幼児は信頼できる大人に受容されることによって、外界を冒険することができる。こどもの環境全体を考えたとき、成人になってからの環境の影響と比べて、きわめて大きな相関関係を示唆している。

従来、環境デザインの領域における環境心理学の分野は、人間の成育環境まで研究対象にすることは少なかった。しかし ジョン・ボウルビィのアタッチメント理論や、ノーベル経済学賞を受賞したジェームズ・ヘックマンの成育環境とその後のキャリア（人生歴）の関係に関する研究は、質の高い保育をうけたこどもはそうでないこどもに対し、人生の落伍者になる確率が少なく、年収も高い地位の生活をする確率が高いという結果を明らかにした。幼児教育に公共投資をする意義の裏付けとなった研究である。

こどもにとっての場とは空間、時間、コミュニティ、方法という４つの要素で規定される。そういう意味でのプレイリーダー、児童厚生員と呼ばれる人たちの存在は大きい。こどもに寄り添い、なんでも話せる関係性を築ける人の存在はアタッチメント理論的にも大事である。

現代社会において、こどもを管理しやすい空間が多くつくられてきたのではなかろうか。こどもが自由に、自立的に、熱中し、集中できる場を形成していかねばならない。こども主体、こどもが第一だということが共有されねばならない。そういう意味において、学校でも、家庭でも、児童館でも、収容所型、管理型の空間を考えなおすべきだ。こどものための空間はこどもと一緒につくるべきである。そういうプロセスこそが最も大切である。こどもの居場所をあぶない、危険だという名目の下で、多くの場で不安と禁止の条件をかぶせてしまっている。そうではなく、こどもにとって広く、自由に使える社会にしなければ、地域の未来もシュリンクしてしまう。児童館はそのようなこども達にとって、自由で自立的な先進的な空間である必要がある。

### 日本建築学会、こども環境学会における児童館に関する研究論文

児童館に関する日本建築学会の大会発表論文は年間平均５本、研究論文は１本程度コンスタントに発表されている。建築計画系の研究室における児童館研究は、時代の変化に応じて多くの研究者により行われている。近年では中高生の児童館活動への参加、子育て支援との関係などの論文も多く見られる。こども環境学会は平成16（2004）年に発足し、これまでに児童館研究に関する論文も発表されている。児童のあそび拠点という側面からいうと、その点を主な研究対象としている学会は多くない。日本保育学会は会員約6,000人の大きな学会であるが、研究の中心は幼稚園、保育園、こども園である。

小学生・中高生を研究対象とする学会は少ない。こどものあそび環境、特に空間的な分野の研究は、日本建築学会、こども環境学会のほか日本造園学会、日本都市計画学会がカバーしてきたといえる。今後も児童館における研究が継続的に

行われ、社会発信されることが望まれる。

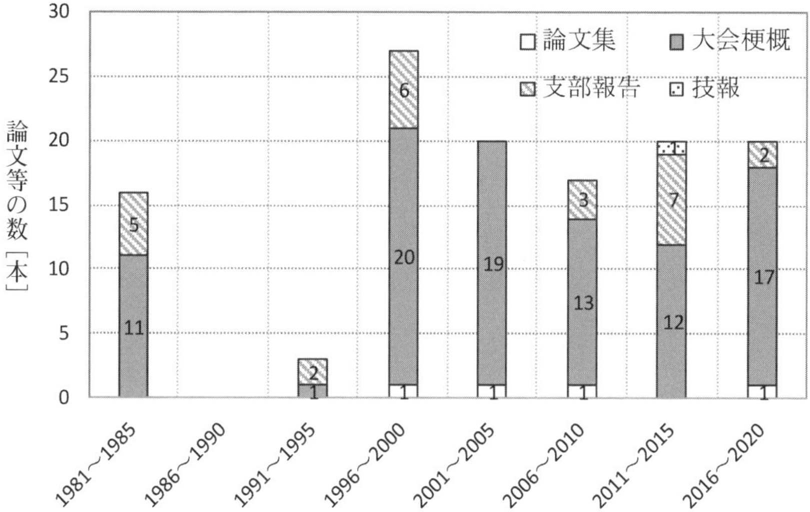


**日本建築学会における「児童館」に関する論文等の数（1981年以降）**

註）学会HPの文献検索システムでキーワード検索を行い、内容を確認して、児童館・児童センターに関わるものを抽出。環境系のもの（児童館のソーラーチムニーに関するものなど）は除いてカウントした。

## 児童館への期待

より良いこどもの成育環境の確立のため、本論の冒頭に述べたように、日本のこどもの成育環境が悪化の方向を取り続けているのではないかという危惧をふまえ、児童館というこどもの居場所がより充実したものとして都市・地域の中に形成され、こどもの成育環境がよりよくなるための拠点となる事を期待したい。こどもが地域の中で児童館を中心として困難をのりこえる力を獲得して未来をつくり上げる事を望みたい。

# 2．子どもの居場所を考える

田中　哲

（子どもと家族のメンタルクリニックやまねこ院長）

## ○ はじめに

『居場所』について考える今回のお話を、子どもが『居ること』あるいは『在ること』について考えるところから始めたいと思います。

英国の児童精神分析家であるウィニコットの著作（『遊ぶことと現実』1971）の中に、次のような一節があります。

「在ることが、ある世代から次の世代へと……受け継がれていくのである。」

「『在ること』の後に、『すること』と『されること』がある。しかしまず最初に、『在ること』がある。」

やや難解な書き方がされていますが、『在ること』を日本語に訳してしまわずにbeingという単語のままにしてみると、子どもが『居ること』の意味が少しはっきりと浮かび上がってきます。

初めの文章は、beingが世代を超えて継承されるものであること、２番目の文章は、『すること』や『されること』つまりdoingより前にbeingがあること。つまりbeingを前提としないdoingはあり得ないことを意味していると考えられます。ここでbeingとは、その子らしい『在り方』を示す言葉であることが理解できるでしょう。私たちが普段目にするのはその子らしい『行動』ですが、その前提としてその子らしい在り方があるということです。この文章はあとでもう一度味わってみたいと思いますが、まずはこのbeingという単語を糸口にして、子どもの居場所について考えてみることにします。

### ○「居場所をなくす」とはどういうことか

本題の『居場所』のことを考える入り口として、現代の子どもたちに居場所がないといわれることの意味から入ってみたいと思います。おそらくその方が、現実の子どもたちの姿と重ね合わせて理解しやすいからです。

まず最も直接的な問題として**『居る』ことが許容される時間と空間が失われている**ということが考えられます。子どもたちの生活は『居なければいけないこと』や『しなければいけないこと』に制約されすぎていて、自分で選んで自分のために『居る』ことや『する』ことが難しくなっているのです。

彼らはネットやゲームを気ままにやっているじゃないか、と思われるかもしれません。しかしそれが彼らの『居場所』なのかと問い返すと、疑問に見えてきます。それはどこまで行っても大人が仕組んだ仮想の場所であって、子どもたちが自分のために選んだ場所でも、それぞれの『らしさ』が存分に発揮できる行動でもないからです。まさに居場所をなくした子どもたちが、追い込まれた先にしか見えません。何かをしていることでしか埋められない時間や空間は『居場所』にはなり得ないのです。つまりそこには**居心地の良し悪し**という問題があるのです。居心地がよくなくては『居場所』とは呼べませんから。

子どもたちは、自分が居たいと思うところに居る権利があるのだと考えてもよいでしょう。その選び方には自ずとその子らしさが反映するわけなので、**自分らしさ（自分の在り方）は保障されているか**ということが問題になります。そしてもう一歩、この考え方を推し進めると、子どもたちにとって**自分の存在（being）はその場に必要とされているか**という問題があります。つまり自分が特別な存在として歓迎されていると感じられることです。ほんとうに自分らしい人は自分しかいないからです。

こうした意味での『居場所』が、現代の子どもたちにとって見つけにくくなっていることは明らかで、そのことが子どもたちの「居場所がない」と感じることのほんとうの意味なのだろうと、私は考えています。つまりbeing（自分らしいこと）を大切に扱う、別の言い方をすれば、自分らしさに磨きをかける場所こそが『居場所』なのだといえるかもしれません。この視点から『居場所』であることの具体的な条件を考えてみたいと思いますが、その前に少し、子どもたちがこのbeingというものをどのように獲得していくかについて、触れておきたいと思います。

### ○ beingと心の成長

人間の子どもたちは、他の哺乳類に比べると大変に未熟な状態でこの世に生まれてきます。生理的早産という言われ方をする事もありますが、他の動物に比べると新生児の時点でおよそ１年分も未熟なのです。そのために、初めの１年間を能動的にはほとんど何もできない状態のまま過ごすことになります。しかしこの１年間こそが、beingとしての自分を獲得するために欠かせない時間なのだと、私は考えるのです。

能動的にはほとんど何もできないと書きましたが、何もしていないわけではもちろんありません。身体全体を使って自分に関わってくれる人のことを感じ、とりわけまだ視力も十分ではない目を使って『見て』いるのです。そして、そのような在り方によってしか得られない何かをとらえ、心の中に形作っているに違いありません。

では、赤ちゃんは何をとらえ、何を形作っているのでしょうか。新生児の視覚を研究している人たちは、生後数か月、まだものが見え始めたばかりの赤ちゃんが、自分の目の前の人の顔、とりわけ目を注視していることを明らかにしています。興味深いことに、人の視力は30cmくらいの物から見え始めます。この30cmというのは、赤ちゃんが乳首をくわえた時の、子どもと母親の顔の距離なのです。赤ちゃんをあやす時の顔の距離もほぼ同じでしょう。つまり、物が見え始めた赤ちゃんは、お世話をされる度に（多くの場合）お母さんの顔を見つめていることになります。

そこでとらえられるものは、自分を大切にしてくれる人が絶えず近くに居てくれるという事実であり、それによって形作られるものは**養育者のbeingへの信頼**です。それは自分に対する肯定的な関わりへの信頼感といってもよいでしょう。必ずよいことをしてもらえると信じているから、子どもは自分の存在をアピールするために、大声で泣くのです。あれほどギャン泣きする赤ん坊は、人間をおいて他にありません（野生動物がそれをしたら、たちまち天敵にとって食べられてしまうでしょう）。

そこには、必ずよい関わりをしてもらえる、つまり**自分のbeingへの信頼**があるということになります。自分はよいことをしている（doing）からよいことをしてもらえるのではなくて、よい存在（being）だからよいことをしてもらえるのだということです。私たちは、火のついたように泣く赤ちゃんを抱き上げた時、「よしよし」と言います。それはしている（泣いている）ことへの肯定ではなく、存在していることに対する「よしよし」です。そしてそのような関わりが、子どもの中に自分のbeingがよいものであるという確信を形成していくのです。

赤ちゃんは次第に、自分によくしてくれる人がいつも同じ人ではないことに気付くようになります。この時までに、信頼関係の土台が形成されていれば、いつもとちがう人の接近に対してすでにできている信頼関係という安全基地に逃げ込む行動を取ります。これが人見知りです。そして安全基地の中から新しい人との関わりを探りはじめます。これが人に『なつく』という行動であり、少しだけ能動的な関わり合いの始まりです。今これを**相互性への気づき**と呼んでおきます。人との関わりの広がりとそこで展開するさまざまなやり取りは、養育者と自分の関係への信頼を土台にして始まることになります。そしてこの関わり合いは次第に行動の枠組みを形成していくことになります。人との関わり合いがなければ、子どもは自分の衝動を枠づける必要もないわけですから。

この『養育者のbeingへの信頼』『自分のbeingへの信頼』そして『相互性への気づき』という３つの要素は、そこから先の心発達の土台として、極めて重要です。なぜなら、社会性（対人関係を求める力）・自尊感（自分と他者への寛容さ）・自己統制（コミュニティ秩序との折り合い）といった人が成長して自立する上で大切な力は、すべてこの土台の上に形成されるからです。

養育者のbeingへの信頼があれば、養育者は安全基地となり、そこを拠点としてコミュニティに出ていくことが可能になり、対人関係の中で生活し、社会の中を生活していく力をつけていけることになります。

自分のbeingへの信頼があれば、たとえ大失敗があったとしても自分の価値は消滅することはないわけですから、能動的に周囲と関わることができ、そこから自分らしさの肯定感（自尊感）を得ていくことができるようになります。このようにして得られた自尊感は自分に対してのみでなく、他者に対しても寛容になることを可能にしてくれます。

相互性への気づきとそこから生まれる枠組みの感覚は、コミュニティやさらには社会の秩序の中を生きていくための自己統制の元になります。

この３つの力は、自立のための三本の柱です。図１はこの様子を絵にしてみたものです。今回はその詳細をお話ししている余裕がありませんが

図1

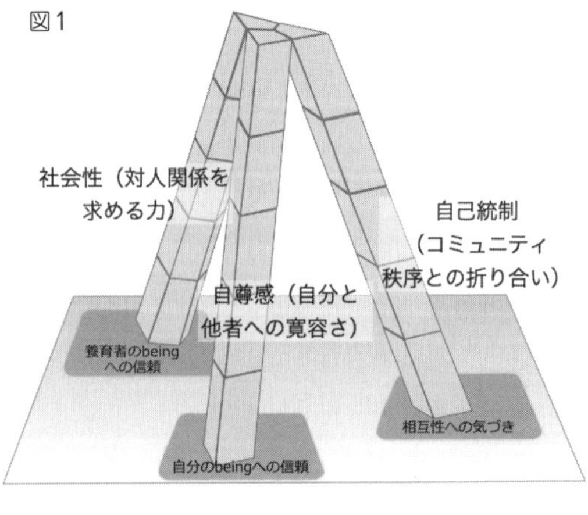

(興味のある方は拙著『“育つ”こと“育てる”こと』いのちのことば社 刊をご覧ください)、大切なことは、人はこの三本の柱を幼児期から人々との関わりの中で積み上げていき、この積み上げが大人に達したところで合体して一つの構造物として立ち上がるということです。

石を積み上げてできた西洋の建築（お城や教会や橋）を想像していただければお分かりのように、こうした建築は最終的に組み上がってはじめて堅牢な構造物になります。積み上げの途中が不安定なのは、人の場合も同じことです。建物の建築に足場が必要なように、人の成長にも周囲からの支えは不可欠で、このことが子どもの成長にとってコミュニティが絶対的に必要である最大の理由です。そして、どのようなコミュニティの中で成長していけるかが、人の自立の仕方に大きな影響を持つことになるのです。

人が自立できたことの象徴が社会に出て働き生活を営めることなので、職業生活が自立と同一視されがちですが、職業に就けることはあくまでも自立の一側面でしかなく、自立した人でなければできない事というのは、他にも多くあります。その中でも最も重要なものの一つに数えられるのが『子どもを育てる』という作業です。

職業がそれに見合うだけの社会性（職業コミュニティの中で生活していける力）・自尊感（社会的な役割を担っている自覚）・自己統制（社会人として求められる自己抑制）を身につけている必要があるように、子育てにも社会性（子どもを軸にしたコミュニティとの支援的関係）・自尊感（子どもを受容し、養育することへの自己選択）・自己統制（子どもの要求に安定して応じられる能力）を必要とするからです。これは親だけでなく、われわれのように職業的に子どもの成長に関わる人間にとっても同じことです。これらが一体になって機能することで、養育者として子どもと安定して向き合うことができます。つまり安定感のあるbeingを獲得することができ、このことがそこで育てられる子どものbeingにとってとても重要なのです。この事が、冒頭に挙げたウィニコットの「beingが受け継がれていく」という言葉の意味に違いない、というのは私の解釈ですが。

### ○ beingの不全と心の問題

さて、そのbeingの継承はうまく行く時もあればうまく行かない時もあります。望ましくないbeingというのはあり得ないのだと先に書いたばかりですが、本質として望ましくないbeingというのはあり得ないとしても、beingの望ましくない状態というのはあり得ると考えることができるでしょう。

先ほどの三本の柱を思い起こしていただきたいと思います。図２は発達段階ごとの課題を一つずつ書き出したものなので、その詳細をフォローしていただく必要はありませんが、そうした課題そのものは『何ができるようになるか』ですからdoingの問題、それを支える構造の全体がbeingの問

図2

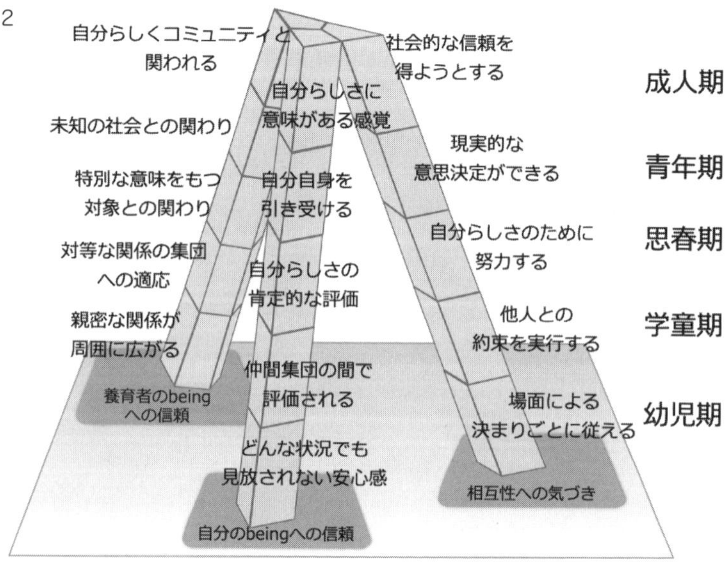

題と考えていただけると思います。ただし、この積み上げがうまく行かない場合のことを考える時、とくに中央の『自尊感の柱』に注目をしていただきたいのです。その理由は、社会性や自己統制の問題は、何かができるようになっていくことのつまずきとして、直接doingの問題として顕れますが、自尊感の問題はbeingの状態をより鋭敏に反映するからです。

そこでこの自尊感の柱に注目をして、その積み上げのつまずきがどのようなbeingとdoingの問題を生むかを解読してみることにしましょう。

幼児期の自尊感課題として必要なのは『どんな状況でも見放されない安心感』とあります。そこでこれが充足されない時のbeingの問題は『見捨てられることへの恐怖・安全感の喪失』であることになり、それを反映したdoingの問題は『分離不安（見慣れない対象への過剰な不安）・攻撃性・過剰適応』であることが理解できます。

同様に考えると、学童期の自尊感課題は『仲間集団の間で評価される』ことですから、それが失われた時に『自分ひとりが違っていることへの不安（疎外感）』が生まれ、『教室に入れない・異質な他者を排除する』などの現れ方をしていることが分かります。

思春期の課題は『自分らしさの肯定的な評価』つまり「自分が皆と違っていることは悪いことではない」と思えることですから、それが失われることは「自分というものへの違和感」を生むことになり、視線恐怖や社交不安のような形で症状化すると考えられます。思春期に特有の自傷行動や摂食障害もこの「自分というものへの違和感」の表現と考えられる事例があります。

青年期の自尊感課題は『自分自身を引き受ける』こと、つまり自分として生きていくことに腹をくくることですから、その失敗は『自分が引き受けきれない』こと、つまり自分が頼りにならない不安定感であり、その表現は物質や（ギャンブルなどの）行為や人への依存によってその不安定感を解消しようとすることであったり、ひきこもりや無秩序な生活に陥ることであったりするでしょう。

自立した人としての自尊感は『自分らしさに意味がある感覚』で維持されますから、その失敗は『自分らしさの無意味感』つまり抑うつであることになり、その表現は抑うつの症状としての活動の停滞や自殺企図です。また、子どもを育てるという作業に焦点をあてれば、自尊感の低下は『ありのままの自分が親となることの困難』ということになり、その表現としては『理想化され支配的な子育て』あるいは『養育への嫌悪や放棄』という形で行動化されることになります。

このように自尊感課題の失敗としてのbeing不全状態と、その表現としてのdoing問題を縦断的に見ていくと、それぞれの時期に特有のかなり深刻な状態が見えてきます。すると、doingに焦点をあてて制止すること（例えば『自分を傷つけてはいけない』と説得することなど）はあまり意味をなさず、低下したbeingをいかに回復するかが鍵となることが分かります。

beingの不全とは、自分らしく居ることの困難という意味での居場所の喪失なのです。『居場所』のもつ意味がどれほど大きいかがお分かりいただけると思います。

### ○ 居場所の条件

この点から、beingが保障される場としての『居場所』の条件をより具体的に考えてみたいと思います。

まず考えられることは**能力(ability)によって選別(exclude)されないこと**です。doingが居るための条件になっている限り、beingがまるごと受け入れられていることにならないからです。疎外に相当する英語のexcludeは外に(ex-)と閉じる(clude)から成り立っていて、線引きをしてそこから外に人を追いやることだと言われています。何かができないと居られない場は、たとえ今はそこに居られたとしても、その何かができなくなった時には居られなくなる場であり、自分の友だちはいられないかもしれない場なのです。今さかんにインクルージョンということが言われますが、その言葉(in-clude)も同じ『閉じる』を含んでいるので、それが能力による線引きであれば、同じ問題を含むことになります。大事なのはbeingを受け入れることにおいて『閉じない』ことなのです。

次に必要なのは**そこに居ることを自分で選べること**です。子どもにとって学校や家庭はいずれも無条件で居ることを保障された場ですが、そこに居なければならないことになった時に、『居場所』としての自由は失われてしまいます。子どもの『行きたい』『そこに居たい』思いが尊重されることはとても大切なことです。学校と家の行き来の生活の中に、そのようなわくわくする場が介在するだけで、いってみればそれは寄り道のようなものかもしれないのですが、学校や家庭の意味が変わってくるのです。

そして、もう一つの条件としてその子ども独自の在り方という意味での**beingが理解され、受け入れられていること**をあげておきたいと思います。その子どもの独自の在り方が否定されないということであり、そのユニークさを示すdoingが「らしくていいね」という評価を得られるということです。

これらはすべて、beingを保障するための条件なのだと言ってよいでしょう。では、実際にどのような場がこの条件を満たすことになるのでしょうか？

子どもの『居場所』は、直感的にかなり問題があると感じている人が多いようで、そのための取組がかなりいろいろな人によってされるようになりました。全国各地で静かな展開を見せている『子ども食堂』はその好例かもしれません。スタートはさまざまな経緯や動機があるようですが、貧困対策以上に子どものための『居場所』づくりの活動として、とても大きな意味をもっていると考えられますし、参加することを能力によって選別されない点でも、そこに居ることを自分で選べる点でも、その子らしさが無条件で受け入れられるという点でも、『居場所』としての資質を十分に備えたものということができそうです。基本的には民間の、そのために集まった人のつながりが実行力の中心にあることも、そこでは強みになっていると考えられます。コミュニティのサイズが限定されていて、つながりが見えやすく、目的が明確であることは、活動の開始・参入・維持の負担をかなり軽くしてくれるからです。

公的な（行政的な）取組としての、この『居場所』づくりの取組とは何かと考えると、児童館はその筆頭にあげられることになります。2018年に改訂された「児童館ガイドライン」を開いてみますと、公のガイドラインとしては異例とも言えるほどにこの『居場所』を作るという強い意志を感じることができます。対象を『18歳未満のすべての子ども』として除外項目を一切規定していないことは、doingによる制限を設けないことを明言していると考えられますし、基本特性の筆頭に『子どもが自らの意思でひとりでも利用することができる』ことを掲げ、自分で選べる場であることを示しています。子どもの「行きたい」という思いだけでつながる関係というのはとても重要な点なのではないかと思います。また、子どもがどのような存在であるかについて記述されていることも示唆的です。その子ども観の特徴は、大人に守られるべき存在であることとともに権利主体であることが明記されていることと、自立にいたる発達のひとつのゴールとして自己効力感や自己肯定感を掲げている点に読み取ることができるように思います。

すなわち、児童館はその理念としては本稿で考えてきた、子どもが成長のために必要とする『居場所』を強く思考していると考えてもよいと思います。またガイドラインでは、子どもが『居場所』を介して地域とつながりをもつ可能性が繰り返し述べられています。そこでここでも、社会生活にまでつながる子どもの成長と自立のために、コミュニティが積極的に取れる役割について考えていくことにします。

### ○ コミュニティの役割

コミュニティ(com-mun-ity)という言葉の語源をたどると、munusを共有する人たちという意味が出てきます。さらこのmunusとは何かと調べてみると、賦課、任務、職、義務、成果、好意、贈り物、祭りの演出といった多様な内容が含まれていることが判ります。単純な日本語には置き換えられそうもありませんが、あまり大きくない共同体（村）が生活のために大切に共有しているありとあらゆるものたちの姿が見えてくるようです。子どもたちのために必要なのは、子どもたちの成長をmunusつまり大切な共有物とするような、つまり子どもたちの成長が、務めとして、収穫として、喜びとして共有されているような共同体であるということになります。

現代社会の中で、私たちの周りにはさまざまな共有される主題を持ったコミュニティが、別々に形成され、存在していて、重なり合うことが少なく、個人生活の大きな部分を占めることも少なくなっています。そうした中で、子どもたちの成長のためのコミュニティが力を発揮できなくなっている状況があり、このことが『beingと心の成長』の章でお話ししたような、子どもたちの成長に、うまくコミュニティが関与できない要因になっているように見えます。

周囲を草原や木々に囲まれたアフリカの村や日本の山里とは違い、われわれのほとんどが生活する市街地のコミュニティは、おびただしい『知らない人たち』によって構成される社会(society)の中に、顔見知りの人たちの集まりとして成立しています。集まり方としては、地域コミュニティばかりでなく、親族・職業・同好の士などさまざまなテーマがあることになります。孤立した村ではそれらのすべてがひとつのコミュニティなのですが、社会に囲まれたわれわれの生活圏には、さまざまなコミュニティが重層的に存在することになります。そして子どもたちはその重層的で多様なコミュニティを介して人々と出会います。

子どもたちが成長して自立することは、この外の社会を志向することです。つまり見ず知らずの人たちに囲まれた社会の中にも自分の『居場所』を作り、自分のやり方で新しいコミュニティに参入したり、自分の周りにコミュニティを形成したりできるようになることが自立なのだと考えることができます。

その自立の場は、自分の家庭が属しているコミュニティの先にあるのですが、一足飛びにそこに到達できるわけではありません。家庭は自分のbeingを無条件に保障してくれるはずの場所ですから、そこで生活しているだけでは、見ず知らずの人たちの中で自立するスキルを身につけることができないのです。

そこで子どもたちはいったんコミュニティに出ていって、そこで『安全なヨソ』を経験することで、自立のためのスキルを磨き、さらにその先にある社会へと出ていくことができるようになります。図３はそのことを示したものです。

図３

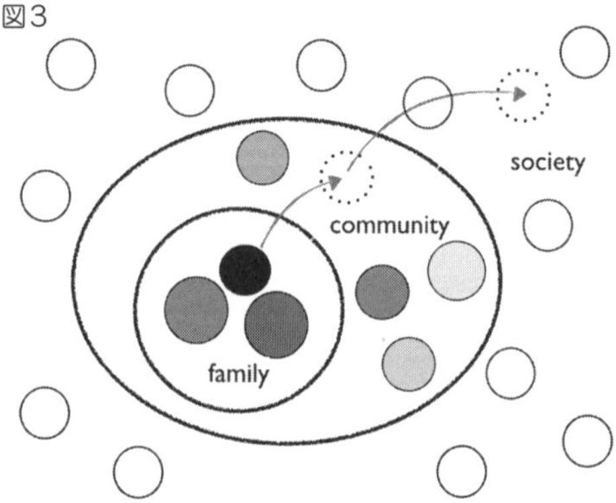


地域コミュニティを例に取れば、公園デビューをしたり、お買い物に連れて行かれることで地域経験をス

タートし、自分で公園や友だちの家に遊びに行ったり、お使いに行けるようになることで、自力でコミュニティに参入するようになり、公共のルールの中で生活したり「そんなところで遊んでたら危ないよ」などと声をかけてくれるおじさん・おばさんを経験したりすることで生活規範を身につけていくわけです。それらは明らかに、社会生活を送るための基盤を作っていることになるのです。

ところが、今素描したようなやり方での生活規範獲得を地域で経験することは、次第に難しくなってきています。公園でてんでに遊んでいる子どもたちの姿はめっきり減ってしまいましたし、お買い物も黙々と必要なものを籠に詰め込んでレジに並ぶだけの作業になってしまいました。デパートに行く代わりに、ネットでポチッとするだけで済んでしまいます。危ないことをしていても、親から文句を言われるのが怖くて叱ってあげられる大人がいません。地域コミュニティがうまく子どもの育ちに関われなくなってきているのです。同様のことは親族コミュニティについても、職業コミュニティについても言えます。それでもなお子どもたちにとっては、コミュニティの機能なしに自立をしていくことは困難という状況そのものに変わりがありません。今この自立した人に必要なコミュニティという役割が、学校コミュニティに丸投げされている状況が生まれているのではないかと思います。

本来なら、学校コミュニティに居られないことはそこまで大きな問題ではありませんでした。多層的な育ちのコミュニティが機能している状況であれば、自立のためのコミュニティは他にいくらでもあったからです。ところが、学校が唯一の自立経路になってしまった結果、「学校に行けない」ことが大きな問題になってしまったのです。不登校が問題なのは、自立をしていく方法が他に見つからないからです。

子どもたちがコミュニティの中に『居場所』を見つけることができるた

めには、そのコミュニティに属する子どもたちの『個』が大切なのだという価値観が共有されている必要があります。『個』とはその人の「らしさ」、つまりbeingという意味だとお考えください。その子どもが「自分らしい」ことが、そのコミュニティでの生きにくさにつながらないことが必要ですし、そのことの大切さが当然のこととして共有され、文化となっていることが必要なのです。

そのような中で、子どもは自分らしいことを大切にしてくれるような人たちと出会うことができますし、自分の力で『在り方』を選び取ることができるようになります。

### ○ おわりに

ここまで、子どもたちの『居場所』とbeing、それを支えるコミュニティといったことを中心にお話ししてきました。最後に、そこにいる大人たちのbeingというものに触れて本稿を閉じることにします。

beingの継承がコミュニティを介しても行われるというお話をしました。子どもたちがよい状態のbeingを持ちながら育てるということは、コミュニティそのもののbeingがよく保たれている必要があります。子どもたちの育ちそのものが、コミュニティのbeingを引き上げてくれることはもちろんですが、子どもたちを介して大人たちが関わり合い、その中で自分たちのbeingを確かめ合っていくということも、同様に大切なのではないかと思います。子ども同様、育てるものとしてのbeingも人と関わり合うことでしかよくなりません。関わり手のbeingをよくするような支援は、間接的に子どもの育ちを支えているのだ、ということができそうです。

# ３．子どもの権利条約と児童館

安部　芳絵
(工学院大学准教授)

## はじめに．子どもの権利条約と児童館ガイドライン

国連子どもの権利条約[1] は、子どもにとって一番よいことをしようという国同士の約束事である。平成元 (1989) 年に国連総会にて全会一致で採択され、日本も平成６ (1994) 年に批准した。人権条約としては最大の196もの締約国数を誇る子どもの権利条約は、いわば、子どもに関するあらゆることをしていく際の「ものさし」でもある。

厚生労働省「児童館ガイドラインの改正について (通知)」(子発 1001第１号平成30年10月１日) では、ガイドライン改正の方向性の一番目に「児童福祉法改正[2] 及び児童の権利に関する条約の精神にのっとり、子どもの意見の尊重、子どもの最善の利益の優先等について示したこと」が挙げられている。児童館ガイドラインに目を転じれば、児童館が子どもの権利条約と児童福祉法の理念にのっとって「子どもの心身の健やかな成長、発達及びその自立が図られることを地域社会の中で具現化する児童福祉施設である」こと、そして「子どもの意見を尊重し、その最善の利益が優先して考慮されるよう子どもの育成に努めなければならない」ことが明記されている。

ここで課題となるのは、児童館はどのようにして子どもの権利条約を具現化する児童福祉施設になりうるのかということである。そこで本稿では、子どもの権利条約の中核であり、児童福祉法および児童館ガイドラインでも言及されている、子どもの最善の利益と子どもの意見の尊重を手がかりに、子どもの権利条約を具現化する児童館のありようを探る。

## 1．子どもの意見の尊重

### 1－1．子どもの意見の尊重と子どもの最善の利益

子どもの権利条約によってもたらされた子ども観の転換を意味する言葉に「保護の客体から権利行使の主体へ」がある。子どもの権利条約ができる以前、子どもは保護の客体であると考えられ、おとなの「所有物」として扱われ、子どもにとってよいことはおとなが決めていた。しかし、おとなの「よかれ」が常に子どもにとって最もよいとは限らない。それではどうすればよいか。

ここで重要となるのは、子どもの権利条約第12条の子どもの意見の尊重（子どもの意見表明権）である。つまり、子どもに一番よいこと（第３条子どもの最善の利益）を決めるとき、おとなが勝手に決めつけるのではなく、まず、子どもに聴いて子どもと共に決めるということである。このことは、児童館のあらゆる場面で活かされる必要がある。

### 1－2．意見だけでなく気持ちを汲み取る

児童館は０歳から18歳までを対象とした児童福祉施設である。子育て支援事業から中高生世代の居場所まで、多様な年代と背景の子どもが集う。その中には、障がいから自分の考えを相手に伝えにくい子どもや海外とつながりがあって日本語が得意でない子どももいる。ふだんはよくしゃべる子どもでも、どうしても言いたくない、意見を述べたくないときもある。子育て支援事業には、赤ちゃんもたくさん参加する。言葉による意見表明ができない０歳の赤ちゃんの意見の尊重は、いったいどう考えればよいだろうか。

国連子どもの権利委員会は「もっとも幼い子どもでさえ、権利の保有者として意見を表明する資格がある」と指摘し、「乳幼児は、話し言葉または書き言葉という通常の手段で意思疎通ができるようになるはるか以前に、

さまざまな方法で選択を行い、かつ自分の気持ち、考えおよび望みを伝達している」と述べた。ここで着目すべきは、赤ちゃんは、話し言葉や書き言葉以外に、泣き声や表情など多くの方法で「気持ち」を伝えていることである。理路整然とした意見ではなくとも、「気持ち」も子どもの意見の尊重に含まれると解される。

さらにいえば、赤ちゃんががんばって意見表明をしなければならないわけではない。国連子どもの権利委員会は、乳幼児の「参加の権利を達成するためには、おとなが子ども中心の態度をとり、乳幼児の声に耳を傾けるとともに、その尊厳および個人としての視点を尊重することが必要とされる。おとなが、乳幼児の関心、理解水準および意思疎通の手段に関する好みに合わせて自分たちの期待を修正することにより、忍耐と創造性を示すことも必要である。」とした（国連子どもの権利委員会一般的意見７号「乳幼児期における子どもの権利の実施」2005年、パラグラフ14乳幼児の意見および気持ちの尊重）[3]。これは、赤ちゃんがおとなに合わせるのではなく、おとなが赤ちゃんに合わせてその支援行為を変えていく必要性を示唆している。

### １－３．おとなが子どもに合わせた聴き方をする

このことは、児童館においてさまざまな理由により意見を表明しにくい子どもたちにどう向き合うかのヒントになる。障がいのある子どもや海外とつながりのある子どもたちに向き合うとき、言葉はうまく交わせなくても、おとなの側が子どもに合わせて、気持ちを汲み取る工夫ができる。イラストカードや翻訳機などを使ってもいい。

子どもたちは、言いたいことがあっても口に出さないことがある。どうせ言っても聞いてくれない、無駄だろうと感じれば、わざわざ意見を言おうとはしないだろう。沈黙しているからといって何も言いたいことがない

わけではない。むしろ、沈黙にはそれなりの理由があることも多い。さて、こんなときはどうすればよいか。

子どもの気持ちは、遊びや表現にでる。遊んでいる様子から子どもの気持ちを推し量ったり、遊びを通して心をほぐしたりもできる。絵や工作、ダンスや演奏など子どもの文化的活動は、そのときの子どもの気持ちをおとなにもわかる形で伝えてくれることもあれば、表現を通して言葉にならない感情が昇華することもある。意見を言ってくれない子どもたちの気持を汲み取る方法を探すのは、児童館職員の腕の見せ所である。

### 1－4．一般原則を忘れない

児童館で子どもの権利を具体化していく際に忘れてはならないことは、一般原則である。一般原則とは、第２条差別の禁止、第３条子どもの最善の利益、第６条生命への権利、生存・発達の確保、第12条子どもの意見の尊重である。子どもに関するあらゆることを実施する際に、この４つが同時に成立しているかどうかを考えることが重要となる。

たとえば、児童館で遊びのプログラムを実施するとき、子どもの意見も聴いたし最善の利益も考えた、しかしけがや生命が脅かされる危険性があるものはどうか。子どもたちが企画したものが、安全性にも気をつけて実施しようとしたが、参加したがっている子どものうち「男の子は参加したらダメ」となったらどうだろうか。

一般原則のいずれかが満たされない場合、誰かの権利が守られていないかもしれない。そんなときはいったん立ち止まって、プログラムや運営を見直すとよいだろう。これを積み重ねることで、子どもの権利を具体化した児童館に近づくことができると考える。

## 2．どのように体現するのか―２つの事例から

### 2－1．子どもが意見を述べる場の提供

児童館ガイドラインでは、第４章児童館の活動内容のなかに「3　子どもが意見を述べる場の提供」がある。

> **3 子どもが意見を述べる場の提供**
> ⑴ 児童館は、子どもの年齢及び発達の程度に応じて子どもの意見が尊重されるように努めること。
> ⑵ 児童館の活動や地域の行事に子どもが参加して自由に意見を述べることができるようにすること。
> ⑶ 子どもの話し合いの場を計画的に設け、中･高校生世代が中心となり子ども同士の役割分担を支援するなど、自分たちで活動を作り上げることができるように援助すること。
> ⑷ 子どもの自発的活動を継続的に支援し、子どもの視点や意見が児童館の運営や地域の活動に生かせるように努めること。

上記の項目からは、単に子どもの意見を聴くだけでなく、日常の活動から児童館全体の運営・地域の活動に至るまで、子どもの意見が尊重されることの重要性が指摘されている。それでは、具体的な活動としてはどのようなことが考えられるだろうか。次に２つの事例から考える。

### 2－2．岩手県立児童館いわて子どもの森

１つめの事例は、遊びのプログラムとして「子どもが意見を述べる場の提供」が具現化されているケースである。ここでは、岩手県立児童館いわて子どもの森の「子ども自由ラジオ」を取り上げる。

岩手県立児童館いわて子どもの森は、総工費58億円をかけて人里離れた山の中に出現した巨大公共児童館である。典型的な「ハコモノ」施設としてその先行きが危ぶまれたが、開館準備段階で吉成信夫を館長に迎え、「子どものためのアジール」として作り変える（吉成、2011）ことに成功した。平成15（2003）年のオープン以来県内外から多くの子どもたちが訪れ、平

成30 (2018) 年には来館者300万人を突破した大型児童館である。

「子ども自由ラジオ」は、子どもによる60分間の生放送番組であり、電波法に基づき周波数FM80.8MHｚで放送され、子どもの森周辺でのみ聴くことができる。平成18 (2006) 年の開局から続いている子どもの森を代表する遊びのプログラムである。番組の企画・取材・台本づくり・BGM選び・ナレーション・CMづくりすべてを子どもが行う。

編集なしの完全生放送であるため、子どもたちはなんとかして「言葉をつなごう」とする。台本にはのっていない、いま頭に浮かんでいることが口からあふれてくる。話したいことがあっても、全部話してしまうと時間がオーバーするとなれば、何を捨てるか、何を切るのかも子どもが決める。職員は技術的なサポートのみであり、いつもハラハラしながら見守っている。

遠くから来る子どももいる。毎月、毎月、岩手県沿岸部から中３まで通った子は、電車とバスを乗り継いでやってきた。朝５時に家を出て、始発に乗り、盛岡を経由してようやく子どもの森に着く頃には10時を過ぎている。子どもの森には、広大な敷地と多くの遊具があるにもかかわらず、ラジオのときだけ来る子がいる。そして、「あぁ楽しかった」と言って帰って行く。

岩手県立児童館は、大型児童館である。年間の来場者数は20万人を超え、名前も顔もわからない子どもたちが多くいる。ところが、子ども自由ラジオに参加する子どもたちは、何度も何度もやってきては頭を悩ませ、番組を作り、帰って行く。おとなになっても何かあったときには連絡があり、子どもの森を訪れる。まるで、地域の児童館のようなつながりが「子ども自由ラジオ」を通して実現している。

『児童館等における遊びのプログラムマニュアル』(2017) では、「子ども自由ラジオ」のポイントとして以下の項目が挙げられている (p.70)。

> 子ども自身の思いや考えを自分の言葉で表現することを目的としていることから、スタッフの固定概念や先入観にとらわれたり、大人の価値観を押し付けたりしないように心がけます。また、スタッフ自身が、自分をさらけ出して話をする姿勢を持ちながら活動することが大切です。
>
> 子どもの自由な発想を見守り、子どもと同じ目線でおもしろがる気持ちを大切にします。
>
> 番組をうまくまとめようとするあまり、口や手を出し過ぎないようにします。「台本に書かれてあるとおりに上手に話す」ことよりも、「本音のコミュニケーション」に重点を置いて関わるようにすることが大切です。ただし、自分の言葉を電波に乗せて発信するということの責任や目に見えない聞き手がいるということを自覚しなければならない点は、しっかりと伝えましょう。
>
> …自分の話を聞いてもらう、それに対し反応がある、会話が広がるという楽しさや受け止めてもらえる安心感を持てるようにします。

チーフプレーリーダーの長﨑由紀さんは、「子ども自由ラジオの自由は、おとながハラハラさせられる自由です。それくらい自由」だという。上記にもあるように、職員は子どもの番組制作に手出し・口出しはしない。どっしりかまえて技術的なサポートに徹するには、子どもの声を待つ職員の側の技量が求められる。職員による「待ち」は、子どもにとっては声を受け止めてもらえる安心感をもたらすと考えられる。

加えて、子どもが自分の声に自覚的になる点にも注目したい。自分から発せられた言葉が、「目に見えない聞き手」に届くこと、言葉がどのように伝わるのかに思いを馳せることは、自分の言葉への責任をゆるやかに問う。自分の言葉が他者に与える影響を思い浮かべながら発せられた言葉は、他者の権利を尊重することにつながっていくと思われる。

## 2－3．石巻市子どもセンターらいつ

２つめの事例は、児童館のすべてに子どもの意見表明・参加が組み込まれている例である。

石巻市子どもセンターらいつは、東日本大震災後[4]に、子どもたちが企画・設計から関わり、子どもの権利をそのコンセプトとして平成26（2014）年にオープンした児童館である[5]。子ども会議及び愛称検討チームによる厳正な審査のもと、中学生が考えた「らいつ」が愛称として選ばれた。「らいつ」の由来は、英語でrights（権利）とlights（ひかり）の２つの意味を持ち、「子どもの権利の拠点として、未来の希望のひかりとして子どもセンターが存在する」という願いが込められている（子どもセンターらいつ、以下、らいつ2015：５）。

らいつの運営について話し合い最終決定をする場である運営会議をはじめとして、子ども会議、子どもまちづくりクラブ、まきトーーーク、青春力、子ども企画など、らいつのすべてに子どもの声が反映されている。まさに、子どもの権利を体現した児童館である。ここでは、子ども会議に焦点を当てたい。

子ども会議は、センターの利用方法に子どもたちの声を反映するため、小学４年生から高校生までのメンバーが月に一度集まって意見を出し合うものである。利用者から提案された子ども企画を承認するのも、子ども会議の役割のひとつであったが、企画成立のスピードをあげるため子ども会議で話し合い「遊びに来ている小学生・中学生・高校生各一人ずつの３人以上の子どもたちによって、やるかどうかの議論」をして決定することとなった。楽しそう、工夫したところがあるなどの視点で点数をつけ、合計点の８割以上を取ると、承認される（らいつ、2021：７）。

令和２（2020）年度は、石巻市の川開き祭りが中止になったことを受け、子どもたちから夏祭りをやりたいという声が上がった。実施するのか

どうかについて話し合った結果「３日間にわけて開催する」「企画者はこまめに消毒する」「参加する人は名前を書いて参加」といった対策のもとで開催を決定した（らいつ、2021：７）。

令和３（2021）年度は、子どもによる「見守り隊」のアイディアがでた。らいつの階段から飛び降りる、バスケゴールにぶら下がるなど危険な遊びをしている子にどんな声をかけるか、感染予防の強化のためどう見守るかを話し合っている。この話し合いを聴きながら、子ども会議を担当する職員の近藤日和さんは、子どもたちがらいつを安心して遊べる場にしようとしていることに頷きつつも、「あ、危ない！　危ない遊びはだめだめだめ！では、らいつの方針とちがってくる」と考えていた。近藤さんは、どのように見守るのかを子どもと一緒に考えるために、職員がどんなことを大切にして子どもと接しているかを伝えたという。

すると「あ、そういえば頭ごなしに言われたことがない」「Youメッセージで言われたことがない！　いつもIメッセージだね」と小学生たちが気づいたという。「見守り隊」になる子どもたちには、ふだん職員が子どもの権利を守るために大切にしていること―何か伝えるときはIメッセージや肯定文で伝えよう、頭ごなしにいうのではなくまず理由を聴こう、子どもと一緒に考えよう―ということを説明した。実際にどのような声かけをするのかもロールプレイを行っている。

「見守り隊」は、危ないことをしている子どもをただ注意するのではなく、子ども同士がお互いの権利を尊重できるように関わろうとしている点に注目したい。しかしこれは、最初からうまくいっていたわけではない。子どもの権利条約を児童館に活かそうとしてもうまくいかないとき、いったいどうすればよいだろうか。

## ３．支援者のゆらぎと子どもの権利条約

### ３－１．ゆらぎを変化・成長・再生の契機へ

子どもの意見を尊重し最善の利益を優先して考え、児童館に活かそうとしても、うまくいかないことが多々ある。その要因のひとつは、職員が「ゆらぎ」に直面するからである。

対人支援の現場で感じる葛藤・不安・わからなさ・不全感・挫折感を総称して「ゆらぎ」という（尾崎、1999）。子ども支援に関わる者はみな、この「ゆらぎ」を避けては通れない。

たとえば、新型コロナウイルス感染症の感染拡大で、休館や入館制限を余儀なくされた児童館は少なくない。子どもの姿がみえない児童館で、自分の足元がぐらつくような感覚を覚えたことはないだろうか。子どもと遊ぶことがしごとなのに、子どもがいないことは児童厚生員の存在をゆらがす事態である。これから先どうしたらいいのだろうという「わからなさ」が繰り返されると、「ゆらぎ」の幅が大きくなる。「ゆらぎ」は、放置したままにしてしまうと、職員の離職や子どもの権利侵害といった支援が破綻するような「危機的状況」をもたらす。一方で、「ゆらぎ」は「変化・成長・再生

の契機」(尾崎、1999：19) とも言われている。このことは、実践知と暗黙知から説明できる。

### 3－2．実践知の宝庫としての児童館

児童館は、実践知の宝庫である。実践知とは、「熟達者 (expert,エキスパート) がもつ実践に関する知性」である (楠見、2012：4)。実践知 (practical intelligence) は、学校知 (academic intelligence) の研究が知能研究の主流として進む中で、その対比として認識されてきた経緯がある (楠見、2012：5)。なお、熟達者は、ラテン語で「試みた」を意味するexpertusから派生した語であり、「経験で得た知識をもった」が語源である (楠見、2012：11)。

多くの児童厚生員は、手探りで子どもとかかわりながら、「あの声かけでよかったのだろうか」「もっとこうしたほうがよかったのではないか」といった不安や葛藤を抱え、なんとかその場をしのいでいく。これに対し、経験豊富な児童厚生員は、「あのときはあぁしたから、次はこうしてみよう」と過去の個人的経験を参照しつつ、実践を積み重ねていく。これらの経験から得られた実践知は、とくに機会がなければ言語化されない。

経験的には知っているが言語化されていない知を「暗黙知」という (Polanyi1966=ポランニー、1980:15)。暗黙知は、たとえそれが子どもの権利にかなっており、どんなにすばらしいものであっても、言語化されない限りは継承されずに失われる。

子どもと向き合う際に直面した「ゆらぎ」を、成長や再生の転機とするポイントは、省察である。省察とは、自らの行為や言動を省みて考えることであり、わかりやすく言えば「ふりかえり」である。支援者が直面する「ゆらぎ」は、省察を通して言語化され、それに向き合うことで「ゆらがない力」としての現場の専門性を獲得することが可能であるとされる (尾崎、

2002：380-385)。これは、個々人の内に埋もれている暗黙知を、言語化することを通して、実践知として社会に拓いていくプロセスでもある。

### ３－３．インタビューから―わからなさともやもや

第２節で紹介した２つの事例は、児童館に子どもの権利を活かしている好事例であるといえる。しかし、職員がゆらぎを感じないわけではない。むしろ、非常によくゆらいでいる。

子どもセンターらいつ職員の近藤日和さんは、かつて子どもとしてらいつに楽しく通っていた。しかし、いざ自分が職員となり、働き始めてみると「らいつは初心者にやさしくない職場」であるという。「受付ひとつとっても、ふつうに遊びに来ている子、初めて来る子、イベントに来る子、団体利用の子、見学に来る子、親に連れられて来ている子では接し方がちがう」と述べる。それは、らいつが子どもの権利を理念としており、ひとりひとりの子どもに合わせて職員が動いているからでもある。しかし、そのことを元からいた職員が言語化してくれるわけではない。だから、子どもの権利を理念とする児童館とはどういうことなのか、「利用者の対応はすごく大変で、どう関わったらいいだろうって最初の頃は全然わからなくて」頭を悩ませ、「すごく、大変だった」と語る。

今回、子ども会議で「見守り隊」を実施することが決まり、そこでようやく職員が何を大切にしているかを言語化することができた。職員が大切にしていることは、言い換えれば子どもの権利の理念を児童館にどう活かすかということである。

岩手県立児童館いわて子どもの森の長﨑由紀さんもまたゆらいでいた。看板ともいえる遊びのプログラム「子ども自由ラジオ」が、コロナ禍で実施できないからである。ラジオだけのために、遠くからやってくる子どもたちがいる。しかし、収録スタジオの狭さやおしゃべりをするというラジ

オの特性上、どうしても感染防止が難しい。状況を勘案してできないと判断したものの、その判断は「自分の中でずっと葛藤があって、本当にそれでよかったのか、その判断しかなかったのか、何かできる方法はなかったのか」と思い悩んだという。そして「番組を作って放送することが大事なのではなく、安心して自由に言葉をやりとりすることや心地よく過ごせること、お互いの温度を感じ合える場を大事にしてきたのだから、そこを守れなければ、休止もやむを得ないのではないか」という考えに至るまで「何度もぐるぐる、行ったり来たり」してきた、と語る。

子どもの意見の尊重とは、子どものいうことをなんでも聞き入れることではない。子どもの最善の利益の視点からさまざまな要素を考慮し、できないという判断をすること、その結果に子どもが納得するまで向き合うこともまた、子どもの権利の視点からは重要である。

プログラムが実施できないとき、児童館はなにもできないのだろうか。子ども自由ラジオの15年間をふりかえった長﨑由紀さんは、プログラムができない今だからこそ気づけたことがあると語る。遊びのプログラムができないとき、児童厚生員の存在意義を問われたようでもやもやすることもあるだろう。そんなときだからこそ重要なのが、ふりかえりである。

### 3－4．評価・ふりかえりの軸としての子どもの権利条約

児童館には、ふりかえりの機会が多数存在すると思われるが、果たしてそのふりかえりは子どもの権利の視点から行われているだろうか。本来、失敗したり、うまくいかなかったりしたと支援者が感じている実践ほど、ふりかえる必要がある。しかし、そのような場合ほどふりかえりはつらい時間となる。そんなとき、どうすればよいだろうか。

前提として、児童館職員であれば誰しもがゆらぎを感じることを認め、職員が安心してゆらげる場が必要である。この前提が整ったうえで注目し

たいのは、ショーンが提案する「鏡のホール」である。「鏡のホール」は、多重の省察が照らし合わされる状況であり、省察的実践の新しいアプローチである（柳沢、2017：985）。このことは、「正しく進み続ける（rights going on）」ではなく「多様な光を当て続ける（lights going on）」、すなわち「学び取ったパターンをそのまま直線的にあてはめようとするのではなく、それをひとつの可能性として用いて多様な視点からの解明を続けていく」（Schön,1987:295=ショーン、2017：400）ものである。

「鏡のホール」はいいかえれば協同的な省察的実践の場をつくることだ。失敗をひとりでふりかえるのはつらく、決まった面からしか子どもや実践をみることができない。ところが仲間と共に実践をふりかえるとき、自分一人では気づかなかった点に気づかされることがある。このとき、子どもの権利条約を反映した「児童館ガイドライン」と照らし合わせて実践を見返してみてはどうだろうか。

実践記録も省察には欠かせない。児童館では多くの記録が蓄積されている。その記録は、児童館活動の検証や省察の軸としては語られてこなかった。これに対し、子どもの権利条約をふまえた児童館ガイドラインを軸として実践記録の作成と共有の枠組みを捉え直すことは、児童館活動を検証し、児童館を子どもの最善の利益にかなうものとすることを可能とすると考える。

## おわりに．子どもの権利条約が活きる児童館

子どもの権利条約が児童館ガイドラインに明記されたことで、研修でも取り上げられることが多くなってきた。子どもの権利条約を学ぶことはもちろん大事である。しかし、子どもの権利条約を学んで知っていることと、活かせることはちがう。学んだことを児童館に活かすには、ふだんの実践を子どもの権利条約のものさしで見ることが第一である。

ものさしではかる対象は子どもではない。職員の子どもへの関わり方、声のかけ方、プログラム、児童館の運営の在り方を、子どもの権利のものさしではかるのである。上述した、一般原則が満たされているかを確認するのでもよいだろう。日常の小さなふりかえりから、組織的に行う第三者評価に至るまで、子どもの権利条約を理念とする児童館ガイドラインをその指標として用いることが求められる。

最後に、今後の可能性についても検討したい。上述したらいつは、平成30（2016）年４月に石巻市の直営から指定管理者へとその運営が移行したが、指定管理者の選定プロセスにも「子ども委員」が設置され、子どもの意見が反映されたことを指摘したい。「石巻市子どもセンター指定管理者（候補者）選定委員会設置要綱」第６条には「４　委員長は、必要があると認めるときは、関係職員又は関係者を出席させ、説明又は資料の提出を求めることができる。」とある。子ども委員は、第６条４の「関係者」に当たり、その設置は石巻市子どもセンター条例および指定管理者募集の趣旨である「子どもの社会参加の推進」とも合致するものである。

指定管理者の選定プロセスでは、子ども委員から指定管理者（候補）への質疑が行われたが、子どもの最善の利益をどう担保していくのかをめぐって鋭い意見が交わされた。また、子ども委員からの意見発表では、子ども企画などの子ども参加を促進するには日頃からの職員と子どもの関係性が重要であること、「子どもを中心に考えてくれたり、大事にしてくれた

りする場所」を変えないでほしいという意見、「らいつは、子どもの権利が中心となってできたものなので、だからこそ子どもが自由に遊んだり学んだりできるところが、らいつのよいところ」だとして、子どもの権利がその理念にあることの重要性を指摘する意見があった。

選定プロセスでは、子どもの意見も尊重しつつ指定管理者を決定したが、これは他の自治体でも可能であると思われる。石巻市のケースのように、関係者の出席／説明又は資料の提出／意見聴取を指定管理者選定委員会の条例や設置要綱で定めているところは多い、この規定を用いることにより、子ども委員を設置するなどして意見を求めることはいずれの自治体においても可能である。

「私たちのことを私たちに抜きで決めないで（Nothing About us without us）」は、「障害者の権利に関する条約」の批准の際の合言葉であった。子どもに関することを、子ども抜きで決めるのではなく、子どもに意見を聴いて子どもと共に決める、それが児童館に子どもの権利条約を活かす第一歩である。

追記：岩手県立児童館いわて子どもの森の長﨑由紀さんには令和３（2021）年６月25日と７月８日に、石巻市子どもセンターらいつ職員の近藤日和さんには７月13日にZoomにてヒアリングを行いました。ご協力ありがとうございました。

（参考文献）


安部芳絵　2020『子どもの権利条約を学童保育に活かす』高文研

―2019「児童館の指定管理者選定における子ども参加：石巻市子どもセンターを事例として」『工学院大学研究論叢』57－1号 pp.65-78

石巻市子どもセンターらいつ　2015『ANNUAL　REPORT　2014』

―2021『ANNUAL　REPORT　2020』

尾崎新編　1999『「ゆらぐ」ことのできる力　ゆらぎと社会福祉実践』誠信書房

尾崎新編　2002『「現場」のちから　社会福祉実践における現場とは何か』誠信書房

喜多明人ほか　2009『［逐条解説］子どもの権利条約』日本評論社

楠見孝　2012「第１章　実践知と熟達者とは」金井壽宏・楠見孝編『実践知　エキスパートの知性』有斐閣　pp.4-31

長崎由紀　2017「子ども自由ラジオ」一般財団法人児童健全育成推進財団　2017『児童館等における遊びのプログラムマニュアル』

柳沢昌一　2017「『省察的実践者の教育』を読み解く」『看護教育』第58巻12号 pp.978-987

吉成信夫　2011『ハコモノは変えられる！－子どものための公共施設改革』学文社

Polanyi, M. 1966 The Tacit Dimension, Routledge & Kegan Paul Ltd., London=1980 佐藤敬三訳『暗黙知の次元　言語から非言語へ』紀伊國屋書店

Schön, D.A. 1983 The Reflective Practitioner: How Professionals think in action, Basic Books, Inc., ＝柳沢昌一・三輪建二監訳　2007『省察的実践とは何か』鳳書房

Schön, D.A. 1987 Educating the Reflective Practitioner: Toward a New Design for Teaching and Learning in the Professions, John Wiley & Sons, Inc., ＝柳沢昌一・村田晶子監訳　2017　『省察的実践者の教育』鳳書房

**【脚注】３．子どもの権利条約と児童館**

1　国連子どもの権利条約は、アラビア語、中国語、英語、フランス語、ロシア語、スペイン語をひとしく正文としている。日本語のものは政府訳と民間による訳がある。政府訳は児童の権利に関する条約であるが、本稿では一般にもっとも活用されている「国際教育法研究会訳」を用いる。

2　平成28年の改正児童福祉法では、児童の福祉を保障するための原理の明確化を目的として、改正児童福祉法第1条・第2条に子どもの権利条約が明記された。具体的には、子どもが権利行使の主体であること、子どもを真ん中にして国や自治体、保護者が子どもを支えるという形で福祉が保障される旨が明確化された。

3　国連子どもの権利委員会　一般的意見7号（2005年）乳幼児期における子どもの権利の実施

4　公益社団法人セーブ・ザ・チルドレン・ジャパンが、2011年に宮城県・岩手県の子ども1万人を対象に実施したアンケート調査の結果、約9割の子どもが「まちのために何かしたい」と回答、その声を受けて岩手県山田町・陸前高田市・宮城県石巻市で子どもまちづくりクラブが発足した。2011年夏に復興に向けた「夢のまちプラン」を作成し、石巻市に提案したが、その想いを実現したのが「らいつ」である。

5　石巻市は、子どもセンターらいつを設置するにあたり「石巻市子どもセンター条例」を制定したが、その前文は子どもまちづくりクラブのメンバーが起草したものである。以下に引用する。「子どもは一人の人間であり、子ども一人ひとりが生まれながらに権利を持っています。子どもが幸せに健やかに成長するためには、多くのことが必要であり、子どもたちは次のように語ります。私たちを中心に、話し合ったり、ふれあったり、交流できる場が必要です。それにより、大人も含めた幅広い年代の人とのつながりを大切に、絆を深めることができます。みんなが楽しめて、ゆったりできる場が必要です。それにより、私たちは安心して心と体を休めることができ、笑顔が増えます。私たちが運動できる場が必要です。それにより、体を動かして楽しく遊ぶことができ、心身ともに、健康に成長することができます。私たちが学べる場が必要です。それにより、お互いに教え合い、考えることを好きになり、理解することの楽しさを知ることができます。私たちが自由に社会に意見を発信できる場が必要です。それにより、自主的に活動できるようになります。さらに、まちの未来について考えることが地域の活性化につながり、さらに多くの人に私たちのまちのことを知ってもらうことができます。だから、私たち子どもが中心となって活動する子どものための施設をつくっていきたいです。石巻市は、この子どもたちの想いを形にするための施設となる石巻市子どもセンターを設置することにより、生まれながらに持っている子どもの権利が尊重され、子ども一人ひとりが幸せで健やかに成長できる社会につながることを期待し、ここに『石巻市子どもセンター条例』を制定します。」（『ANNUAL　REPORT2020』より）

# 4．児童館ガイドラインとこれからの児童館

大竹　智
(立正大学社会福祉学部　教授)

## 1．近年のわが国の子ども家庭福祉分野の動向

「新たな子ども家庭福祉のあり方に関する専門委員会」(2016年３月) の報告書 (提言) の中では「基本的な考え方」が９項目掲げられている。①子どもの権利の明確な位置付け (児童福祉政策の基本理念として児童福祉法に子どもの権利を明確に位置付けること、権利擁護に関する評価・審査の仕組みを整備すること)、②子ども虐待の予防的観点の明確化 (児童福祉法に家庭支援の理念を明確に位置付けること)、③国・都道府県・市区町村の責任と役割の明確化 (円滑かつ効果的な公的関与を行うには相互の責任と役割を明確にすること、各機関がその責任と役割を遂行し得るだけの財政的措置を講じること)、④基礎自治体 (市区町村) の基盤強化と地域における支援機能の拡大 (子ども家庭福祉は生活基盤である基礎自治体を基盤に地域社会で展開されること、社会資源と地域子ども家庭支援拠点の整備、在宅支援強化、財政的支援等の基盤整備、専門職の配置等の制度改革)、⑤各関係機関の役割の明確化と機能強化 (児童相談所の保護者に対するハードな役割とソフトな役割の再検討、ソフトな役割については市区町村が中心となって担う方向性での取組を進めること)、⑥子どもへの適切なケアの保障 (代替的養育を受ける子どもへの適切なケアの保障は公的責任で実現、代替的養育の質の向上は家庭への公的介入と家族支援が前提、里親委託の推進、施設 (一時保護所を含む) の小規模化と機能強化、特別養子縁組制度の子どもの福祉の観点から見直すこと)、⑦継続的な支援と自立の保障 (自立支援の重要性、18歳を超えた場合でも必要に応じて

支援を可能にすること、支援ニードの解決をもって公的支援とする仕組みを構築すること)、⑧司法関与と法的・制度的枠組みの強化（司法関与を強化し、福祉行政の動きと司法判断が連動する制度的枠組みを構築すること)、⑨職員の専門性の確保・向上と配置数の増加（子ども家庭福祉、子ども虐待問題において高度な専門性を持った職員の配置の必要性、市区町村の基盤整備、児童相談所の専門性の強化、子ども・家庭への適切なアセスメント機能と支援機関連携のマネージメント機能を遂行し得る専門性の確保、代替的養育に携わる児童福祉施設における専門性を持つ職員の配置）等である。この「基本的な考え方」が、平成28（2016）年の児童福祉法改正をはじめ、その後の法律改正や制度、政策立案に反映されている。

そこで、児童福祉法の中で児童福祉施設として規定されている「児童館」は、このような子ども家庭福祉分野の動向を踏まえ、その役割を担えるような機関（施設）とならなければならない。その枠組みが、まさに「児童館ガイドライン」の内容である。

## 2．児童福祉法の改正と「新しい社会的養育ビジョン」の意義

平成28（2016）年の児童福祉法の改正は、児童の権利に関する条約（以下「子どもの権利条約」）の精神にのっとり、「権利」という文言を初めて条文に表記した。そして、「子どもの権利」の内容を明確にし、「子ども」を主語として子どもが権利の主体であることを法的に規定した。また、児童福祉法が規定する「権利」とは、人間が人間らしく生きるために生まれながらにもっている権利とされ、それは「人権」と言われるものでもある。さらに、児童福祉法では子どもが良好な環境において生まれ、子どもの年齢及び発達の程度に応じて、その意見が尊重され、その最善の利益が優先して考慮され、心身ともに健やかに育成されることが規定されている。このことは、子どもの権利条約でうたう「子どもの意見表明権」と「子どもの最

善の利益の保障」のことを指している。ちなみに、子どもの権利条約の中で、児童館活動に関連するものとして、第31条「休息・余暇・遊び・文化的・芸術的生活への参加」が規定されている。また、これらの育成についての第一義的責任を保護者が負い、国及び地方公共団体は保護者とともに責任を負うことが明記されている。さらに児童福祉法第３条の２では「国及び地方公共団体は、児童が家庭において、心身ともに健やかに養育されるよう、児童の保護者を支援しなければならない。(略)」と規定されている。そして、昭和22 (1947) 年に施行された当時から、その対象に「……生まれ、……」とあり、母の年齢に関係なく「妊産婦」が規定されていた。このことは、子どもの胎児期の環境 (母体) も視野に入れられていたことでもあり、画期的なものであった。そして、改めて今日の妊娠期からの切れ目のない支援や子育て支援に通じるものと考えられる。

一方、平成29 (2017) 年に「新たな社会的養育の在り方に関する検討会」によって「新しい社会的養育ビジョン」が取りまとめられた。このビジョンでは、「地域の変化、家族の変化により、社会による家庭への養育支援の構築が求められており、子どもの権利、ニーズを優先し、家庭のニーズも考慮してすべての子ども家庭を支援するために、身近な市区町村におけるソーシャルワーク体制の構築と支援メニューの充実を図らなければならない」としている。そのなかでは、保育所の保育の質の向上や、貧困家庭の子ども、障害のある子ども、医療的ケアが必要な子どもなど、子どもの状態に合わせた多様なケアの充実などもうたっている。そして、社会的養育とは子育て負担を保護者 (家庭) に背負わせるのではなく、社会全体で子どもを育てる、いわゆる「子育ての社会化」により、社会の責任でよりよい養育を提供し、社会全体の子育てリスクを下げるという考え方である。家庭で暮らす子どもや代替養育を受けている子どもの胎児期から自立までを対象とした。そして図１に示したように、より社会的サポートを必要とする社会的養護のみならず、保育施策、子育て支援施策も社会的養育と位置付けた。

図１　「新しい社会的養育ビジョン」における新たな社会的養護の全体像

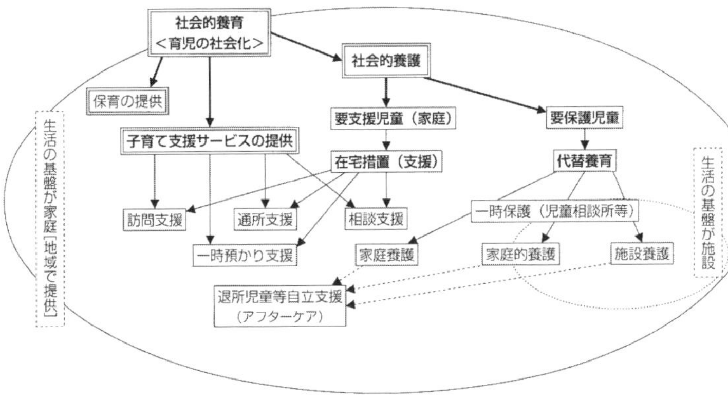


出典：大竹智・山田利子／編集『保育と社会的養護Ⅰ』みらい、2020年、P21

さらに、虐待や貧困の世代間連鎖を断ち切れるライフサイクルを見据えた社会的養育システムの確立、自立支援や妊産婦への施策（産前産後母子ホームの創設など）の充実も図るとしている。なかでも、虐待の危険が高いなど集中的な在宅支援が必要な家庭には、児童相談所の在宅指導措置下において、市区町村が委託を受け入れて集中的に支援を行うこと、また、在宅での社会的養育としての支援を構築し、親子入所機能創設などのメニューも充実させ、親子分離をしないケアの充実も図ることとしている。このほか、子どもが年齢に応じて有する意見表明権の保障のため、意見を適切に表現することが困難な場合にはその権利を擁護するアドボケイトを利用できる制度の必要性などが提言された。

このような中で、児童福祉施設としての「児童館」は、どのような役割を担っていかなければならないのか、その存在意義が問われている。

### 3．社会的（公的）な子育て支援が求められている背景

昔は「親はなくとも子は育つ」と世間では言われていた。現代は、子どもも虐待事件から見られるように「親はいても子は育たない」と言われる時代になっている。この背景には一体何があるのだろうか。

そこで、子育て環境の変化をみると、図２で示したように、昔の子育て環境は、地縁・血縁関係による相互扶助の伝統的な子育て文化があった。しかし、現代は近隣関係・親族関係の希薄化、または崩壊が起こり、インフォーマルな支援関係が喪失している。ある全国調査（2010年）では、地域住民の支え合いが「弱くなってきている」と回答した人は78％、さらに「今住んでいる地域に、困ったときに相談にのってもらえる人がいない」と回答した人が36％、大都市部（東京23区と政令指定都市）では45％にもなっている。

図２　子育て環境の変化

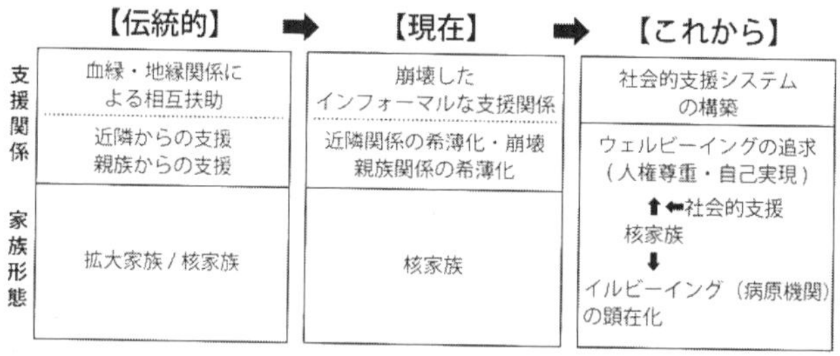


出典：椎名篤子／編・著『凍りついた瞳2020』集英社、2019年、P28

また、巷では核家族化が現代の子育て問題や虐待問題の要因の一つと捉えられることがあるが、大正９（1920）年に行われた第１回国勢調査では、核家族世帯の割合は54％であり、平成27（2015）年は55.9％である。直近50年間の変遷をみてもほとんど増えていない。このことからわかることは、核家族化が問題なのではなく、近年の核家族世帯を取り巻く環境が変化（地縁・血縁の希薄化、質的変化）したことが問題であるということ

だろう。さらに、戦後の産業構造（就業者割合）の変化をみても、昭和30（1955）年では、第一次産業が37.5％、第二次産業が24.4％、第三次産業が38.8％であったものが、平成26（2014）年では3.3％、24.8％、71.9％となり、日常生活のなかで地域の人々のつながりが希薄化していることもわかる。

一方、わが国の子育て文化の歴史をみると、江戸時代には「仮親（カリオヤ）」という風習があり、これは民俗の知恵とも言われている。この仮親とは、義理の親子関係（擬制的な親子関係）を結ぶ、実の親以外の大人のことである。それは、子どもの誕生前（妊娠中に岩田帯を贈る帯親）から始まり、出産時（および乳幼児期）の取り上げ親、抱き親、乳付け親、名付け親、守親等、とくに７歳位までは数多くの儀礼が行われ、その都度、仮親と親子関係が結ばれたという。それ以降も成年期の烏帽子親、腰親、婚姻時の仲人親や「里親」等も仮親の一つと考えられ、実親以外に多くの仮親を持ったという。また、仕事上で「職親」の関係を結ぶこともあった。この背景には、子どもが大人になるまで生存することが難しい時代で、節目節目の通過儀礼が大切にされてきたことや、実親が長く生存することは厳しい時代に子どもの生命を守り、成長を確実なものにするための知恵だったと言われている。つまり、「親はなくとも子は育つ」の親とは「実親」を指し、その代理である仮親が多数存在していたということである。まさに「親身」になってひとりの子どもの育ちにかかわるインフォーマルなネットワークがその昔には存在していたことがわかる。

そして現代社会に目を転じてみると、医療の進歩や産業構造の変化とともに、このような民俗の知恵を失った（機能しなくなった）ことが、子育ちや子育てを難しくしてきたように思われる。近年の子ども虐待は決して個人（実親）の問題ではなく、インフォーマルな支援関係が喪失し、それに代わる社会的支援システムが不在の中で生じてきた問題であると捉えることができるのではないだろうか。また、子どもの育ちの視点からも、上げ馬神事（三重県、青年騎手になるためのトレーニングを通じて）や地蔵盆（近畿地方、北陸地方、子どもたちが主役となって地蔵を供養する）、シャーラ（精霊）船送り（島根県西ノ島町、先祖の霊をシャーラ船に乗せ海へ送るための船作り）など、地域の中に存在している年中・伝統行事の中に、子ども・若者の社会を通じた成長の仕掛けがある。しかし、近年は多くの地域でこのような行事が失われてしまっている。

## 4．児童福祉施設「児童館」としての社会的責任－子ども虐待の現状を踏まえて－

児童館ガイドラインでは、児童館の社会的責任として、子どもの人権尊重や権利擁護、説明責任、秘密保持、苦情解決等の適切な対応を行うことが児童館の基本原則の中に位置付けられている。さらに、これらの社会的責任を含め、近年のわが国の子ども虐待の現状を踏まえると、児童館としての役割も当然のことながら求められている。その内容は、児童福祉施設として子ども虐待の予防活動、早期発見および関係機関との連携など、「気づく・かかわる・つなげる」という役割も求められている。法的には、児童虐待防止法第５条において「児童福祉施設職員、……は、児童虐待の早期発見しやすい立場にあることを自覚し、児童虐待の早期発見に努めなければならない」と規定されている。とくに児童館においては、自由来館という中で、子どもたちの居場所となっていることから、早期発見しやすい立場にあるとも考えられる。さらに、近年では児童相談所との連携の中で、見守りや家庭支援の役割を担っている児童館も散見されるようになっている。

また、児童相談所における虐待に関する相談処理件数の推移をみると、調査が開始された平成２（1990）年度から令和２（2020）年度の30年間で、1,101件から205,029件となり、およそ200倍にもなっている。さらに、統計を取り始めて毎年増加し、前年度を下回った年度はない。また、虐待を受けた子どもの年齢構成では、小学校入学前の子どもがおよそ40％、小学生がおよそ35％、中学生がおよそ15％、高校生・その他がおよそ10％となっている。

このような子ども虐待の現状から考えると、現在（2020年）、児童館数はおよそ4,400か所、そして児童厚生員（常勤換算従事者）数はおよそ１万9000人であり、児童厚生員一人ひとりが保護者と子どもに日々注意深くかかわる（観察する）意識を持つことで、多くの子どもたちの早期発見につながることになる。日常の活動の場面における小さな違和感や、ちょっとした変化に「気づき・かかわり・つなげる」ことで、重篤な子どもの虐待を未然に防ぎ、全国的な虐待予防につながる。さらには近年社会問題化している子どもの貧困やヤングケアラーなどの早期発見にもつながることになる。

また、児童館の役割として、利用する子どもたちへの日々のかかわり・支援にとどまらず、保護者への子育て支援をはじめ、家庭や地域のさまざまな社会資源（関係機関等）との連携や協力を図りながら、地域社会に対して子育てに関する情報を発信し、子育てに関する相談援助を行うことも求められている。

その中で、保護者にかかわるポイントとして、保護者に対する理解は「子どもを虐待するために子どもを産む親はひとりとしていない」ということである。それは、子ども期に被虐待児であった親も然りである。そして、「決して悪い保護者が虐待をするのではない」ということと、その行為の善悪ではなく「そうせざるを得ない状況に陥っている」という保護者理解が求められる。児童厚生員は警察官でもなければ、裁判官でもない。苦しんでいる保護者、悩んでいる保護者に寄り添い、時には関係機関と連携をして、または社会資源を活用して保護者をサポートし、保護者の自己実現

(自分らしい生き方)を支えていくことが児童厚生員の役割でもある。それは、児童厚生員が課題(問題)を解決するのではなく、保護者を主人公として、保護者自身が課題解決に向けて取り組むものでなければならない。また、そのときには保護者自身の希望や意向を「聞き出す」のではなく、「一緒に見つける」ための協働作業というプロセスが大切になる。

また、子どもの成長・発達や子育ての喜びを保護者に伝えることで、保護者が子育てへの興味・関心を持つきっかけにもなっていく。

## 5. 地域全体で支援する体制－これからの児童館の役割－

図3に示したように、私たちの住む地域社会には、福祉、医療、保健、心理、教育等、専門的な機関・施設とその中で働く専門職員がおり、それぞれの役割を担っている。その一方で、地域住民が福祉ボランティアとして活動し、要支援家庭などをサポートしている。また、近年では社会福祉協議会に、コミュニティソーシャルワーカー(CSW)を配置し、地域の福祉ニーズを発掘し、福祉問題・福祉課題の解決に向けて、支援ネットワー

図3 子ども・家庭とソーシャルネットワーク

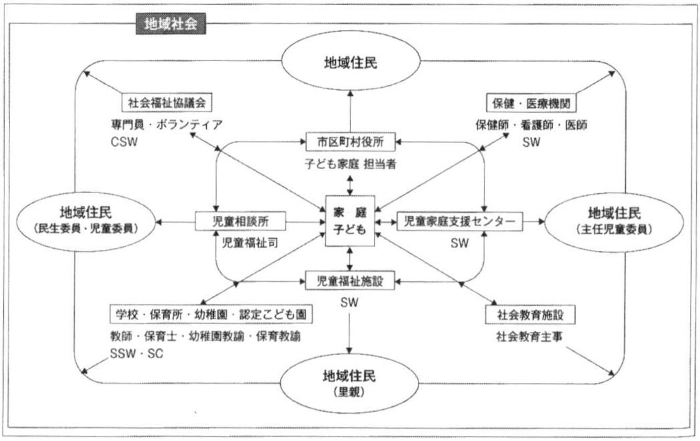


出典: 松原康雄・圷洋一・金子充／編集『新・基本保育シリーズ4 社会福祉』中央法規出版、2019年、P63

ク作りを行っている。さらに今日では地域の子ども家庭福祉の課題を解決（例えば、子ども食堂、無料の学習塾、食糧支援等）するためにNPO法人を立ち上げ、活動している民間団体も多く存在している。これらの動向は、今日の複雑・多様化した福祉課題を解決するために必要不可欠な存在（きめ細やかな支援、寄り添う支援）となり、専門機関（職員）だけでは解決しないことを物語っている。

一方、平成26年度の全国社会福祉協議会からの報告書『子どもの育ちを支える新たなプラットフォーム』において、制度の狭間にあると考えられるケースとして次のような事項が挙げられている。①引越しを繰り返し、地域や周囲の人々とのつながりが途切れてしまい、孤立し、課題を抱えても誰も気づく人がいない親子、②乳幼児健康診査を受診していない親子、③妊婦健康診査を受診していない妊婦、④行政の子育て支援サービスや民間の支援活動などに関する情報を得ることが困難な親子、⑤障害のある子どもの育児を負担に感じているが、支援を求めることが困難な親子、⑥就学している年齢の子どもに非行等問題行動があり悩んでいる保護者、⑦乳児を抱えたひとり親家庭で、仕事が休めず、誰の支援も期待できず、子どもを家に放置する保護者、もしくは無資格者が行うベビーシッター等のサービスを利用する保護者、⑧精神疾患等疾病により育児が困難な保護者などである。このような制度の狭間にある福祉ニーズに対応するために、地域を基盤とした児童福祉施設の相互連携による支援も求められている。また、児童福祉施設には長く培ってきた子育て支援の専門性を地域に展開し、制度の狭間にある潜在的な福祉ニーズに対して感度の良いアンテナを張ってアウトリーチするとともに、その取り組みを周知（広報）していくことが求められている。そして、公的な相談支援機関をはじめ、同一地域にある他の児童福祉施設へ情報提供していくことも、連携をするうえで重要である。

最後に、山縣文治（関西大学教授）は子ども家庭支援のターゲットとして、①子育ち支援（子ども自身の成長・発達支援）、②親育ち支援（親になるための支援）、③親子関係の支援（子育て・親育て支援、親子の信頼および愛着関係形成のための支援、子育てをする親を「育てる」支援）、④育む環境の育成支援（地域社会づくり）をあげている。今後は、このような4つの分野にわたる、トータルな支援が必要である。と同時に、家族の生活状況を含めた「子どもと家族全体」を視野に入れ、切れ目なく、包括的に支援することも必要である。まさに、ソーシャルワークの視点が求められている。

このような中で、児童館の施設特性である①拠点性、②多機能性、③地域性に基づいて、児童館（児童厚生員）としての役割は何かを地域住民（子どもを含む）とのコミュニケーションを通して考えていくことが必要である。このような日々の取組が、地域社会・地域住民にとって児童館（児童厚生員）が必要不可欠な存在となれることになるだろう。

〈参考文献〉

岩間伸之『支援困難事例と向き合う』（中央法規出版　2014年）

小木曽宏、橋本達昌編著『地域子ども家庭支援の新たなかたち－児童家庭支援センターが、繋ぎ、紡ぎ、創る地域養育システム』（生活書院　2020年）

柏女霊峰、橋本真紀『保育者の保護者支援－保育相談支援の原理と技術』（フレーベル館　2010年）

松原康雄「児童福祉法改正に至る議論と改正法の意義、今後の課題」『世界の児童と母性』（第82号　公益財団法人資生堂社会福祉事業財団　2017年）

元森絵里子、南出和余、高橋靖幸編『子どもへの視角』（新曜社　2020年）

山縣文治「子ども家庭福祉と子ども中心主義－政策視点と支援視点からみた子ども－」『子ども社会研究』（第21号　日本子ども社会学会　2015年）

# 資　料

## 「児童福祉法」（抄）　昭和二十二年法律第百六十四号

最終改正：令和元年六月二六日法律第四六号

### 第一章　総則

第一条　全て児童は、児童の権利に関する条約の精神にのつとり、適切に養育されること、その生活を保障されること、愛され、保護されること、その心身の健やかな成長及び発達並びにその自立が図られることその他の福祉を等しく保障される権利を有する。

第二条　全て国民は、児童が良好な環境において生まれ、かつ、社会のあらゆる分野において、児童の年齢及び発達の程度に応じて、その意見が尊重され、その最善の利益が優先して考慮され、心身ともに健やかに育成されるよう努めなければならない。

②　児童の保護者は、児童を心身ともに健やかに育成することについて第一義的責任を負う。

③　国及び地方公共団体は、児童の保護者とともに、児童を心身ともに健やかに育成する責任を負う。

第三条　前二条に規定するところは、児童の福祉を保障するための原理であり、この原理は、すべて児童に関する法令の施行にあたつて、常に尊重されなければならない。

（中略）

第四十条　児童厚生施設は、児童遊園、児童館等児童に健全な遊びを与えて、その健康を増進し、又は情操をゆたかにすることを目的とする施設とする。

（中略）

## 「児童福祉施設の設備及び運営に関する基準」（抄） 昭和二十三年十二月二十九日厚生省令第六十三号

### 第六章　児童厚生施設

（設備の基準）

第三十七条　児童厚生施設の設備の基準は、次のとおりとする。

一　児童遊園等屋外の児童厚生施設には、広場、遊具及び便所を設けること。

二　児童館等屋内の児童厚生施設には、集会室、遊戯室、図書室及び便所を設けること。

（職員）

第三十八条　児童厚生施設には、児童の遊びを指導する者を置かなければならない。

二　児童の遊びを指導する者は、次の各号のいずれかに該当する者でなければならない。

一　都道府県知事の指定する児童福祉施設の職員を養成する学校その他の養成施設を卒業した者

二　保育士（特区法第十二条の五第五項に規定する事業実施区域内にある児童厚生施設にあつては、保育士又は当該事業実施区域に係る国家戦略特別区域限定保育士）の資格を有する者

三　社会福祉士の資格を有する者

四　学校教育法の規定による高等学校若しくは中等教育学校を卒業した者、同法第九十条第二項の規定により大学への入学を認められた者若しくは通常の課程による十二年の学校教育を修了した者（通常の課程以外の課程によりこれに相当する学校教育を修了した者を含む。）又は文部科学大臣がこれと同等以上の資格を有すると認定した者であつて、二年以上児童福祉事業に従事したもの

五　教育職員免許法（昭和二十四年法律第百四十七号）に規定する幼稚園、小学校、中学校、義務教育学校、高等学校又は中等教育学校の教諭の免許状を有する者

六　次のいずれかに該当する者であつて、児童厚生施設の設置者（地方公共団体以外の者が設置する児童厚生施設にあつては、都道府県知事）が適当と認めたもの

イ　学校教育法の規定による大学において、社会福祉学、心理学、教育学、社会学、芸術学若しくは体育学を専修する学科又はこれらに相当する課程を修めて卒業した者（当該学科又は当該課程を修めて同法の規定による専門職大学の前期課程を修了した者を含む。）

ロ　学校教育法の規定による大学において、社会福祉学、心理学、教育学、社会学、芸術学若しくは体育学を専修する学科又はこれらに相当する課程において優秀な成績で単位を修得したことにより、同法第百二条第二項の規定により大学院への入学が認められた者

ハ　学校教育法の規定による大学院において、社会福祉学、心理学、教育学、社会学、芸術学若しくは体育学を専攻する研究科又はこれらに相当する課程を修めて卒業した者

ニ　外国の大学において、社会福祉学、心理学、教育学、社会学、芸術学若しくは体育学を専修する学科又はこれらに相当する課程を修めて卒業した者

（遊びの指導を行うに当たつて遵守すべき事項）

第三十九条　児童厚生施設における遊びの指導は、児童の自主性、社会性及び創造性を高め、もつて地域における健全育成活動の助長を図るようこれを行うものとする。

（保護者との連絡）

第四十条　児童厚生施設の長は、必要に応じ児童の健康及び行動につき、その保護者に連絡しなければならない。

「児童館の設置運営について」厚生事務次官通知（厚生省発児第１２３号　平成２年８月７日）

最終改正：第９次改正　厚生労働省発雇児０５１５第５号　平成２４年５月１５日

近年、都市化、核家族化の進展、女性の就労の増加等により、児童を取り巻く環境が大きく変化し、さらに出生率の低下、遊び場の不足、交通事故の増加等家庭や地域における児童健全育成上憂慮すべき事態が進行しており、次代を担う児童が健やかに生まれ育つための環境づくりが、児童福祉の立場から緊急の課題となっている。

これらに対処するため、従来から、地域の健全育成の拠点としての児童館の計画的な整備を図ってきたところである。

このたび、豊かな自然の中で、児童が宿泊し、野外活動を行う新しい児童館の整備を図るとともに、児童館体系の見直しを図ることとし、別紙のとおり「児童館の設置運営要綱」を定めたので、その適切な実施を図られたく通知する。

なお、本通知の施行に伴い、昭和６３年１月２８日付け厚生省発児第８号本職通知「児童館の設置運営について」は廃止する。

（別紙）

## 児童館の設置運営要綱

### 第一　総則

一　目的

児童館は、児童福祉法（昭和２２年法律第１６４号）に基づく児童厚生施設であって、児童に健全な遊びを与えて、その健康を増進し、情操を豊かにすることを目的とするものであること。

二　種別

児童館の種別は次のとおりとする。

(一) 小型児童館

小地域の児童を対象とし、一定の要件を具備した児童館。

(二) 児童センター

(一) の小型児童館の機能に加えて、児童の体力増進に関する指導機能を併せ持つ児童館。

（特に、上記機能に加えて、中学生、高校生等の年長児童（以下「年長児童」という。）の情操を豊かにし、健康を増進するための育成機能を有する児童センターを「大型児童センター」という。）

(三) 大型児童館

原則として、都道府県内又は広域の児童を対象とし、一定の要件を具備した児童館をいい、次のとおり区分する。

ア　Ａ型児童館

イ　Ｂ型児童館

ウ　Ｃ型児童館

(四) その他の児童館

(一)、(二) 及び (三) 以外の児童館。

三　設備及び運営

児童館の設備及び運営については、児童福祉施設の設備及び運営に関する基準（昭和２３年厚生省令第６３号。以下「設備運営基準」という。）に定めるところによるものであること。

なお、小型児童館、児童センター及び大型児童館については設備運営基準によるほか、次の第2から第4までに定めるところによること。

第二　小型児童館

一　機能

小地域を対象として、児童に健全な遊びを与え、その健康を増進し、情操を豊かにするとともに、母親クラブ、子ども会等の地域組織活動の育成助長を図る等児童の健全育成に関する総合的な機能を有するものであること。

二　設置及び運営の主体

設置及び運営の主体は、次のとおりとすること。

(一) 市町村（特別区を含む。以下同じ。）

(二) 公益社団法人、公益財団法人、特例社団法人、特例財団法人（以下「社団・財団法人」という。）

(三) 社会福祉法人

(四) 次の要件を満たす上記（一）から（三）以外の者（以下「その他の者」という。）

ア　児童館を設置及び運営するために必要な経済的基礎があること。

イ　社会的信望を有すること。

ウ　実務を担当する幹部職員に、児童福祉及び社会福祉事業についての知識経験を有する者を含むこと。

エ　児童館の運営事業の経理区分が明確にできる等、財務内容が適正であること。

三　設備及び運営

(一) 設備

ア　建物には、集会室、遊戯室、図書室及び事務執行に必要な設備のほか、必要に応じ、相談室、創作活動室、静養室及び児童クラブ室等を設けること。

ただし、他の社会福祉施設等を併設する場合で、施設の効率的な運営を期待することができ、かつ、利用する児童の処遇に支障がない場合には、原則として、遊戯室、図書室及び児童クラブ室以外の設備について、他の社会福祉施設等の設備と共用することができる。

イ　建物の広さは、原則として、２１７．６平方メートル以上（都市部で児童館用地の取得が困難と認められる場合等（以下「都市部特例」という。）においては、１６３．２平方メートル以上）とし、適当な広場を有すること。

ただし、相談室、創作活動室等を設けない場合には、１８５．１２平方メートル以上（都市部特例においては、１３８．８４平方メートル以上）として差し支えないこと。

(二) 職員

２人以上の設備運営基準第３８条に規定する児童の遊びを指導する者（以下「児童厚生員」という。）置くほか、必要に応じ、その他の職員を置くこと。

(三) 運営

ア　開館時間、開館日数等については、設置された地域の実情を勘案して設定すること。

イ　運営管理の責任者を定めるとともに、指導する児童の把握、保護者との連絡、事故防止等に関する事項を規定する運営管理規定を定めること。

ウ　運営委員会を設置し、その運営管理について意見を徴すること。

(四) その他

小型児童館が、児童福祉法第２４条第１項ただし書に基づいて使用される場合には、設備運営基準の保育所に関する規定の趣旨を尊重すること。

四　国の助成

国は、予算の範囲内において、市町村、社団・財団法人及び社会福祉法人の設置する小型児童館の整備に要する費用を別に定めるところにより補助するものとする。

第３児童センター

一　機能

第２の１に掲げる機能に加えて、遊び（運動を主とする。）を通して体力増進を図ることを目的とした指導機能を有し、必要に応じて年長児童に対する育成機能を有するものであること。

二　設置及び運営の主体

設置及び運営の主体は、第２の２に掲げるものとすること。

三　設備及び運営

(一) 設備

第２の３の（一）に掲げる設備（建物の広さに係る部分を除く。）に加えて、次によるものであること。

ア　建物の広さは、原則として、３３６．６平方メートル以上、大型児童センターにあっては、５００平方メートル以上とし、屋外における体力増進指導を実施するために要する適当な広場を有すること。

ただし、相談室、創作活動室等を設けない場合には、２９７平方メートル以上として差し支えないこと。

イ　遊戯室には、屋内における体力増進指導を実施するために必要な広さを有すること。

また、大型児童センターにあっては、年長児童の文化活動、芸術活動等に必要な広さを有すること。

ウ　器材等については、児童の体力増進に資するために必要な運動遊び用の器材、体力等の測定器材等を整備すること。

また、年長児童の諸活動に資するために必要な備品等を整備すること。

エ　大型児童センターにあっては、必要に応じてスタジオ、アトリエ、トレーニング室、小ホール、映画等ライブラリー、喫茶室等年長児童を育成するための設備及び社会参加活動の拠点として活用するための設備等を設けること。

(二) 職員

第２の３の（二）に掲げるところによるものとすること。また、必要に応じ、その他の職員を置く場合にあっては、体力増進指導に関し知識技能を有する者、年長児童指導に関し専門的知識を有する者等を置くことが望ましいこと。

(三) 運営

第２の３の（三）に掲げるところによるほか、次によるものであること。

ア　体力増進指導の内容及び方法

(ア) 指導の内容

運動や遊具による遊び等、特に体力増進にとって効果的な遊びを指導内容の中心として設定するほか、必要に応じて日常生活、栄養等に関する指導を行うこと。

また、遊びによる体力増進の効果を把握するために、器材等による測定調査を併せて行う必要があること。

なお、児童の安全管理に十分留意する必要があること。

(イ) 指導の方法

体力増進指導に関し知識技能を有する者がこれを担当するものとし、児童厚生員又は有志指導者（ボランティア）の積極的な協力を得て行うものとすること。

イ　年長児童指導の内容及び方法

(ア) 指導の内容

指導にあたっては、特に年長児童に適した文化活動、芸術活動、スポーツ及び社会参加活動等に配慮すること。

また、児童の安全管理に十分留意する必要があること。

（イ）指導の方法

年長児童指導に関し専門的知識を有する者がこれを担当するものとし、有志指導者（ボランティア）の積極的な協力を得て行うものとすること。

ウ　その他

体力増進指導及び年長児童指導が効果的に実施されるように、その実施計画について運営委員会の意見を徴するとともに、運営管理規定においてもその指導に関して定めること。

また、大型児童センターにあっては、年長児童が十分活動できるように開館時間等について特に配慮すること。

四　国の助成

国は、予算の範囲内において、市町村、社団・財団法人及び社会福祉法人の設置する児童センターの整備に要する費用を別に定めるところにより補助するものとする。

第４大型児童館

一　Ａ型児童館

(一) 機能

第３の１に掲げる機能に加えて、都道府県内の小型児童館、児童センター及びその他の児童館(以下「県内児童館」という。) の指導及び連絡調整等の役割を果たす中枢的機能を有するものとすること。

(二) 設置及び運営の主体

設置及び運営の主体は、都道府県とする。

ただし、運営については社団・財団法人、社会福祉法人及びその他の者に委託することができるものであること。

(三) 設備及び運営

ア　設備

第３の３の (一) に掲げる設備 (建物の広さに係る部分を除く。) に加えて、次によるものであること。

（ア）建物の広さは、原則として、２，０００平方メートル以上とし、適当な広場を有すること。

（イ）必要に応じて研修室、展示室、多目的ホール、ギャラリー等を設けるほか、移動型児童館用車両を備えること。

イ　職員

第３の３の (二) に掲げるところによるものとし、必要に応じ、その他の職員を置くこと。

ウ　運営

第３の３の (三) に掲げるところによるほか、次によるものであること。

（ア）県内児童館相互の連絡、連携を密にし、児童館活動の充実を図ること。

なお、県内児童館の連絡協議会等の事務局を設けること。

（イ）県内児童館の児童厚生員等職員の研修を行うこと。

（ウ）広報誌の発行等を行うことにより、児童館活動の啓発に努めること。

（エ）県内児童館を拠点とする母親クラブ等の地域組織活動の連絡調整を図ること。

二　Ｂ型児童館

(一) 機能

Ｂ型児童館は、豊かな自然環境に恵まれた一定の地域（以下「こども自然王国」という。）内に設置するものとし、児童が宿泊をしながら、自然をいかした遊びを通して協調性、創造性、忍耐力等を高めることを目的とした児童館であり、第２の１に掲げる機能に加えて、自然の中で児童を宿泊させ、野外活動が行える機能を有するものであること。

㈡ 設置及び運営の主体

設置及び運営の主体は、都道府県、市町村、社団・財団法人、社会福祉法人及びその他の者とすること。

㈢ 設備及び運営

ア 設備

第２の３の㈠に掲げる設備（建物の広さに係る部分を除く。）に加えて、次によるものであること。

また、Ａ型児童館に併設（こども自然王国内に独立して設置する場合を含む。以下同じ。）する場合には、第２の３の㈠に掲げる設備を設置しないことができる。

(ア) 定員１００人以上の宿泊設備を有し、建物の広さは、原則として１，５００平方メートル以上の広さ（Ａ型児童館に併設する場合は厚生労働大臣が必要と認める広さ）を有すること。

なお、障害のある児童の利用にも資する設備を備えること。

(イ) 宿泊室、食堂・厨房、脱衣・浴室等を設けること。

(ウ) キャンプ等の野外活動ができる設備を設けること。

(エ) 必要に応じて、移動型児童館用車両を備えること。

イ 職員

第２の３の㈡に掲げるところによるものとすること。

ウ 運営

第２の３の㈢に掲げるところによるほか、次によるものであること。

(ア) 児童厚生施設等との連携、連絡を密にし、児童館活動の充実を図ること。

(イ) 母親クラブ、老人クラブ等の地域組織や住民の協力の下に運営活動を行うこと。

(ウ) 利用児童の野外活動に伴う事故防止等の安全管理に十分に留意すること。

三 Ｃ型児童館

Ｃ型児童館は、広域を対象として児童に健全な遊びを与え、児童の健康を増進し、又は情操を豊かにする等の機能に加えて芸術、体育、科学等の総合的な活動ができるように、劇場、ギャラリー、屋内プール、コンピュータプレイルーム、歴史・科学資料展示室、宿泊研修室、児童遊園等が適宜附設され、多様な児童のニーズに総合的に対応できる体制にある児童館である。

なお、職員については、児童厚生員を置くほか、各種の設備、機能が十分活用されるよう必要な職員の配置を行うこと。

四 国の助成

国は、予算の範囲内において、都道府県が設置するＡ型児童館並びに都道府県、市町村、社団・財団法人及び社会福祉法人の設置するＢ型児童館の整備に要する費用を、別に定めるところにより補助する。

## 第５ その他の児童館

その他の児童館は、公共性及び永続性を有するものであって、設備及び運営については、第２の３に準ずることとし、それぞれ対象地域の範囲、特性及び対象児童の実態等に相応したものであること。

「児童館の設置運営について」(平成二年八月七日)(児発第九六七号)(各都道府県知事・各指定都市市長あて厚生省児童家庭局長通知)

最終改正：第五次改正　平成一六年三月二六日　雇児発第0326016号

標記については、平成二年八月七日厚生省発児第一二三号をもって厚生事務次官から各都道府県知事、各指定都市市長あて通知されたところであるが、その運用に当たっては、特に次の事項に留意し、遺憾のないよう努められたい。

なお、本通知の施行に伴い、昭和六三年一月二八日児発第四八号本職通知「児童館の設置運営について」は、廃止する。

一　小型児童館

(一) 機能

小型児童館は、次の機能を有するものであること。

ア　健全な遊びを通して、児童の集団及び個別指導の実施並びに中学生、高校生等の年長児童（以下「年長児童」という。）の自主的な活動に対する支援を行うこと。

イ　母親クラブ、子ども会等の地域組織活動の育成助長及びその指導者の養成を図ること。

ウ　子育てに対して不安や悩みを抱える母親からの相談に応じるなど、子育て家庭の支援を行うと。

エ　その他、地域の児童の健全育成に必要な活動を行うこと。

(二) 対象児童

対象となる児童は、すべての児童とする。

ただし、主に指導の対象となる児童は、概ね三歳以上の幼児（以下「幼児」という。）、小学校一年～三年の少年（以下「学童」という。）及び昼間保護者のいない家庭等で児童健全育成上指導を必要とする学童とすること。

(三) 運営

ア　運営委員会の設置

児童館の適正な運営を図るため、児童福祉関係行政機関、児童委員、社会福祉協議会、母親クラブ等地域組織の代表者、学識経験者等を委員とする運営委員会を設置し、その意見を聴くこと。

イ　利用児童の把握

児童館を利用する児童については、その児童の住所、氏名、年齢、緊急時の連絡先等を必要に応じて登録すること等により把握しておくこと。

ウ　遊びの指導

小型児童館における遊びは、児童福祉施設最低基準（昭和二三年厚生省令第六三号。以下「最低基準」という。）第三九条によるほか、次によるものであること。

(ア) 児童の発達段階や運動能力、興味、関心に配慮すること。

(イ) 児童の体力、活動力を涵養するための運動遊びや情操を高めるための劇遊び等を行うよう配慮すること。

(ウ) 遊びを通して、安全に関する注意力、危険回避能力の養成等、事故防止のための指導を行うよう配慮すること。

(エ) 幼児及び学童の集団指導は、その指導の担当者を定め、組織的、継続的に行うよう配慮すること。

エ　利用時間

小型児童館の利用時間は、地域の実情に応じて定めることとし、次によるものであること。

(ア) 一般児童の利用と集団指導の利用が交互に支障を及ぼさないよう配慮すること。
(イ) 母親クラブ等地域組織や年長児童等の夜間利用についても配慮すること。
(ウ) 日曜・祝祭日の利用は、適宜定めるものとすること。
オ　地域社会及び関係機関等との連携
(ア) 保育所、幼稚園、小学校等関係施設と連携を密にし、広報、普及に努めるとともに、児童相談所、福祉事務所、保健所等の協力を得ること。
(イ) 遊び等の指導について、地域の特別な技能を有する有志指導者（ボランティア）に協力を求めるとともに、その養成に努めること。

二　児童センター
(一) 機能
一の（一）に掲げる機能に加えて、次によるものであること。
ア　運動に親しむ習慣を形成すること。
イ　体力増進指導を通して社会性を伸ばし、心と身体の健康づくりを図ること。
ウ　大型児童センターにあっては、音楽、映像、造形表現、スポーツ等の多様な活動を通し、年長児童の社会性を伸ばし、心と身体の健康づくりを図ること。
また、児童の社会参加活動や国際交流活動等を進めること。
(二) 対象児童
一の（二）に掲げる児童であり、特に運動不足、運動嫌い等により体力が立ち遅れている幼児、学童を優先すること。
また、大型児童センターにあっては、特に年長児童を優先すること。
(三) 運営
一の（三）に掲げるところによるほか、次によるものであること。
ア器材等
(ア) 運動遊び用の器材は、効果的な体力増進を図るために必要な遊具、用具等であって屋内・屋外において使用する固定又は移動式のものとし、児童の発達段階に応じた適当な遊びの種類に見合う器材を整備すること。
また、大型児童センターにあっては、文化、芸術、スポーツ及び社会参加活動等の諸活動に必要な備品等を整備すること。
なお、器材の整備に当たっては、体力増進指導に関する専門家の意見を徴する必要があること。
(イ) 運動技能等を把握するための調査票等の整備を行うこと。
イ体力増進指導
(ア) 児童の発達段階や運動能力、興味、関心に配慮すること。
なお、幼児の集団指導においては、母親の参加も得ることが望ましいこと。
(イ) 季節及び地域の実情に応じた指導計画を策定して行うものとし、継続的に実施すること。
(ウ) 身体の虚弱な児童等を対象とする場合には、特に、医師の意見を徴する必要があること。
ウ年長児童指導
(ア) 児童の意見を聞き、児童自身の自主的な運営に配慮すること。
(イ) 地域の諸団体、福祉施設、学校、企業等との連携を深め、児童の社会参加活動への理解、協力等の支援を得ること。
(ウ) 年長児童と幼児・小学生等の利用が、円滑に行われるよう配慮すること。

エ留意事項

実情に応じ、他の適当な施設・設備を利用して差し支えないこと。

三　大型児童館

(一) A型児童館

ア　機能

二の (一) に掲げる機能に加えて、次によるものであること。

(ア) 都道府県内の小型児童館、児童センター及びその他の児童館 (以下「県内児童館」という。) の情報を把握し、相互に利用できること。

(イ) 県内児童館の運営等を指導するとともに、最低基準第三八条に規定する児童の遊びを指導する者 (以下「児童厚生員」という。) 及びボランティアを育成すること。

(ウ) 県内児童館で活用できる各種遊びの内容や、指導技術を開発し、普及させること。

(エ) 歴史、産業、文化等地域の特色を生かした資料、模型の展示等を行うとともに、一般にも公開すること。

(オ) 県内児童館に貸し出すための優良な映画フィルム、ビデオソフト、紙芝居等を保有し、計画的に活用すること。

イ　対象児童

対象となる児童は、すべての児童とする。

ウ　運営

二の (三) に掲げるところによるほか、次によるものであること。

(ア) 児童の年齢及び利用目的が多岐にわたるので、適切な児童厚生員等職員を配置すること。

(イ) 集団利用する場合は、その責任者の住所、氏名、年齢等を登録することとし、その計画的、効率的な利用に配慮すること。

(ウ) 日曜・祝祭日の開館及び夜間利用に配慮すること。

(エ) 都道府県の母親クラブ連絡協議会等の事務局を設けるよう配慮すること。

(二) B型児童館

ア　機能

一の (一) に掲げる機能に加えて、次によるものであること。

(ア) 川、池、草原、森等の立地条件を生かした各種の自然観察、自然探求、自然愛護、その他自然とふれあう野外活動が行えること。

(イ) キャンプ、登山、ハイキング、サイクリング、水泳等の野外活動から得られる各種遊びの内容や、指導技術を開発し、児童館等に普及させること。

イ　設備

(ア) 二〇人以上の児童がキャンプ等の野外活動を行える適当な広場や水飲み場、炊事場等を設けること。

(イ) 一〇〇人以上の児童が宿泊できる設備を設けること。

ウ　対象児童

対象となる児童は、すべての児童とする。なお、引率者等の利用にも配慮すること。

エ　運営

一の (三) に掲げるところによるほか、次によるものであること。

(ア) 原則として、集団利用であるため、その引率責任者及び児童の住所、氏名、電話番号、年齢等を登録すること。

(イ) 利用児童等に対する保健衛生には特に配慮すること。
(ウ) 野外活動を行うので、十分な事故防止、安全管理等の措置を講じること。
(エ) 児童の食事、貸与したシーツや枕カバーの洗濯代等は個人負担とすること。
(オ) 広く児童福祉施設等の関係者の理解と協力を得るように配慮すること。

四　設置及び運営の主体

平成二年八月七日発児第一二三号厚生事務次官通知の第二の二 (四) の要件については、以下のとおりであること。

ア　アにおいて「経済的基礎がある」とは、児童館の設置を行うために直接必要な土地及び建物について所有権を有しているか、又は国若しくは地方公共団体から貸与若しくは使用許可を受けていること。

また、その際、安定的に賃借料を支払い得る財源が確保されており、賃借料及びその財源が収支予算書に適正に計上されていること。

イ　ウにおいて「知識経験を有する」とは、児童館等の児童福祉施設において、二年以上勤務した経験を有する者であるか、若しくはこれと同等の能力を有すると認められる者であること。

ウ　エにおいて「財務内容が適正である」とあるが、直近の会計年度において、児童館を運営する事業以外の事業を含む当該主体の財務内容について、三年以上連続して損失を計上している場合には、少なくとも、「財務内容が適正である」に当たらないこと。

子発1001第１号
平成30年10月１日

各都道府県知事
各指定都市市長殿
各中核市市長

厚生労働省子ども家庭局長
（公印省略）

児童館ガイドラインの改正について（通知）

このたび、平成23年３月に策定した「児童館ガイドライン」を別紙のとおり改正をしたので通知する。

改正の方向性としては、昨今の児童福祉法改正や、子どもの福祉的な課題への対応、子育て支援に対する児童館が持つ機能への期待を踏まえたものであり、主に次の観点から改正を行っている。

・児童福祉法改正及び児童の権利に関する条約の精神にのっとり、子どもの意見の尊重、子どもの最善の利益の優先等について示したこと
・児童福祉施設としての役割に基づいて、児童館の施設特性を新たに示し、①拠点性、②多機能性、③地域性の３点に整理したこと
・子どもの理解を深めるため、発達段階に応じた留意点を示したこと
・児童館の職員に対し、配慮を必要とする子どもへの対応として、いじめや保護者の不適切な養育が疑われる場合等への適切な対応を求めたこと
・子育て支援の実施について、乳幼児支援や中・高校生世代と乳幼児の触れ合い体験の取組の実施等内容を加筆したこと
・大型児童館の機能・役割について新たに示したこと

貴職におかれては、今般のガイドラインの改正を踏まえ、児童館の運営等が一層充実されるよう貴管内の地方公共団体及び各児童館等の関係者に周知されたく併せてお願いする。

これに伴い、「児童館ガイドラインについて」（平成23年３月31日雇児発0331第９号厚生労働省雇用均等・児童家庭局長通知）の通知は廃止する。

本通知は、地方自治法（昭和22年法律第67号）第245条の４第１項に規定する技術的な助言に当たるものである。

（別紙）

## 「児童館ガイドライン」

## 第１章　総則

### 一　理念

児童館は、児童の権利に関する条約（平成６年条約第２号）に掲げられた精神及び児童福祉法（昭和22年法律第164号。以下「法」という。）の理念にのっとり、子どもの心身の健やかな成長、発達及びその自立が図られることを地域社会の中で具現化する児童福祉施設である。ゆえに児童館はその運営理念を踏まえて、国及び地方公共団体や保護者をはじめとする地域の人々とともに、年齢や発達の程度に応じて、子どもの意見を尊重し、その最善の利益が優先して考慮されるよう子どもの育成に努めなければならない。

### 二　目的

児童館は、18歳未満のすべての子どもを対象とし、地域における遊び及び生活の援助と子育て支援を行い、子どもの心身を育成し情操をゆたかにすることを目的とする施設である。

### 三　施設特性

⑴　施設の基本特性

児童館は、子どもが、その置かれている環境や状況に関わりなく、自由に来館して過ごすことができる児童福祉施設である。児童館がその役割を果たすためには、次のことを施設の基本特性として充実させることが求められる。

①　子どもが自らの意思でひとりでも利用することができる。
②　子どもが遊ぶことができる。
③　子どもが安心してくつろぐことができる。
④　子ども同士にとって出会いの場になることができる。
⑤　年齢等の異なる子どもが一緒に過ごし、活動を共にすることができる。
⑥　子どもが困ったときや悩んだときに、相談したり助けてもらえたりする職員がいる。

⑵　児童館における遊び

子どもの日常生活には家庭・学校・地域という生活の場がある。子どもはそれぞれの場で人やものと関わりながら、遊びや学習、休息や団らん、文化的・社会的な体験活動などを行う。特に、遊びは、生活の中の大きな部分を占め、遊び自体の中に子どもの発達を増進する重要な要素が含まれている。

⑶　児童館の特性

児童館における遊び及び生活を通じた健全育成には、子どもの心身の健康増進を図り、知的・社会的適応能力を高め、情操をゆたかにするという役割がある。このことを踏まえた児童館の特性は以下の３点である。

①　拠点性

児童館は、地域における子どものための拠点（館）である。

子どもが自らの意思で利用でき、自由に遊んだりくつろいだり、年齢の異なる子ども同士が一緒に過ごすことができる。そして、それを支える「児童の遊びを指導する者」（以下「児童厚生員」という。）がいることによって、子どもの居場所となり、地域の拠点となる。

②　多機能性

児童館は、子どもが自由に時間を過ごし遊ぶ中で、子どものあらゆる課題に直接関わることができる。これらのことについて子どもと一緒に考え、対応するとともに、必要に応じて関係機関に橋渡しすることができる。そして、子どもが直面している福祉的な課題に対応することができる。

③　地域性

児童館では、地域の人々に見守られた安心・安全な環境のもとで自ら成長していくことができ、館内のみならず子どもの発達に応じて地域全体へ活動を広げていくことができる。そして、児童館は、地域の住民と、子どもに関わる関係機関等と連携して、地域における子どもの健全育成の環境づくりを進めることができる。

四　社会的責任

⑴　児童館は、子どもの人権に十分に配慮し権利擁護に努めるとともに、子ども一人ひとりの人格を尊重し、子どもに影響のある事柄に関して、子どもが意見を述べ参加することを保障する必要がある。

⑵　児童館は、地域社会との交流や連携を図り、保護者や地域社会に児童館が行う活動内容を適切に説明するよう努めなければならない。

⑶　児童館は、子どもの利益に反しない限りにおいて、子どもや保護者のプライバシーの保護、業務上知り得た事柄の秘密保持に留意しなければならない。

⑷　児童館は、子どもや保護者の苦情等に対して迅速かつ適切に対応して、その解決を図るよう努めなければならない。

第２章　子ども理解

本章では、児童館の対象となる子どもの発達を理解するための基礎的視点を示している。児童館では、子どもの発達の特徴や発達過程を理解し、発達の個人差を踏まえて、一人ひとりの心身の状態を把握しながら子どもの育成に努めることが求められる。

一　乳幼児期

乳幼児は、大人によって生命を守られ、愛され、信頼されることにより、情緒が安定するとともに、人への信頼感が育つ。そして、身近な環境に興味や関心を持ち、自発的に働きかけるなど、次第に自我が芽生える。

乳幼児は、大人との信頼関係を基にして、子ども同士の関係を持つようになる。この相互の関わりを通じて、身体的な発達及び知的な発達とともに、情緒的、社会的及び道徳的な発達が促される。特に、乳幼児は遊びを通して仲間との関係性を育む。この時期に多様な経験により培われた豊かな感性、好奇心、探究心や思考力は、その後の生活や学びの基礎となる。

二　児童期

６歳から12歳は、子どもの発達の時期区分において幼児期と思春期との間にあり、児童期と呼ばれる。児童期の子どもは、知的能力や言語能力、規範意識等が発達し、身長や体重の増加に伴って体力が向上する。これに伴い、多様で創意工夫が加わった遊びを創造できるようになる。

おおむね６歳～８歳には、読み・書き・計算の基本的技能の習得が始まり、成長を実感する一方で、幼児期の特徴を残している。大人に見守られる中で努力し、自信を深めていくことができる。

おおむね９歳～10歳には、抽象的な言語を用いた思考が始まり、学習面でのつまずきもみられ始める。同年代の仲間や集団を好み、大人に頼らずに行動しようとする。

おおむね11歳～12歳には、知識が広がり、計画性のある生活を営めるようになる。思春期・青年期の発達的特徴の芽生えが見られ、遊びの内容や仲間集団の構成が変化し始める。自立に向けて少人数の仲間ができ、個人的な関係を大切にし始める。

三　思春期

13歳から18歳は、発達の時期区分では思春期であり、自立へ向かう時期である。この時期の大きな特徴は、自己と他者との違いを意識しながら、アイデンティティの確立に思い悩み、将来に対して大きな不安を感じることである。児童館は、中学生、高校生等の子ども（以下「中・高校生世代」という。）が集い、お互いの気持ちを表現し合うことにより、自分と仲間に対して信頼と安心を抱き、安定した生活の基盤を築くことができる。

文化的・芸術的活動、レクリエーション等に、自らの意思で挑戦することを通して、成長することができる。自己実現の場を提供し、その葛藤や成長に寄り添い、話を聴くことで、心配や不安を軽減し、喜びを共有するような役割が求められる。自己効力感や自己肯定感の醸成も自立に向かうこの時期には重要である。

## 第３章　児童館の機能・役割

本章では、児童館の理念と目的に基づく機能・役割を５項目に区分して示している。この章は、第４章の活動内容と合わせて理解することが求められる。

### 一　遊び及び生活を通した子どもの発達の増進

子どもは、遊びやくつろぎ、出会い、居場所、大人の助けなどを求めて児童館を利用する。その中で、子どもは遊びや友達、児童厚生員との関わりなどを通じて、自主性、社会性、創造性などを育んでいく。

児童厚生員は、子ども一人ひとりと関わり、子どもが自ら遊びたいことを見つけ、楽しく過ごせるように援助し、子どもの遊びや日常の生活を支援していく。

特に遊びの場面では、児童厚生員が子どもの感情・気分・雰囲気や技量の差などに心を配り、子ども同士が遊びを通じて成長し合えるように援助することが求められる。

そのため、児童厚生員は一人ひとりの子どもの発達特性を理解し、遊び及び生活の場での継続的な関わりを通して適切な支援をし、発達の増進に努めることが求められる。

### 二　子どもの安定した日常の生活の支援

児童館は、子どもの遊びの拠点と居場所となることを通して、その活動の様子から、必要に応じて家庭や地域の子育て環境の調整を図ることによって、子どもの安定した日常の生活を支援することが大切である。

児童館が子どもにとって日常の安定した生活の場になるためには、最初に児童館を訪れた子どもが「来てよかった」と思え、利用している子どもがそこに自分の求めている場や活動があって、必要な場合には援助があることを実感できるようになっていることが必要となる。そのため、児童館では、訪れる子どもの心理と状況に気付き、子どもと信頼関係を築く必要がある。

### 三　子どもと子育て家庭が抱える可能性のある課題の発生予防・早期発見と対応

子どもと子育て家庭が抱える可能性のある課題の発生を予防し、かつ早期発見に努め、専門機関と連携して適切に対応すること。その際、児童館を利用する子どもや保護者の様子を観察することや、子どもや保護者と一緒になって活動していく中で、普段と違ったところを感じ取ることが大切である。

### 四　子育て家庭への支援

子育て家庭に対する相談・援助を行い、子育ての交流の場を提供し、地域における子育て家庭を支援すること。

その際、地域や家庭の実態等を十分に考慮し、保護者の気持ちを理解し、その自己決定を尊重しつつ、相互の信頼関係を築くことが大切である。

また、乳幼児を対象とした活動を実施し、参加者同士で交流できる場を設け、子育ての交流を促進する。

さらに、地域における子育て家庭を支援するために、地域の子育て支援ニーズを把握するよう努める。

5　子どもの育ちに関する組織や人とのネットワークの推進

地域組織活動の育成を支援し、子どもの育ちに関する組織や人とのネットワークの中心となり、地域の子どもを健全に育成する拠点としての役割を担うこと。

その際、地域の子どもの健全育成に資するボランティア団体や活動と連携し、地域で子育てを支え合う環境づくりに協力することが求められる。

第4章　児童館の活動内容

本章では、第3章の児童館の機能・役割を具体化する主な活動内容を8項目に分けて示している。実際の活動に当たっては、この章を参照しながら、子どもや地域の実情を具体的に把握し、創意工夫して取り組むことが望まれる。

一　遊びによる子どもの育成

⑴　子どもにとっては、遊びが生活の中の大きな部分を占め、遊び自体の中に子どもの発達を増進する重要な要素が含まれている。このことを踏まえ、子どもが遊びによって心身の健康を増進し、知的・社会的能力を高め、情緒をゆたかにするよう援助すること。

⑵　児童館は、子どもが自ら選択できる自由な遊びを保障する場である。それを踏まえ、子どもが自ら遊びを作り出したり遊びを選択したりすることを大切にすること。

⑶　子ども同士が同年齢や異年齢の集団を形成して、様々な活動に自発的に取り組めるように援助すること。

二　子どもの居場所の提供

⑴　児童館は、子どもが安全に安心して過ごせる居場所になることが求められる。そのため、自己効力感や自己肯定感が醸成できるような環境づくりに努めるとともに、子どもの自発的な活動を尊重し、必要に応じて援助を行うこと。

⑵　児童館は、中・高校生世代も利用できる施設である。受入れに際しては、実際に利用可能な環境づくりに努めること。また、中・高校生世代は、話し相手や仲間を求め、自分の居場所として児童館を利用するなどの思春期の発達特性をよく理解し、自主性を尊重し、社会性を育むように援助すること。

⑶　児童館を利用した経験のある若者を支援し、若者の居場所づくりに協力することにも配慮すること。

三　子どもが意見を述べる場の提供

⑴　児童館は、子どもの年齢及び発達の程度に応じて子どもの意見が尊重されるように努めること。

⑵　児童館の活動や地域の行事に子どもが参加して自由に意見を述べることができるようにすること。

⑶　子どもの話し合いの場を計画的に設け、中・高校生世代が中心となり子ども同士の役割分担を支援するなど、自分たちで活動を作り上げることができるように援助すること。

⑷　子どもの自発的活動を継続的に支援し、子どもの視点や意見が児童館の運営や地域の活動に生かせるように努めること。

四　配慮を必要とする子どもへの対応

⑴　障害のある子どもへの対応は、障害の有無にかかわらず子ども同士がお互いに協力できるよう活動内容や環境について配慮すること。

⑵　家庭や友人関係等に悩みや課題を抱える子どもへの対応は、家庭や学校等と連絡をとり、適切な支援をし、児童館が安心できる居場所となるように配慮すること。

⑶　子どもの間でいじめ等の関係が生じないように配慮するとともに、万一そのような問題が起きた時には早期対応に努め、児童厚生員等が協力して適切に対応すること。

⑷ 子どもの状況や家庭の状況の把握により、保護者に不適切な養育等が疑われる場合には、市町村(特別区を含む。以下同じ。)や関係機関と連携し、要保護児童対策地域協議会で協議するなど、適切に対応することが求められること。
⑸ 児童虐待が疑われる場合には、市町村又は児童相談所に速やかに通告し、関係機関と連携して適切な対応を図ること。
⑹ 子どもに福祉的な課題があると判断した場合には、地域のニーズを把握するための包括的な相談窓口としての機能を生かし、地域や学校その他相談機関等の必要な社会資源との連携により、適切な支援を行うこと。
⑺ 障害のある子どもの利用に当たっては、障害を理由とする差別の解消の推進に関する法律 (平成25年法律第65号) に基づき、合理的配慮に努めること。

5 子育て支援の実施
⑴ 保護者の子育て支援
① 子どもとその保護者が、自由に交流できる場を提供し、交流を促進するように配慮すること。
② 子どもの発達上の課題について、気軽に相談できるような子育て支援活動を実施し、保護者が広く地域の人々との関わりをもてるように支援すること。
③ 児童虐待の予防に心掛け、保護者の子育てへの不安や課題には関係機関と協力して継続的に支援するとともに、必要に応じ相談機関等につなぐ役割を果たすこと。
④ 児童館を切れ目のない地域の子育て支援の拠点として捉え、妊産婦の利用など幅広い保護者の子育て支援に努めること。

⑵ 乳幼児支援
① 乳幼児は保護者とともに利用する。児童館は、保護者と協力して乳幼児を対象とした活動を実施し、参加者同士で交流できる場を設け、子育ての交流を促進すること。
② 子育て支援活動の実施に当たっては、子どもの発達課題や年齢等を十分に考慮して行うこと。また、計画的・定期的に実施することにより、子どもと保護者との関わりを促すこと。さらに、参加者が役割分担をするなどしながら主体的に運営できるように支援すること。

⑶ 乳幼児と中・高校生世代等との触れ合い体験の取組
① 子育てにおける乳幼児と保護者の体験を広げ、子どもへの愛情を再認識する機会になるとともに、中・高校生世代等の子どもを乳幼児の成長した姿と重ね合わせる機会となるよう取り組むこと。
② 中・高校生世代をはじめ、小学生も成長段階に応じて子どもを生み育てることの意義を理解し、子どもや家庭の大切さを理解することが期待できるため、乳幼児と触れ合う機会を広げるための取組を推進すること。
③ 実施に当たっては、乳幼児の権利と保護者の意向を尊重し、学校・家庭や母親クラブ等との連携を図りつつ行うこと。

⑷ 地域の子育て支援
① 地域の子育て支援ニーズを把握し、包括的な相談窓口としての役割を果たすように努めること。
② 子育て支援ニーズの把握や相談対応に当たっては、保育所、学校等と連携を密にしながら行うこと。
③ 地域住民やＮＰＯ、関係機関と連携を図り、協力して活動するなど子育てに関するネットワークを築き、子育てしやすい環境づくりに努めること。

6 地域の健全育成の環境づくり
⑴ 児童館の活動内容等を広報するとともに、地域の様々な子どもの育成活動に協力するなど、児童館

活動に関する理解や協力が得られるように努めること。

(2) 児童館を利用する子どもが地域住民と直接交流できる機会を設けるなど、地域全体で健全育成を進める環境づくりに努めること。

(3) 子どもの健全育成を推進する地域の児童福祉施設として、地域組織活動等の協力を得ながら、その機能を発揮するように努めること。

(4) 地域の児童遊園や公園、子どもが利用できる施設等を活用したり、児童館がない地域に出向いたりして、遊びや児童館で行う文化的活動等の体験の機会を提供するように努めること。

7　ボランティア等の育成と活動支援

(1) 児童館を利用する子どもが、ボランティアリーダーとして仲間と積極的に関わる中で組織的に活動し、児童館や地域社会で自発的に活動できるように支援すること。

(2) 児童館を利用する子どもが、ボランティアとして適宜、活動できるように育成・援助し、成人になっても児童館とのつながりが継続できるようにすること。

(3) 地域住民が、ボランティア等として児童館の活動に参加できる機会を提供し、地域社会でも自発的に活動ができるように支援すること。

(4) 中・高校生世代、大学生等を対象としたボランティアの育成や職場体験、施設実習の受入れなどに努めること。

8　放課後児童クラブの実施と連携

(1) 児童館で放課後児童クラブを実施する場合には、放課後児童健全育成事業の設備及び運営に関する基準（平成26年厚生労働省令第63号）及び放課後児童クラブ運営指針（平成27年雇児発0331第34号厚生労働省雇用均等・児童家庭局長通知）に基づいて行うよう努め、児童館の持つ機能を生かし、次のことに留意すること。

① 児童館に来館する子どもと放課後児童クラブに在籍する子どもが交流できるよう遊びや活動に配慮すること。

② 多数の子どもが同一の場所で活動することが想定されるため、児童館及び放課後児童クラブのそれぞれの活動が充実するよう、遊びの内容や活動場所等について配慮すること。

③ 放課後児童クラブの活動は、児童館内に限定することなく近隣の環境を活用すること。

(2) 児童館での活動に、近隣の放課後児童クラブの子どもが参加できるように配慮するとともに、協力して行事を行うなどの工夫をすること。

## 第５章　児童館の職員

本章では、すべての児童館職員に関わる児童館活動及び運営に関する主な業務と館長、児童厚生員のそれぞれの職務について示すとともに、児童館の社会的責任に基づく職場倫理のあり方と運営内容向上のための研修等について記述している。児童館職員は、児童福祉施設としての特性を理解して、職務に取り組むことが求められる。

一　児童館活動及び運営に関する業務

(1) 児童館の目標や事業計画、活動計画を作成する。

(2) 遊びの環境と施設の安全点検、衛生管理、清掃や整理整頓を行う。

(3) 活動や事業の結果を職員間で共有し振り返り、充実・改善に役立てる。

(4) 運営に関する申合せや引継ぎ等のための会議や打合せを行う。

(5) 日常の利用状況や活動の内容等について記録する。

(6) 業務の実施状況や施設の管理状況等について記録する。

(7) 広報活動を通じて、児童館の内容を地域に発信する。

## 二　館長の職務

児童館には館長を置き、主な職務は以下のとおりとする。

⑴　児童館の利用者の状況を把握し、運営を統括する。
⑵　児童厚生員が業務を円滑に遂行できるようにする。
⑶　子育てを支援する人材や組織、地域の社会資源等との連携を図り、子育て環境の充実に努める。
⑷　利用者からの苦情や要望への対応を職員と協力して行い、運営や活動内容の充実と職員の資質の向上を図る。
⑸　子育てに関する相談に応じ、必要な場合は関係機関と連携して解決に努める。
⑹　必要に応じ子どもの健康及び行動につき、その保護者に連絡しなければならない。

## 三　児童厚生員の職務

児童館には児童厚生員を置き、主な職務は以下のとおりとする。なお、子どもや保護者と関わる際には、利用者の気持ちに寄り添った支援が求められる。

⑴　子どもの育ちと子育てに関する地域の実態を把握する。
⑵　子どもの遊びを援助するとともに、遊びや生活に密着した活動を通じて子ども一人ひとりと子ども集団の主体的な成長を支援する。
⑶　発達や家庭環境などの面で特に援助が必要な子どもへの支援を行う。
⑷　地域の子どもの活動や、子育て支援の取組を行っている団体等と協力して、子どもの遊びや生活の環境を整備する。
⑸　児童虐待を防止する観点から保護者等利用者への情報提供などを行うとともに、早期発見に努め、対応・支援については市町村や児童相談所と協力する。
⑹　子どもの活動の様子から配慮が必要とされる子どもについては、個別の記録をとり継続的な援助ができるようにする。
⑺　子育てに関する相談に応じ、必要な場合は関係機関と連携して解決に努める。

## 四　児童館の職場倫理

⑴　職員は倫理規範を尊重し、常に意識し、遵守することが求められる。また活動や指導内容の向上に努めなければならない。これは、児童館で活動するボランティアにも求められることである。
⑵　職員に求められる倫理として、次のようなことが考えられる。
　①　子どもの人権尊重と権利擁護、子どもの性差・個人差への配慮に関すること。
　②　国籍、信条又は社会的な身分による差別的な取扱の禁止に関すること。
　③　子どもに身体的・精神的苦痛を与える行為の禁止に関すること。
　④　個人情報の取扱とプライバシーの保護に関すること。
　⑤　保護者、地域住民への誠意ある対応と信頼関係の構築に関すること。
⑶　子どもに直接関わる大人として身だしなみに留意すること。
⑷　明文化された児童館職員の倫理規範を持つこと。

## 5　児童館職員の研修

⑴　児童館の職員は、積極的に資質の向上に努めることが必要である。
⑵　児童館の運営主体は、様々な機会を活用して研修を実施し、職員の資質向上に努めなければならない。
⑶　市町村及び都道府県は、児童館の適切な運営を支えるよう研修等の機会を設け、館長、児童厚生員等の経験に応じた研修内容にも配慮すること。
⑷　研修が日常活動に生かされるように、職員全員が子どもの理解と課題を共有し対応を協議する機会を設けること。

## 第６章　児童館の運営

本章では、「児童館の設置運営について」（平成２年８月７日厚生省発児第123号厚生事務次官通知。以下、「設置運営要綱」という。）等に基づいて、児童館の設備と運営主体・運営管理のあり方について記述している。児童館の運営主体は、本ガイドラインの全体を理解して、適正な運営に努めることが求められる。

### 一　設備

児童館活動を実施するために、以下の設備・備品を備えること。

⑴　集会室、遊戯室、図書室、相談室、創作活動室、便所、事務執行に必要な設備のほか、必要に応じて、以下の設備・備品を備えること。

①　静養室及び放課後児童クラブ室等

②　中・高校生世代の文化活動、芸術活動等に必要なスペースと備品等

③　子どもの年齢や発達段階に応じた活動に必要な遊具や備品等

⑵　乳幼児や障害のある子どもの利用に当たって、安全を確保するとともに利用しやすい環境に十分配慮し、必要に応じ施設の改善や必要な備品等を整備すること。

### 二　運営主体

⑴　児童館の運営については、子どもの福祉や地域の実情を十分に理解し、安定した財政基盤と運営体制を有し、継続的・安定的に運営できるよう努めること。

⑵　運営内容について、自己評価を行い、その結果を公表するよう努め、評価を行う際には、利用者や地域住民等の意見を取り入れるよう努めること。また、可能な限り第三者評価を受けることが望ましい。

⑶　市町村が他の者に運営委託等を行う場合には、その運営状況等について継続的に確認・評価し、十分に注意を払うこと。

### 三　運営管理

⑴　開館時間

①　開館日・開館時間は、対象となる子どもの年齢、保護者の利用の利便性など、地域の実情に合わせて設定すること。

②　学校の状況や地域のニーズに合わせて柔軟に運営し、不規則な休館日や開館時間を設定しないようにすること。

⑵　利用する子どもの把握・保護者との連絡

①　児童館を利用する子どもについて、住所、氏名、年齢、緊急時の連絡先等を、必要に応じて登録するなどして把握に努めること。

②　児童館でのケガや体調不良等については、速やかに保護者へ連絡すること。

⑶　運営協議会等の設置

①　児童館活動の充実を図るため、児童委員、社会福祉協議会、母親クラブ等の地域組織の代表者の他、学識経験者、学校教職員、子ども、保護者等を構成員とする運営協議会等を設置し、その意見を聴くこと。

②　子どもを運営協議会等の構成員にする場合には、会議時間の設定や意見発表の機会等があることを事前に知らせるなどに配慮し、子どもが参加しやすく発言しやすい環境づくりに努めること。

③　運営協議会等は、年間を通して定期的に開催する他、臨時的に対応すべき事項が生じた場合は、適宜開催すること。

⑷　運営管理規程と法令遵守

① 事業の目的及び運営の方針、利用する子どもの把握、保護者との連絡、事故防止、非常災害対策、子どもや保護者の人権への配慮、子どもの権利擁護、守秘義務、個人情報の管理等の重要事項に関する運営管理規程を定めること。

② 運営管理の責任者を定め、法令を遵守し職場倫理を自覚して職務に当たるよう、以下の項目について組織的に取り組むこと。

ア　子どもや保護者の人権への配慮、一人ひとりの人格の尊重と子どもの権利擁護
イ　虐待等の子どもの心身に有害な影響を与える行為の禁止
ウ　国籍、信条又は社会的な身分による差別的取扱の禁止
エ　業務上知り得た子どもや家族の秘密の守秘義務の遵守
オ　関係法令に基づく個人情報の適切な取扱、プライバシーの保護
カ　保護者への誠実な対応と信頼関係の構築
キ　児童厚生員等の自主的かつ相互の協力、研鑽を積むことによる、事業内容の向上
ク　事業の社会的責任や公共性の自覚

⑸　要望、苦情への対応

① 要望や苦情を受け付ける窓口を設け、子どもや保護者に周知し、要望や苦情の対応の手順や体制を整備して迅速な対応を図ること。

② 苦情対応については、苦情解決責任者、苦情受付担当者、第三者委員の設置や解決に向けた手順の整理等、迅速かつ適切に解決が図られる仕組みを作ること。

⑹　職員体制と勤務環境の整備

① 児童館の職員には、児童福祉施設の設備及び運営に関する基準（昭和23年厚生省令第63号）第38条に規定する「児童の遊びを指導する者」（児童厚生員）の資格を有する者を２人以上置き、必要に応じその他の職員を置くこと。また、児童福祉事業全般との調整が求められるため、「社会福祉士」資格を有する者の配置も考慮すること。

② 児童館の運営責任者は、職員の勤務状況等を把握し、また、職員が健康･安全に勤務できるよう、健康診断の実施や労災保険、厚生保険や雇用保険に加入するなど、その勤務環境の整備に留意すること。また、安全かつ円滑な運営のため、常に児童厚生員相互の協力・連携がなされるよう配慮すること。

## 第７章　子どもの安全対策・衛生管理

本章では、児童館における事故やケガの防止や対応、感染症や防災・防火・防犯等の安全対策について記述している。なお、安全対策には危機管理として危険の予測・防止の取組、発生した場合の適切な対応等に取り組むべきことが含まれている。

### 一　安全管理･ケガの予防

⑴　事故やケガの防止と対応

子どもの事故やケガを防止するため、安全対策、安全学習、安全点検と補修、緊急時の対応等に留意し、その計画や実施方法等について整えておくこと。

⑵　施設・遊具の安全点検・安全管理

① 日常の点検は、安全点検簿やチェックリスト等を設け、施設の室内及び屋外・遊具等の点検を毎日実施すること。その安全点検の対象には、児童館としての屋外活動も含まれる。

② より詳細な点検を定期的に行うこと。定期的な点検に当たっては、記録をとり、改善すべき点があれば迅速に対応すること。

③　子どもに施設・遊具の適切な利用方法を伝え、安全に遊べるようにすること。

(3)　事故やケガの緊急時対応

①　緊急時の連絡先（救急車他）や地域の医療機関等についてあらかじめ把握して、職員全員で共有する。緊急時には速やかに対応できるようマニュアルを作成し、それに沿った訓練を行うこと。

②　子どものケガや病気の応急処置の方法について、日頃から研修や訓練に参加し、ＡＥＤ（自動体外式除細動器）、「エピペン®」等の知識と技術の習得に努めること。また、緊急時の応急処置に必要な物品についても常備しておくことが重要であり、ＡＥＤの設置が望ましい。

③　事故やケガの発生時には、直ちに保護者への報告を行うこと。

④　事故やケガの発生時には、事故報告書を作成し、市町村に報告すること。

二　アレルギー対策

(1)　アレルギー疾患のある子どもの利用に当たっては、保護者と協力して適切な配慮に努めること。

(2)　児童館で飲食を伴う活動を実施するときは、事前に提供する内容について具体的に示し周知を行い、誤飲事故や食物アレルギーの発生予防に努めること。特に、食物アレルギーについては、子どもの命に関わる事故を起こす可能性もあるため、危機管理の一環として対応する必要がある。そのため、保護者と留意事項や緊急時の対応等（「エピペン®」の使用や消防署への緊急時登録の有無等）についてよく相談し、職員全員が同様の注意や配慮ができるようにしておくこと。

三　感染症対策等

(1)　感染症の発生状況について情報を収集し、予防に努めること。感染症の発生や疑いがある場合は、必要に応じて、市町村、保健所等に連絡し、必要な措置を講じて二次感染を防ぐこと。

(2)　感染症や食中毒等の発生時の対応については、市町村や保健所との連携のもと、あらかじめ児童館としての対応方針を定めておくこと。なお、子どもの感染防止のために臨時に休館しなければならないと判断する場合は、市町村と協議の上で実施し、学校等関係機関に連絡すること。

四　防災・防犯対策

(1)　マニュアルの策定

災害や犯罪の発生時に適切な対応ができるよう、防災・防犯に関する計画やマニュアルを策定し、施設・設備や地域環境の安全点検、職員並びに関係機関が保有する安全確保に関する情報の共有等に努めること。

(2)　定期的な訓練

定期的に避難訓練等を実施し、非常警報装置（学校110番・非常通報体制）や消火設備等（火災報知機、消火器）を設けるなどの非常事態に備える対応策を準備すること。

(3)　地域ぐるみの安全確保

来館時、帰宅時の安全対策について、保護者への協力を呼びかけ、地域の関係機関・団体等と連携した不審者情報の共有や見守り活動等の実施に取り組むこと。この際、平成30年７月に発出した「放課後児童クラブ等への児童の来所・帰宅時における安全点検リストについて」を参考にすることが有効である。

(4)　災害への備え

災害発生時には、児童館が地域の避難所となることも考えられるため、必要な物品等を備えるように努めること。

5　衛生管理

(1) 子どもの感染症の予防や健康維持のため、来館時の手洗いの励行、施設・設備の衛生管理等を行うこと。

(2) 採光・換気等保健衛生に十分に配慮し、子どもの健康に配慮すること。

(3) 行事等で食品を提供する場合は、衛生管理を徹底し、食中毒の発生を防止すること。

## 第8章　家庭･学校･地域との連携

本章では、児童館が家庭・学校・地域及び関係機関等と連携する際の留意事項を記述している。児童館は、地域の子どもの健全育成と子育て家庭を支援する拠点として、地域住民との交流や各関係機関等との情報交換、情報共有を行い、子どもと子育て家庭を支える地域づくりに貢献することが求められる。

一　家庭との連携

(1) 子どもの活動の様子から必要があると判断した場合には、家庭と連絡をとり適切な支援を行うこと。

(2) 子どもの発達や家庭環境等の面で特に援助が必要な子どもには、家庭とともに、学校、子どもの発達支援に関わる関係機関等と協力して継続的に援助を行うこと。

(3) 上記の場合には、必ず記録をとり職員間で共有を図るとともに、継続的な支援につなげるようにすること。

二　学校との連携

(1) 児童館の活動と学校の行事等について、適切な情報交換を行い、円滑な運営を図ること。

(2) 児童館や学校での子どもの様子について、必要に応じて適切な情報交換が行えるように努めること。

(3) 災害や事故・事件等子どもの安全管理上の問題等が発生した場合には、学校と速やかに連絡を取り合い、適切な対応が取れるように連絡体制を整えておくこと。

三　地域及び関係機関等との連携

(1) 児童館の運営や活動の状況等について、地域住民等に積極的に情報提供を行い、理解を得るとともにその信頼関係を築くこと。

(2) 地域住民等が児童館を活用できるように働きかけることなどにより、児童館の周知を図るとともに、地域の人材・組織等との連携・協力関係を築くこと。

(3) 子どもの安全の確保、福祉的な課題の支援のため、日頃より警察、消防署、民生委員・児童委員、主任児童委員、母親クラブ、各種ボランティア団体等地域の子どもの安全と福祉的な課題に対応する社会資源との連携を深めておくこと。

(4) 要保護児童対策地域協議会に積極的に参加し、関係機関との連携・協力関係を築いておくこと。

(5) 児童館の施設及び人材等を活用して、放課後子供教室との連携を図ること。

## 第9章　大型児童館の機能・役割

設置運営要綱等に基づく大型児童館には、小型児童館及び児童センターの機能に加えて、都道府県内の小型児童館、児童センター及びその他の児童館（以下「県内児童館」という。）の指導及び連絡調整等の役割を果たす中枢的機能を有する「A型児童館」と、小型児童館の機能に加えて、子どもが宿泊しながら自然を生かした遊びを通して協調性、創造性、忍耐力を高める機能を有する「B型児童館」がある。

本章では、これらを含めて子どもの健全育成に資するとともに、それぞれの機能が発揮されるために必要な事項について記述している。

一　基本機能

大型児童館は、小型児童館及び児童センターの機能・役割に加えて、固有の施設特性を有し、子どもの健全育成の象徴的な拠点施設である。また、大型児童館の中には、他の機能を有する施設との併設等その構造や運営に多様なところがあるが、児童福祉施設である児童館の機能が十分に発揮され、子どもの健全育成に資するとともに、それぞれの機能が発揮されるようにすることが求められる。

なお、小型児童館及び児童センターは、子どもが利用しやすいよう子どもの生活圏内に設置されることが望まれるが、都道府県内全域に整備されていない地域にあっては、大型児童館が移動児童館として機能を発揮するなどして、児童館のない地域の子どもの遊びの機会を提供することが望ましい。

二　県内児童館の連絡調整・支援

県内児童館の指導及び連絡調整等の役割を果たす中枢的機能を十分に発揮するために、次の活動に取り組むことが必要である。

(1)　県内児童館の情報を把握し、相互に利用できるようにすること。さらに、県内児童館相互の連絡、連携を密にし、児童館活動の機能性を向上し充実を図ること。

(2)　県内児童館の運営等を指導するとともに、児童厚生員及びボランティアを育成すること。

(3)　県内児童館の連絡協議会等の事務局を設けること。

(4)　県内児童館の館長や児童厚生員等職員の研修を行うこと。

(5)　広報誌の発行等を行うことにより、児童館活動の啓発に努めること。

(6)　県内児童館を拠点とする母親クラブ等の地域組織活動の連絡調整を図り、その事務局等を置くこと。

(7)　大型児童館の活動の質を高めるために、積極的に全国的な研修等への参加機会を確保するとともに、都道府県の域を越えて相互に連携し積極的な情報交換を行うこと。

三　広域的・専門的健全育成活動の展開

都道府県内の健全育成活動の水準を維持向上するために、その内容の把握に努め、次の活動に取り組むことが必要である。

(1)　県内児童館等で活用できる各種遊びのプログラムを開発し、多くの子どもが遊びを体験できるようにその普及を図ること。

(2)　県内児童館のない地域等に出向き、遊びの提供、子育てや健全育成に関する啓発に努めること。

(3)　歴史、産業、文化等地域の特色を生かした資料等を公開すること。

(4)　県内児童館に貸し出すための優良な児童福祉文化財を保有し、計画的に活用すること。

(5)　ホールやギャラリーなど大型児童館が有する諸室・設備等を活用し、子ども向けの演劇やコンサートなど児童福祉文化を高める舞台の鑑賞体験を計画的に行うこと。

※　用語等について

・「地域組織活動」とは、母親クラブ、子育てサークル等、子どもの健全な育成を図るための地域住民の積極的参加による活動をいう。

・「放課後児童クラブ」とは、法第６条の３第２項に規定する「放課後児童健全育成事業」をいう。

・大型児童館については、設置運営要綱において３つの類型が示されているが、本ガイドラインでは「Ａ型児童館」及び「Ｂ型児童館」について記述している。

# 一般財団法人児童健全育成推進財団について

児童健全育成推進財団は、児童館職員の人材育成や全国の児童館の支援を通じて子どものすこやかな育成環境づくりを推進しています。

また、地域のボランティア活動への支援など、児童福祉の充実を図るための活動に取り組んでいます。

## 1．児童健全育成組織の強化

各都道府県･指定都市の児童館連絡協議会の連絡調整とともに研修事業や全国会議を開催しています。

## 2．児童厚生員等研修事業

児童館職員の専門的な知識と技術の向上を目指し、初任者から経験豊富な職員まで対象別･テーマ別の研修会を企画し、児童厚生員等の資質向上の機会を提供しています。

## 3．認定児童厚生員資格制度

児童厚生員等研修や児童厚生員養成校（大学･短期大学など）において、児童厚生二級指導員、児童厚生一級指導員、児童厚生一級特別指導員、児童健全育成指導士の認定を行っています。

## 4．児童文化・児童健全育成プログラムの支援

○優れた児童文化財に大臣表彰を行う「児童福祉文化賞」を行っています。

○運動遊びや外遊びなど子どもの遊びのプログラムを普及啓発しています。

## 5．地域活動の支援

全国地域活動連絡協議会の事務局として、全国の地域組織活動（母親クラブ）の連携強化を図るとともに、全国大会を共催しています。

## 6．広報・出版・情報発信

ホームページやSNS、児童健全育成に関する専門書（テキスト、事例集）、情報誌や動画を発行･発信しています。

コドモネクスト（児童館支援サイト）

https://www.kodomo-next.jp/

## 7．児童館・放課後児童クラブと職員の支援

○「児童安全共済制度」「児童厚生員共済制度」「児童クラブ共済制度」「児童クラブ支援員共済制度」を実施しています。

○児童健全育成活動の推進や児童館の発展に尽力された健全育成関係者の顕彰を行っています。

○児童健全育成活動に関する優れた実践報告を「児童健全育成賞（數納賞）」として褒賞しています。

## 8．調査研究事業

児童館のエビデンスの検証等、児童健全育成の領域を中心に、子どもの生活･文化･環境等に関する調査研究及び研究助成を行っています。

## 9．中央省庁・関係団体の協力・連携

○厚生労働省の「児童福祉週間」（５月５日～11日）、「自殺予防週間」（９月10日～16日）等の取組に参画しています。

○全国児童館連絡協議会、民間児童館ネットワーク、全国児童厚生員研究協議会等と連携し、児童館の推進に取り組んでいます。

## 10．その他

○災害時の児童館支援の実施

○講師派遣･コンサルテーション

○児童福祉施設第三者評価事業（東京都福祉サービス第三者評価機関／機構12-215）等。

子どもは歴史の希望－児童館理解の基礎理論－
編　児童館研究委員会
　　一般財団法人児童健全育成推進財団

◆編集委員・執筆者　名簿

（令和４年５月１日現在）

| | |
|---|---|
| 安部　芳絵 | 工学院大学　准教授<br>厚生労働省社会保障審議会児童部会「遊びのプログラム等に関する専門委員会」委員／第４章３ |
| 植木　信一 | 新潟県立大学人間生活学部子ども学科　教授<br>厚生労働省社会保障審議会児童部会「遊びのプログラム等に関する専門委員会」委員／第３章２ |
| 大竹　智 | 立正大学社会福祉学部　教授<br>厚生労働省社会保障審議会児童部会「遊びのプログラム等に関する専門委員会」委員長／第４章４ |
| 影久　夕実子 | 一般財団法人児童健全育成推進財団　事業部　課長補佐　（○） |
| ◎鈴木　一光 | 一般財団法人児童健全育成推進財団　理事長<br>公益財団法人児童育成協会　理事長<br>前厚生労働省社会保障審議会児童部会「遊びのプログラム等に関する専門委員会」委員長／第２章 |
| 仙田　満 | 環境建築家・東京工業大学　名誉教授／第４章１ |
| 田中　哲 | 子どもと家族のメンタルクリニックやまねこ　院長／第４章２ |
| 労網　良 | 一般財団法人児童健全育成推進財団　事業部　課長／第１章２ |
| 野澤　秀之 | 公益財団法人児童育成協会企業主導型保育事業本部子ども相談支援部<br>部長<br>厚生労働省社会保障審議会福祉文化分科会　委員／第１章７ |
| 野中　賢治 | 一般財団法人児童健全育成推進財団　企画調査室　室長<br>前厚生労働省社会保障審議会児童部会「遊びのプログラム等に関する専門委員会」ワーキンググループ／第３章一　（○） |
| 白田　好彦 | 厚生労働省子ども家庭局家庭福祉課　係長<br>前一般財団法人児童健全育成推進財団　事業部　主任　（○） |
| 柳澤　邦夫 | 西真岡こどもクリニック幼保・学校連携医療部顧問<br>元厚生労働省雇用均等・児童家庭局育成環境課児童健全育成専門官<br>厚生労働省社会保障審議会児童部会「遊びのプログラム等に関する専門委員会」委員／第１章４ |
| 依田　秀任 | 一般財団法人児童健全育成推進財団　業務執行理事<br>元厚生労働省子ども家庭局子育て支援課児童環境づくり専門官／<br>第１章監修・第１章１，６ |
| 渡部　博昭 | 一般財団法人児童健全育成推進財団　事業部　部長／第１章３，５ |

（注）◎委員長・監修／○は編集事務局

子どもは歴史の希望
―児童館理解の基礎理論―

2022年７月１日　初版第１刷発行

表紙・本文イラスト　　鈴屋あやめ
表紙・本文デザイン　　株式会社クラップス

編　児童館研究委員会
　　一般財団法人児童健全育成推進財団
発行者　吉川隆樹
発行所　株式会社フレーベル館
〒113-8611東京都文京区本駒込６-14-９
電　話　営業：03-5395-6613　編集：03-5395-6604
振　替　00190-2-19640
印刷所　凸版印刷株式会社


ISBN978-4-577-81521-2　NDC376
288ｐ／21×15㎝